Paul Brannigan

EDDIE VAN HALEN – Ein Leben

Paul Brannigan

EDDIE VAN HALEN

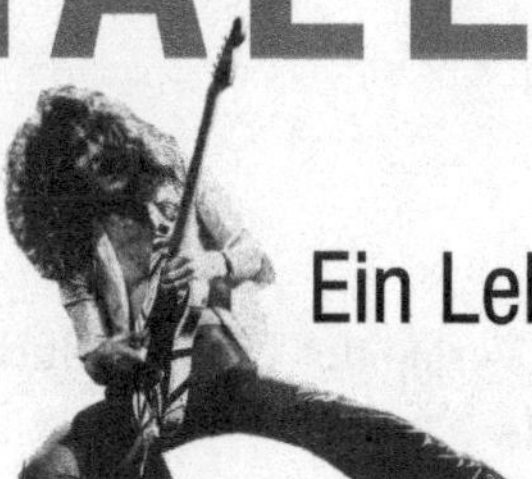

Ein Leben

Aus dem Englischen von
Dieter Fuchs, Stephan Glietsch
und Harriet Fricke

ullstein extra

Wir verpflichten uns zu Nachhaltigkeit

- Klimaneutrales Produkt
- Papiere aus nachhaltiger Waldwirtschaft und anderen kontrollierten Quellen
- ullstein.de/nachhaltigkeit

Die englische Originalausgabe erschien 2021 unter dem Titel *Eruption. The Eddie Van Halen Story* bei Faber & Faber Limited, London.

FSC www.fsc.org MIX Papier aus verantwortungsvollen Quellen FSC® C014496

Ullstein extra ist ein Verlag der Ullstein Buchverlage GmbH
www.ullstein-extra.de

ISBN 978-3-86493-187-1

Gesetzt aus der Aldus nova Pro
Satz und Repro: LVD GmbH, Berlin
Druck und Bindung: GGP Media GmbH, Pößneck

Inhalt

Intro

Eddie Van Halen war viel zu sehr in die Musik vertieft, um die Rufe seiner Frau zu hören. Er hockte auf dem Fußboden des Wohnzimmers und hämmerte das Keyboard-Riff, das er seit fast zwei Jahren im Kopf hatte, immer wieder in den Synthesizer. Erst als er sich die Demoaufnahme der fanfarenartigen Akkordfolge, die man heute auf Anhieb als Intro zur ultimativen Band-Hymne »Jump« erkennt, noch einmal anhörte, nahm Eddie die verzweifelten »Ruhe!«-Schreie aus dem Schlafzimmer wahr.

»Ruhe!«, »Halt die Klappe!«, »Sei still!« – diese und ähnliche Aufforderungen hatte er in seinen ersten Monaten in Amerika ständig gehört – von tyrannischen Lehrern, fremdenfeindlichen Mitschülern und den erschöpften, heimwehkranken Eltern der drei Familien, die sich die kleine Wohnung im Los-Angeles-Vorort Pasadena teilten. Sie hatten dafür gesorgt, dass sich der ehemals unbekümmerte, selbstbewusste niederländische Junge ins Reich der Fantasie zurückzog. Erst als er den Rock'n'Roll und das befreiende Potenzial einer verzerrten E-Gitarre für sich entdeckte, fand der junge Eddie Van Halen eine Möglichkeit, sich auszudrücken und die Welt um sich herum neu zu erfinden. Dieser Prozess setzte kurz nach Erreichen seiner Volljährigkeit ein, als er, unzufrieden mit den massenproduzierten »klassischen« Gitarren, die in der Vorgängergeneration den Rock'n'Roll demokratisiert hatten, ein Hybrid-Instrument mit dem sprechenden Namen »Frankenstrat« baute.

Für diese Klampfenkreuzung schuf er ein völlig neues Vokabular, während er gemeinsam mit seinem älteren Bruder Alex und der Band, die den Familiennamen der beiden trug, seine musikalische Lebensreise antrat. Doch die »Halt die Klappe!«-Rufe verfolgten ihn auch in der gesamten Anfangszeit seiner Karriere – sie kamen von Club-Besitzern, die ihre Gäste mit Popmusik einlullen wollten, oder von Cops, die die völlig überfüllten Gartenpartys sprengten, bei denen Van Halen jedes Wochenende vor Hunderten von Highschool-Schülern auftraten, und immer häufiger auch von dem rampenlichtsüchtigen Sänger an seiner Seite. Doch der Gitarrist wollte nicht länger die Klappe halten.

Als im Februar 1978 Van Halens atemberaubendes, bandbetiteltes Debütalbum erschien, änderte das den Lauf der Rock'n'Roll-Geschichte. Wie die Debüts der Jimi Hendrix Experience, von Led Zeppelin, Black Sabbath, den Ramones, Public Enemy und N. W. A schuf auch *Van Halen* eine frische, originelle Blaupause für Musik mit Haltung.

Um eins klarzustellen: Obwohl *Van Halen* in der Zeit von Disco und New Wave das Licht der Welt erblickte, kann man das Album kaum als »Rettung« von Hardrock und Heavy Metal bezeichnen – kein einziger Rockfan, der sich 1978 *Powerage* oder *Live and Dangerous* oder *Stained Class* oder *Hemispheres* oder *Tokyo Tapes* anhörte, hielt das Genre für tot, und auch die aufkeimende New Wave of British Heavy Metal, die innerhalb von fünf Jahren Bands wie Iron Maiden und Def Leppard in die amerikanischen Stadien katapultierte, hatte sich nichts bei den Partyrockern aus Pasadena abgeschaut. Aber Eddies innovative, höllenschnelle Spieltechnik entfachte ganz sicher ein neues Feuer unter dem Genrekessel des harten Rock. Und mit »Eruption«, seinem sensationellen 102-Sekunden-Supersolo, bei dem er lasergesteuerte Hammer-ons und Pull-offs, neoklassische Triolen in Überschallgeschwindigkeit, beidhändige Legato-Tappings und fallbeilhafte Einsätze des Vibratohebels miteinander verband, setzte der Dreiundzwanzigjährige die Zeitrechnung für alle anderen Gitarristen auf null zurück. Jeder, der das Solo hörte, stellte sich zwei Fragen: »Scheiße, wie macht der das bloß?« und »Wie kriege ich das auch hin?«. »Eruption« war nicht nur das sensationellste Instrumentalstück, seit Jimi Hendrix in Woodstock das »Star Spangled Banner« zerlegt hatte, es markierte einen Wendepunkt in der Geschichte des Hardrock, der sich fortan in die Phasen »Vor EVH« und »Nach EVH« aufteilen ließ. Es brachte eine ganze Generation von weniger talentierten Technik-Epigonen hervor, aber auch eine neue Subkultur von »alternativen« Gitarrenhelden, die – eingeschüchtert durch Eddies Virtuosität – einen eigenen, eher durch Individualität als technische Versiertheit geprägten Stil verfolgten. Eddie hatte natürlich ebenfalls Vorbilder wie den frühen Eric Clapton, Alvin Lee, Jimmy Page, Pete Townshend, Jeff Beck, Allan Holdsworth und etliche andere. Doch um seine Geisteshaltung und den Modus Operandi, die den Umgang mit seinem Instrument bestimmten, besser verstehen zu können, sollte man ihn gar nicht so sehr in die Nähe des britischen Rockadels rücken, sondern vielmehr mit den kalifornischen Z-Boys-Skateboardern vergleichen, die Mitte der 1970er für Furore sorgten: Tony Alva, Jay Adams, Stacy Peralta, Peggy Oki – furchtlose, tollkühne Athleten, die immer darauf aus waren, Grenzen auszuloten und zu überschreiten. Was für Tony Alva das Holzbrett mit den Polyurethan-Rollen war, das war für Eddie ein Stück Holz mit Metallsaiten – sobald er es in den Händen hielt, stellte sich bei ihm ein Gefühl von absoluter Schwerelosigkeit ein, und er war nicht mehr zu kontrollieren, nicht mehr zu stoppen. Und so wie die Z-Boys sich mit ihren Brettern in leere Schwimmbecken stürzten, sprang auch Eddie bei seinen Gitarrensolos ins Unbekannte, ohne jede Furcht oder einen Gedanken daran, wo und ob er überhaupt landen würde. Die Landschaft, die sich mit all ihren Unebenheiten vor ihm ausbreitete, betrachtete er genau wie die Skateboarder als einen Raum, in dem er sich frei ausdrücken konnte, und was andere als Hindernis empfanden, sah er als Chance. »Edward ist ein Abenteurer«, bemerkte David Lee Roth einmal. »Er springt mit dem Kopf zuerst in den Pool. Ob überhaupt Wasser drin ist, sehen wir später.«

Ich habe Eddie Van Halen nur einmal getroffen, im Frühjahr 1998, in seinem 5150-Studio, das er auf seinem Anwesen in Los Angeles eingerichtet hatte. Der Empfangsraum des Studios sah mit dem doppelsitzigen SEGA-*Daytona Racing*-Videospielautomaten, dem *Twister*-Flipper, dem *Asteroids*-Spielautomaten, dem großen Fernseher und den Regalen voller Videokassetten und CDs im Grunde genau so aus, wie sich ein Teenager das ideale Zuhause eines Erwachsenen vorstellen würde. Doch in der Küche hing ein Foto von dem Haus, in dem Eddie und Alex im niederländischen Nijmegen ihre Kindheit verbracht hatten, gleich neben einer riesigen Hochglanz-Auszeichnung, die die Band der beiden Männer von der Recording Industry Association of America für den Verkauf von 60 Millionen Tonträgern in den USA erhalten hatte – ein beeindruckender Beweis, wie weit es die Jungs von Jan und Eugenia van Halen in der Wahlheimat der Familie gebracht hatten.

Der Besitzer des Studios hätte nicht gastfreundlicher sein können; er versorgte mich erst mal mit einem alkoholfreien

Bier, bevor er sich auf der schwarzen Couch neben den neuen Sänger der Band, den ehemaligen Extreme-Frontmann Gary Cherone, setzte, um über Van Halens dritte Inkarnation und das am St. Patrick's Day veröffentlichte elfte Studioalbum des Quartetts, *Van Halen III*, zu reden. Beim Gespräch schwärmte er von seinem sechsjährigen Sohn Wolfie, mit dem er am Strand gern nach schönen Steinen suchte, um daraus Plektren zu basteln, und erwähnte auch, wie sehr er es bedauerte, wegen seines Jobs so oft von seiner Frau, der Schauspielerin Valerie Bertinelli, getrennt zu sein. Als er berichtete, dass er sich dringend ein künstliches Hüftgelenk einsetzen lassen müsse und vor Kurzem bei einer Prostata-Untersuchung gewesen sei, fügte er lapidar hinzu: »Ich bin eben auch nur so ein alter Sack wie alle anderen.« Doch als er eine seiner Signature-Gitarren in die Hand nahm und das Riff aus »Drop Dead Legs« tappte, da waren die vergangenen fünfzehn Jahre plötzlich aus seinem Gesicht verschwunden. Und in der darauffolgenden Stunde, in der er Anekdoten aus seinen fünfundzwanzig Jahren im Rock'n'Roll-Business zum Besten gab, legte er die Gitarre nicht ein einziges Mal beiseite. Sie sang, brüllte, kreischte, knurrte, spuckte und schien manchmal sogar laut zu lachen, wenn auch Eddie grinste oder lachte, weil er es offenbar selbst kaum fassen konnte, dass er ihr diese Töne entlockte. Da er Journalisten gegenüber immer misstrauisch war – »Niemand versteht wirklich, was ich sagen möchte«, beschwerte er sich einmal bei Jas Obrecht vom *Guitar Player*, einem seiner wenigen Vertrauten und gleichzeitig derjenige, dem er 1978 sein erstes großes Interview gegeben hatte –, legte er sein eigenes Diktiergerät vor dem Interview neben meins auf den Tisch. Erst Jahre später, nachdem ich mehr über seine Arbeitsweise gelesen hatte, verstand ich, dass er sein Tonband nicht etwa eingeschaltet hatte, weil er sichergehen wollte, dass er später nicht falsch in einer Zeitschrift zitiert wurde, die er ohnehin niemals lesen würde – er hatte vielmehr die Riffs und Melodien festhalten wollen, die ihm während des Redens unbewusst aus den Fingern flossen, um hinterher zu prüfen, ob darin nicht ein kleines Juwel versteckt war. In einem Gespräch, das er 2015 mit dem amerikanischen Schriftsteller und erklärten Van-Halen-Fan Chuck Klosterman für *Billboard* führte, gestand Eddie, dass er sich nicht daran erinnern konnte, wie er auf die ikonischen Riffs der größten Hits seiner Band gekommen war, weil er die meisten davon betrunken oder auf Kokain geschrieben hatte. Als er mir anvertraute, dass er mit seinem exzessiven Alkoholkonsum in der Vergangenheit wohl nur die Tatsache überspielen wollte, dass er sich selbst als den »unsichersten Scheißkerl, der dir jemals über den Weg laufen wird«, empfand, fragte ich mich fast zwangsläufig, ob seine Methode, den kreativen Prozess mit Alkohol in Gang zu setzen, vielleicht über die Jahre zu einem lähmenden Hochstaplersyndrom geführt hatte. *Van Halen III* war, wie er stolz erklärte, das erste Album, das er völlig nüchtern geschrieben hatte. Doch leider war es auch das schlechteste Album, das je unter dem Namen Van Halen veröffentlicht wurde. Und obwohl Eddie an jenem Nachmittag verkündete, »bis zu meinem Tod Musik machen« zu wollen, veröffentlichte er in seinen verbleibenden zweiundzwanzig Lebensjahren kein einziges Album mit neuen Songs; auch Van Halens letztes Album *A Different Kind of Truth* aus dem Jahr 2012 beinhaltet hauptsächlich bis dahin unveröffentlichte, überarbeitete Demosongs aus den Jahren 1974 bis 1977. In ruhigen Momenten muss die Schmach schwer am Selbstbewusstsein des Maestros genagt haben. »Es gibt einen alten russischen Spruch: Der Bauch dieses Mannes hat keine einzige Falte mehr«, erzählte David Lee Roth im Jahr 2012 bei der Veröffentlichung von *A Different Kind of Truth* der *L.A. Times*. »Es bedeutet, dass der Mann alt und fett geworden ist. Eddies Bauch hat noch jede Menge Falten.«

Als Eddie Van Halen am 6. Oktober 2020 im Alter von fünfundsechzig Jahren starb, brachten etliche Musikerkollegen ihre Trauer zum Ausdruck, einige bezeichneten Eddie rückblickend gar als den »Mozart der Gitarre«. »Er war einer der Größten«, sagte Jimmy Page von Led Zeppelin. »Er war der Wegbereiter einer atemberaubenden Gitarrentechnik und spielte mit so viel Gefühl und Verve, dass er für seine Nachahmer immer unerreichbar blieb.« »Eddie war ein Gitarrenwunder, sein Spiel die reinste Hexerei«, sagte Angus Young von AC/DC. »Für die Musikwelt war er ein besonderes Geschenk.«

Brian May von Queen würdigte den verstorbenen Freund als »den vielleicht originellsten und atemberaubendsten Rockgitarristen der Geschichte«. Pete Townshend von The Who – auch er ein Freund – nannte Eddie schlicht »*den* großen amerikanischen Gitarristen«.

Als ich im Frühjahr 2021, ein halbes Jahr nach Eddies Tod, diesem Buch den letzten Schliff verpasste, grub ich das alte *Kerrang!*-Heft aus dem Jahr 1998 noch einmal aus, in dem mein Interview mit dem Gitarristen abgedruckt worden war. Der letzte Absatz des Artikels schien nach dem Tod des Helden noch an Würde und Gewicht hinzugewonnen zu haben.

»Musik ist kein Wettbewerb«, sagte er, »und wenn ich mal nicht mehr bin, dann wird etwas von mir hoffentlich bei den Menschen bleiben und sie berühren. Egal, ob es am Ende zehn Millionen oder nur zehn Menschen sein werden. Das ist die Mission, die ich hier zu erfüllen hab.«

In dem Artikel schrieb ich, dass Eddie, wie er selbst zugab, nie versucht hatte, neue Musiktrends zu verfolgen. Er erzählte mir, dass er sich zuletzt Bob Dylans dreißigstes Studioalbum *Time Out of Mind* von 1997 angehört hatte, die CD aber immer beim dritten Song hängen geblieben war. Aus reiner Neugier schaute ich jetzt nach und stellte fest, dass es sich bei dem Stück um »Standing in the Doorway« handelte, und hörte es mir ebenfalls an. Im Text geht es ums Älterwerden, um vergangene Zeiten, erzählt wird aus der Perspektive eines etwas in die Jahre gekommenen Mannes, der eine »cheap cigar« raucht, seine »gay guitar« spielt und erkennt, dass er die Geister der Vergangenheit, an die er sich kaum noch erinnert, schon bald wiedertreffen wird. Dann singt Dylan: »When the last rays of daylight go down, buddy, you're old no more«.

Ein überaus passendes Klagelied für Eddie Van Halen, diesen Künstler, der im kollektiven Gedächtnis bis in alle Ewigkeit lächelnd auf einer Bühne stehen und staunend den Sounds seiner selbst gebauten Gitarre lauschen wird, der Peter Pan des Hardrock, ein freier Geist, der nie erwachsen wurde, aber gelernt hat, zu fliegen.

1
Little Dreamer

Den Marketingexperten der Holland-America Line war es gelungen, den Passagieren ein Gefühl für den Gleichheitsgedanken des amerikanischen Traums zu vermitteln, bevor diese überhaupt an Bord eines der Flaggschiffe der Reederei in Richtung Neue Welt gingen. Wer eine Fahrkarte für die Touristenklasse der *SS Ryndam* besaß, durfte sich laut Werbung darauf freuen, während der Atlantikpassage Zugang zu allen Annehmlichkeiten des Schiffes zu erhalten – zu dem Palmensaal auf dem Promenadendeck, dem Casino, der Bibliothek, der American Bar, dem Raucherzimmer und dem Kinderspielzimmer. Niemand musste sich, wie bei anderen Reedereien üblich, mit den spartanisch eingerichteten Räumlichkeiten unter Deck zufriedengeben. Für die europäischen Emigranten, die in den 1950er- und 1960er-Jahren nach New York aufbrachen – diese »geknechteten Massen, die frei zu atmen begehren«, wie die poetische Inschrift der Freiheitsstatue besagt –, repräsentierte das Schiff das goldene Tor in eine glänzende Zukunft.

In den frühen Morgenstunden des 1. März 1962 schlossen Jan van Halen, seine Frau Eugenia und die beiden Söhne Alex (8) und Edward (7) die Tür ihrer Wohnung in der Rozemarijnstraat 59 in Nijmegen für immer hinter sich und begaben sich zum Bahnhof der Stadt. Ihr Ziel waren der Hafen von Rotterdam, die *SS Ryndam* und schließlich die fernen Ufer Amerikas.

Ihr Gepäck bestand aus drei großen Koffern, fünfundsiebzig niederländischen Gulden und einem Klavier der Firma Rippen. Als langjähriger Profimusiker, mit einer besonderen Begabung für Klarinette und Saxofon, war Jan van Halen fast sein gesamtes Erwachsenenleben lang auf Achse gewesen, um als Mitglied angesehener Jazz- oder Swingbands und Orchester Menschen mit Musik zu erfreuen. Mit der Reise ins Ungewisse verband er jetzt die Hoffnung, seinen eigenen Traum von Glück zu verwirklichen.

Um seiner Familie die Überfahrt zu finanzieren, zog sich der zweiundvierzigjährige Musiker an jedem Abend der ersten Märzwoche 1962 seinen besten Anzug an, begab sich in den Speisesaal der Ersten Klasse und spielte mit der Schiffskapelle beliebte Standards, Ragtime-Stücke und Swing-Kompositionen als Untermalung für die gedämpften Gespräche und das zarte Schlagen von Silberbesteck an feinem Porzellan. An einem Abend bekamen sogar die Van-Halen-Jungs Gelegenheit, ihr Können auf dem Klavier unter Beweis zu stellen, und erfreuten das Publikum mit einer fehlerfreien Darbietung einiger europäischer Walzer. Der Kapitän war so angetan, dass er die Familie für das nächste Abendessen an seinen Tisch bat. Während die Kellner die jüngsten Ehrengäste der *SS Ryndam* kulinarisch versorgten, bestaunte Edward van Halen die Pracht des Speisesaals, zupfte dann seinen Vater am Ärmel und fragte schlicht: »Können wir nicht hier wohnen?«

»Ich muss schon sagen, mein Vater hatte echt Eier, dass er mit zweiundvierzig alles verkaufte, seine Koffer packte und auswanderte«, sagte Eddie Van Halen, als er sich 2015 an die

Geschichte seiner Familie erinnerte. In Wahrheit hatte allerdings Eugenia van Halen die Entscheidung getroffen, ihre beiden Kinder Anfang der 1960er-Jahre aus den Niederlanden nach Amerika zu verpflanzen. Denn so selbstbewusst und stark ihr Mann auf andere auch wirken mochte, bei wichtigen Fragen hatte immer Eugenia das Sagen. Mit dieser Tatsache wurde Jan zeit seines Lebens gern von guten Freunden oder den beiden Söhnen aufgezogen.

Kennengelernt hatten sich Jan und Eugenia Ende der 1940er-Jahre in Jakarta, das damals noch zur Kolonie Niederländisch-Indien gehörte. Jan van Halen hatte ein sechswöchiges Engagement beim dortigen Radio-Orchester als Chance gesehen, die schmerzhaften Erinnerungen an die Kriegsjahre hinter sich zu lassen: Als Mitglied einer Marschkapelle war er von den deutschen Besatzern seines Heimatlands nicht selten mit vorgehaltener Waffe dazu gezwungen worden, Nazi-Propagandalieder zu spielen. Aus den geplanten sechs Wochen wurden am Ende sechs Jahre, denn van Halen verliebte sich in eine fünf Jahre ältere, aufgeweckte Büroangestellte. Die aus dem ländlichen Rangkasbitung stammende, kluge und besonnene Eugenia van Beers hatte zuerst Vorbehalte, eine Beziehung mit einem leichtsinnigen europäischen Musiker einzugehen. Doch Jan war witzig, charmant und aufmerksam, und so kam es, dass sich die beiden am 11. August 1950 in der indonesischen Hauptstadt das Jawort gaben.

Innenpolitische Umwälzungen in dem Inselstaat brachten aber schon bald viel Ungewissheit für die Zukunft des jungen Paares. Nach dreijähriger Besetzung durch japanische Truppen hatte Indonesien im August 1945, nur achtundvierzig Stunden nach der auf die verheerenden Atombombenabwürfe auf Hiroshima und Nagasaki erfolgten bedingungslosen Kapitulation des japanischen Kaisers Hirohito, seine Unabhängigkeit erklärt. Doch erst nach einem vier Jahre währenden, erbitterten Guerilla-Krieg, der auf indonesischer Seite fast hundertfünfzigtausend und auf niederländischer Seite an die fünftausend Tote forderte, beugten sich die Niederlande dem internationalen Druck und übertrugen die Souveränität im Jahr 1949 an die indonesische Republik. Obwohl es noch acht Jahre dauern sollte, bis Präsident Sukarno sämtliche niederländischen Betriebe enteignete und vierzigtausend niederländische Bürger aus dem Land vertrieb, spürten Jan und Eugenia schon zu Beginn ihrer Ehe, dass sich der Wind langsam drehte. Die Entscheidung fiel: Sie würden nach Holland ziehen. Und so packten Jan und die hochschwangere Eugenia im Frühjahr 1953 ihre Koffer und begaben sich in Jans Geburtsstadt Amsterdam.

Der Neustart in Holland brachte neue Herausforderungen mit sich. Da die Big-Band-Ära zu Ende ging, gab es kaum noch Engagements für professionelle Jazzmusiker, und die wenigen Betätigungsmöglichkeiten führten Jan van Halen oft für Wochen, wenn nicht sogar Monate von zu Hause weg. Tatsächlich war er gerade unterwegs, als am 8. Mai 1953 der erste Sohn des Paares geboren wurde: Alexander Arthur van Halen. Und Jan war auch nicht zu Hause, als am 26. Januar 1955 der zweite Sohn Edward Lodewijk das Licht der Welt erblickte. Eugenia rieb ihrem Mann diese Versäumnisse bei ihren vielen Streitereien oft und gern unter die Nase.

Da Eugenias Frust über die mangelnde Unterstützung ihres unzuverlässigen Angetrauten wuchs, bestand sie kurz nach der Geburt des zweiten Kindes darauf, von Amsterdam nach Nijmegen, die älteste Stadt der Niederlande in der Provinz Gelderland, zu ziehen, wo Verwandte von Jan wohnten und angeboten hatten, der berufstätigen Mutter bei der Kindererziehung unter die Arme zu greifen. Von Geburt an waren Edward und Alex unzertrennlich, »wie eineiige Zwillinge«, erzählte der Jüngere später. Die Musik des Vaters lieferte den Soundtrack ihrer frühesten Kindheit. Übte Jan Klarinette, saßen die sonst sehr ausgelassenen Jungs ruhig in einer Ecke und lauschten gebannt; wenn schwere schwarze Schellackplatten aufgelegt wurden und das Haus unter dem martialischen Rhythmus eines Militärmarsches erzitterte, stampften die Jungs fröhlich durchs Wohnzimmer und schlugen den Beat auf Pfannen und Töpfen mit. An den Abenden, an denen Eugenia in einem ihrer Aushilfsjobs Nachtschicht hatte – sie sah nicht besonders europäisch aus, also hatte man ihr in den Niederlanden nirgends eine Festanstellung in einem Büro bieten wollen –, nahm Jan die Kinder zu seinen Konzerten mit. Vermutlich hoffte die Mutter, die Anwesenheit der Jungs würde ihren Mann davon abhalten, sich nach den Auftritten stundenlang zu betrinken. Tatsächlich trat der gewünschte Effekt, zu Eugenias wachsender Verärgerung, nicht ein. Vielmehr wurde das Trio dadurch noch enger zusammengeschweißt. Alex und Edward machte es Riesenspaß, ins Paralleluniversum der Musik einzutauchen, und sie reagierten mit Begeisterung auf die Künstlerfreunde ihres Vaters mit ihrer *Laissez-faire*-Einstellung gegenüber Disziplin, Vorschriften und Pflichten.

Auch wenn sie nie einen Hehl daraus machte, wie sehr ihr der nomadenhafte Lebensstil ihres Mannes missfiel, erkannte Eugenia schon früh, dass die Söhne die Liebe und Leidenschaft für die Musik vom Vater geerbt hatten, und nahm es widerwillig hin. Als Edward fünf und Alex sechs Jahre alt waren, schickte sie die Kinder zu Klavierstunden bei einem russischen Konzertpianisten, der in der Nachbarschaft wohnte. Der schon etwas ältere Maestro galt bei seinen Schülern als strenger Zuchtmeister – »Er schlug mir mit einem Lineal ins Gesicht, sobald ich einen Fehler machte«, erinnerte sich Eddie später –, wurde von Eugenia aber sehr geschätzt. »Wenn ihr in die Fußstapfen eures Vaters treten wollt, dann wenigstens anständig«, impfte sie den Jungs ein. Als Alex es einmal wagte, sich über das stundenlange Üben von Tonleitern zu beschweren, legte Eugenia seine Hände flach auf den Küchentisch und schlug ihm mit einem Holzlöffel auf die Finger. Diese Übung musste er nicht wiederholen.

»Ihr war es sehr wichtig, dass wir uns alle Möglichkeiten offenhielten«, erinnerte sich Alex.

»Sie hatte bei uns in der Familie die Hosen an«, sagte Eddie, der seine Mutter als »die Konservative« und seinen Vater als »den Hallodri« bezeichnete. »Gerne sage ich es nicht, aber ich glaube, mein Vater hätte nicht so viel getrunken, wenn sie anders gewesen wäre. Sie hatte ein Herz aus Gold, aber konnte auch – bitte nicht falsch verstehen – wie Hitler an einem schlechten Tag sein.«

Im Rückblick kann man Eugenias Frust leicht nachvollziehen. Eine halbe Weltreise von ihren Freunden und Verwandten entfernt und von den neuen Nachbarn wegen ihrer indonesischen Herkunft bestenfalls wie eine Bürgerin zweiter Klasse behandelt, musste sie quasi jeden Gelegenheitsjob annehmen, um zum bescheidenen Einkommen ihrer kleinen Familie beizutragen, und erhielt noch dazu von ihrem Musiker-Mann so gut wie keine Unterstützung. Nicht verwunderlich also, dass die Briefe ihrer in Kalifornien lebenden Verwandten, die in höchsten Tönen von Amerika schwärmten, in ihr schon bald den Wunsch nach einem Neuanfang weckten. Als sich immer deutlicher abzeichnete, dass sich die finanzielle Situation der Familie nicht sonderlich verbessern würde, schlug Eugenia ihrem Mann im Sommer 1961 vor, die Zelte in den Niederlanden abzubrechen und in die Vereinigten Staaten von Amerika auszuwandern. Doch so, wie Eugenia es vorbrachte, war das kein Vorschlag, sondern eine längst beschlossene Sache. Und nach zehn Jahren Ehe wusste Jan, dass er seiner Frau besser nicht widersprach.

Wie kein anderer Bundesstaat steht Kalifornien für die Verwirklichung des amerikanischen Traums. Das begann, wenn man so will, im März 1848, als die in San Francisco ansässige Zeitung *The Californian* von einem Goldfund im Sacramento-Tal berichtete. Im darauffolgenden Jahr brachen Zigtausende von US-Bürgern – ermuntert durch die »Go West, Young Man!«-Aufmacher der Zeitungen – nach Kalifornien auf, in der Hoffnung, dort eine goldene Zukunft zu finden, und lösten so die als »Goldrausch« bekannte Masseneinwanderung in dieses Gebiet aus. Gut hundert Jahre später machte sich auch die Familie van Halen auf der Suche nach einer besseren Zukunft in den Golden State auf. Im Hafen von New York, den sie am 9. März erreichten, ließ Jan van Halen den Nachnamen der Familie in Van Halen ändern, bevor sie die viertägige Zugfahrt zur Westküste antraten. Es war im Prinzip nur eine winzige Geste, die aber mit Bedeutung aufgeladen war, weil sie das Symbol für den Neuanfang darstellte.

Im Scherz hatte Jan den Freunden in Holland erzählt, die Familie würde sich in Beverly Hills niederlassen. In Wahrheit aber hatten Eugenias Verwandte den Neuankömmlingen eine Dreizimmerwohnung in einem kleinen Haus in der South Oakland Avenue 486 in Pasadena organisiert, die sich drei Parteien teilten. Jan mochte es letztendlich egal sein, wo seine Familie untergebracht war – für ihn spielte die Idee von Kalifornien eine weit größere Rolle –, doch verpasste die harsche Realität ihrer neuen Lebensumstände den Erwartungen des Quartetts schnell einen Dämpfer. »Als wir nach Pasadena kamen, war es ziemlich hart für uns«, erzählte Eddie im Februar 2015 bei einer Veranstaltung im National Museum of American History in Washington, D. C., die im Rahmen der »What It Means to Be American«-Reihe des Smithsonian stattfand. »Wir wohnten in einem Zimmer, schliefen in einem Bett. Mein Vater musste drei Meilen zu Fuß gehen, um [im Arcadia Methodist Hospital] Teller zu waschen, außerdem war er Hausmeister im Masonic Temple, bei der Pacific Telephone, und meine Mutter arbeitete als Hausmädchen … Wir suchten die Mülleimer nach Altmetall ab und verkauften es auf dem Schrottplatz.«

»Für meinen Vater war Amerika das Land der unbegrenzten Möglichkeiten«, erzählte Alex Van Halen. »Doch dann fand er heraus, dass dem nicht so war. Denn auch hier war die Zeit der Big Bands natürlich vorbei.«

Die Van-Halen-Jungs hatten ihre eigenen Schwierigkeiten, sich im neuen Land einzuleben. Bei ihrer Ankunft in den USA kannten Alex und Eddie genau vier englische Wörter – »yes«, »no«, »motorcycle« und »accident« –, und ihre Einführung in die Sitten und Gebräuche des Landes erfolgte schnell und reichlich brutal. Ihre ersten Monate an der Alexander Hamilton Elementary School in der Rose Villa Street waren geprägt von rassistischen Anfeindungen, fiesem Mobbing und gewalttätigen Auseinandersetzungen.

»Ich hatte Angst«, erinnerte sich Eddie, »entsetzliche Angst. Die Schule, auf die wir kamen, war damals noch segregiert, und weil wir kein Englisch sprachen, galten wir als Minderheit. Meine ersten Freunde in Amerika waren schwarz. Die Weißen schikanierten uns nur: Sie zerrissen meine Hausaufgaben, stopften mir auf dem Spielplatz Sand in den Mund. Die schwarzen Kids setzten sich für mich ein.«

An einem Nachmittag spielte Alex gerade im Park, als ihm ein älterer weißer Junge mit einem Baseballschläger über den Weg lief. Weil Alex stolz auf ein neues Wort in seinem begrenzten Vokabular war, zeigte er auf den Schläger und sagte: »Baseball!« Der andere Junge stellte ihm daraufhin eine Frage, die Alex nicht verstand, als stets freundlicher Niederländer aber mit einem Lächeln und Kopfnicken beantwortete. Sekunden später ging er auf die Knie und hielt sich die blutige gebrochene Nase, während der Angreifer lachend davonlief. Offenbar hatte der gefragt: »Soll ich dir mit dem Ding eins auf die Nase geben?« Wie man sich denken kann, schweißten solche Furcht einflößenden Erlebnisse die Van-Halen-Boys noch enger zusammen.

»Wir waren Außenseiter, die die Sprache nicht sprachen und keine Ahnung hatten, wie man sich so verhielt«, erzählte Eddie. »Also wurden wir beste Freunde und machten immer alles zusammen.«

In der turbulenten Eingewöhnungsphase war die Musik für beide eine verlässliche Größe, quasi das Bindeglied zu den gewohnten Verhältnissen in den Niederlanden. Um das magere Einkommen der Familie aufzubessern, spielte Jan mit Musikern, die er aus den Kneipen in seinem Viertel kannte, in Hochzeitsbands oder Volksmusikgruppen, und sobald die Finanzen es zuließen, schickte Eugenia die beiden Jungs wieder zum Klavierunterricht. Ihr Lehrer war der aus Litauen stammende Stasys »Stanley« Kalvaitis, ein Absolvent des Elite-Konservatoriums in Sankt Petersburg, wo er gemeinsam mit dem weltberühmten ukrainischen Komponisten Sergei Prokofjew und dem litauischen Violinenvirtuosen Jascha Heifetz studiert hatte. Kalvaitis erwies sich als strenger Lehrer, der seinen Schülern viel abverlangte, und Eddie begehrte gegen seine Lehrmethoden auf, weil ihn das ewige Auswendiglernen zu Tode langweilte. In einem subtil rebellischen Akt weigerte er sich, die Notenschrift zu lernen, täuschte aber immerhin Aufmerksamkeit vor, während er es sich angewöhnte, auch komplizierte Stücke nach dem Gehör zu spielen. Und falls der Maestro sich hinters Licht geführt fühlte, erkannte er die enorme Begabung seines Schülers dennoch sofort: Als er Eddie für das Southwestern Youth Music Festival im City College von Long Beach anmeldete, das im August 1964 zum dritten Mal stattfand, sagte er Eugenia und Jan, sie sollten sich den Wettbewerb unbedingt ansehen, weil der Junge seiner Familie mit Sicherheit alle Ehre machen würde. Eddie enttäuschte sie nicht und belegte in seiner Kategorie den erwarteten ersten Platz. Seine Gleichgültigkeit der Trophäe gegenüber ließ sich durchaus mit dem Stolz seiner Eltern messen.

»Die war mir scheißegal«, gab Eddie freimütig zu. »Ich bin nicht rumgelaufen und hab geschrien: ›Wow, ich hab gewonnen, ich bin der Beste!‹ Für mich war das kein Ansporn. Der erste Platz hat sich nur insofern auf mich ausgewirkt, als dass ich beim nächsten Mal noch nervöser war. Tatsächlich war ich zwei Jahre hintereinander Erster. Aber ich hasste die ganze Sache.«

In Wahrheit hatte das Wunderkind längst einen neuen, frischen, lebendigen Sound für sich entdeckt, der von der anderen Seite des Atlantiks nach Amerika herübergeschwappt war.

Zu Beginn der 1960er-Jahre hatte die fade, konservative, erzbrave britische Musikszene den amerikanischen Plattenkäufern wenig Interessantes bieten können. Die einzige Sängerin aus Großbritannien, die in den 1950er-Jahren einen Nummer-eins-Hit in den US-Single-Charts landen konnte, war der »Liebling der Streitkräfte« Vera Lynn, während adrette, britische Rock'n'Roller wie Cliff Richard, Adam Faith und Billy Fury als saft- und kraftloser Abklatsch ihrer Gegenspieler von Sun Records verlacht wurden. Obwohl Furys Backingband The Tornados mit dem Instrumental »Telstar« im Dezember 1962 den ersten *Billboard*-Hot-100-Chart-Topper einer britischen Band ablieferte, blieben Musiker aus dem Vereinigten Königreich im ersten kalifornischen Jahr der Familie Van Halen in den USA nahezu unsichtbar.

Die Beatles sollten das ändern. Obwohl die Band in Amerika nicht auf Anhieb Erfolg hatte – tatsächlich verpassten ihre ersten beiden Nummer-eins-Hits aus den UK-Charts (»Please Please Me« und »From Me to You«) den Einstieg in die US-Hitlisten –, bekam die amerikanische Musikindustrie nach der Veröffentlichung des euphorisierenden »I Want to Hold Your Hand« einen gewaltigen Adrenalinkick. Noch vor dem legendären Auftritt des Liverpooler Quartetts am 9. Februar 1964 in der *Ed Sullivan Show* des Fernsehsenders CBS, den geschätzte 73 Millionen Menschen am Bildschirm verfolgten, überstieg die Nachfrage nach der Single das Angebot in bisher unbekanntem Ausmaß. Also sah die Plattenfirma Capitol sich gezwungen, die Pressung des Tonträgers teilweise an die Konkurrenten von Columbia und RCA outzusourcen. Am 1. Februar 1964 schoss die Single an die Spitze der *Billboard* Hot 100, wo sie sich sieben Wochen lang hielt. Und dies war nur der erste von insgesamt sieben Nummer-eins-Hits, die das britische Quartett in dem Kalenderjahr auf den Markt warf. Im März war *Meet the Beatles*, das erste Album, das die Band bei Capitol herausbrachte, ganze 3,6 Millionen Mal über den Ladentisch gewandert, was die Platte zum bislang bestverkauften Album der Geschichte machte. Der phänomenale Erfolg der Beatles brachte Plattenfirmen und Fans in den USA dazu, sich mit der vorher als todlangweilig verschrienen britischen Musikszene zu beschäftigen. Dies hatte zur Folge, dass zahlreiche UK-Chart-Hits für den US-Markt neu verpackt und auf die Schnelle in die Läden gebracht wurden.

Obwohl sie das Radio dominierten, waren es erstaunlicherweise nicht die Beatles, die Eddie Van Halen auf den Rock'n'Roll-Geschmack brachten, sondern ihre etwas braveren Kollegen von The Dave Clark Five. Im April 1964 – es war die Woche, in der die Beatles die ersten fünf Plätze der US Hot 100 belegten – stieg der Song »Glad All Over« der Londoner Band, der in Großbritannien »I Want to Hold Your

Hand« vom Charts-Thron gestürzt hatte, in die *Billboard* Top 10 ein. Wegen des durchschlagenden Erfolgs der beiden Bands war in Amerika bald die Rede von der »British Invasion«. Und im Sommer 1964 veränderte das wuchtige *Whomp-Whomp* der Dave Clark Five auch das Leben eines Immigrantenkindes aus den Niederlanden.

»Alex und ich sahen uns im Kino *A Hard Day's Night* [die Musikkomödie mit den Beatles aus dem Jahr 1964] an, und die Mädchen kreischten die ganze Zeit«, erinnerte sich Eddie später. »Alex fand das super, ich stand mehr auf ›Glad All Over‹. Bis heute höre ich mir die alten Platten gern an, sie haben etwas Magisches. Das war geiler Scheiß. Jedes Kind hat eine Phase, in der es Modellautos oder so was bastelt. Ich schnappte mir Kartons und Papier und baute mir daraus eine Art Snare Drum und trommelte darauf die Sachen von den Dave Clarke Five mit … Ich hab für mein Leben gern getrommelt.«

In diesem Sommer beschlossen die Van-Halen-Boys, eine eigene Band zu gründen. Die Broken Combs bestanden aus Eddie am Klavier, Alex am Saxofon, Eddies Klassenkamerad Kevan Hill an der Gitarre, Kevans älterem Bruder Brian am Schlagzeug und dem Nachbarsjungen Don Ferris am zweiten Saxofon. Das Quintett überlegte sich zwei eigene Stücke, »Rumpus« und das überaus originell betitelte »Boogie Booger«, die sie neben Hits der British Invasion in der Aula ihrer Schule aufführten. Quasi über Nacht entwickelten sich die beiden Brüder von Außenseitern zu Schulhofhelden, was das Selbstvertrauen der beiden exponentiell anwachsen ließ, obwohl sie gegen ihre früheren Peiniger weiterhin ein gesundes Misstrauen hegten.

Aus Freude darüber, dass auch die Söhne mit Begeisterung Musik machten, schlug Jan Van Halen Eddie vor, das rudimentäre Kartonschlagzeug durch ein robusteres Instrument zu ersetzen und besorgte dem Jungen schon bald ein in Japan produziertes 125-Dollar-Schlagzeug von St. George. Eddie versprach, den Kaufpreis abzustottern, indem er morgens vor der Schule Zeitungen austrug. Nach ein paar Wochen stellte er dann allerdings wutentbrannt fest, dass der ältere Bruder die Früchte seiner harten Arbeit ebenfalls genoss – Alex zeigte wenig Interesse an der Flamencogitarre, die er von seinem Vater bekommen hatte, und trommelte stattdessen jeden Morgen auf dem Schlagzeug herum, bis Eddie erschöpft von seiner Zeitungsbotenrunde zurückkehrte. Noch schlimmer aber war die Tatsache, dass Alex eine größere Begabung für die Drums an den Tag legte: »Er konnte ›Wipe Out‹ [den Instrumentalhit der Surfaris aus dem Jahr 1963] auf dem Schlagzeug spielen, ich nicht«, erzählte Eddie später. »Also dachte ich mir, okay, scheiß drauf. Dann spiel ich eben Gitarre.«

Wie Eddie selbst sagte, fühlte er sich »nicht von Gott berufen«, als er zum ersten Mal eine Gitarre in der Hand hielt. Doch die Herausforderung, die Songs aus seinem Transistorradio zu entschlüsseln und auf die sechs Saiten zu übertragen, machte nicht nur Spaß, sondern auch süchtig. »Ich hab nie überlegt, ob das jetzt schwer ist oder nicht«, sagte er 1985 in einem Interview mit *Guitar World*. »Ich machte es einfach, um Spaß zu haben. Es war mir egal, ob ich eine Woche brauchte, um einen halben Song nachzuspielen, oder ob ich mir an einem Tag gleich fünf beibrachte. Ich hab es einfach nie so gesehen.

Der erste Song, den ich konnte, war ›Pipeline‹ von den Surfaris. Und ›Wipe Out‹. Dann hörte ich dieses eine Stück im Radio – ›Blues Theme‹ [von Davie Allen & The Arrows] vom Soundtrack zu [Roger Cormans 1966er Kult-Rockerfilm] *Die Wilden Engel*. Das war die erste verzerrte Gitarre, die ich je gehört hab, und ich dachte nur: ›Gott, was ist das?

Scheiß aufs Klavier, ich will nicht die ganze Zeit sitzen – ich will vorne stehen und richtig aufdrehen.«

Um den aggressiv-treibenden, in Hall getränkten Sound seiner Surf-Gitarrenhelden richtig nachspielen zu können, brauchte Eddie jedoch ein neues Instrument. Bei einem Besuch im Kaufhaus Sears besorgte er sich seine erste E-Gitarre, eine in Japan hergestellte Teisco del Rey für hundertzehn Dollar. Wie Eddie später einmal erzählte, hatte er sich das Modell nur ausgesucht, weil es vier Tonabnehmer hatte – und somit einen mehr als alle anderen Gitarren im Laden. Jan besorgte ihm seinen ersten Verstärker, den ein Nachbar selbst gebaut hatte, und Eddie holte sich im Radio Shack noch den passenden Adapter.

»Ich hab mein Gitarrenkabel eingestöpselt und die Kiste voll aufgedreht«, erinnerte er sich. »Die machte jede Menge Krach, und ich fing einfach an, zu spielen. Irgendwann kam Al rein und meinte: ›Klingt gut, was ist das?‹ Das war etwa zu der Zeit, als ›Blues Theme‹ ein Hit war. Al meinte: ›Spiel das noch mal.‹ Es klang genauso. Total verzerrt und dreckig. Wenn man so will, bin ich damals mit diesem dreckigen Sound zum ersten Mal in Berührung gekommen.«

Was den »dreckigen Sound« angeht, sollten die Van-Halen-Brüder schon bald die Qual der Wahl haben. 1967 war das Jahr von *Sgt. Pepper's Lonely Hearts Club Band,* von *The Doors,* von *The Velvet Underground & Nico,* von *The Piper at The Gates of Dawn* von Pink Floyd, von *Their Satanic Majesties Request* von den Rolling Stones, von *Are You Experienced* und *Axis: Bold as Love* von der Jimi Hendrix Experience. Doch ein Album zog die beiden Brüder besonders in seinen Bann: *Disraeli Gears,* der zweite Longplayer der britischen Supergroup Cream, der die Virtuosität von Bassist Jack Bruce, Schlagzeuger Ginger Baker und dem zweiundzwanzigjährigen ehemaligen Yardbirds/Bluesbreakers-Mitstreiter Eric Clapton, der bei Kollegen, Kritikern und Fans als spannendster junger Gitarrist der Welt galt, beeindruckend in Szene setzte.

»Sein Stil, sein Gefühl, sein Sound hatten etwas grundlegend Einfaches, das mich sofort ansprach«, erklärte Eddie. »Er stöpselte eine Gibson direkt in einen Marshall, und das war's. Die Basics. Der Blues.«

»Ich war von seinem Sound und seinem Feeling total angetan. Ich steh auf Phrasierung; deshalb hab ich Clapton immer so gemocht. Er spielt mit viel Gefühl. Bei ihm klingt es, als würde jemand reden, ein Frage-und-Antwort-Spiel.«

Claptons Sound und Phrasierung ließen Eddie an ein Tenorsaxofon denken, und das erzeugte bei ihm, zumindest unterbewusst, nostalgische Erinnerungen an die Zeit mit seinem Vater in den Niederlanden. Und in der Unbefangenheit und Virtuosität von Cream hörte Eddie ein Echo jener spätabendlichen Jazz-Sessions, die Alex und er in ihrer Kindheit miterlebt hatten.

Bei dem britischen Trio klang Musik, wie Eddie der *Guitar World* später einmal sagte, »auf eine Art aufregend, die vermutlich kein Mensch richtig verstanden hat«.

Man hatte fast den Eindruck, Texte und Songstrukturen wären nur zweitrangig. Nach dem Motto: »Bringen wir den Scheiß hinter uns, damit wir richtige Musik machen können, mal sehen, wo wir heute landen.«

In Anlehnung an ihre britischen Vorbilder gründeten die Van-Halen-Brüder an ihrer neuen Schule, der Jefferson Elementary, ein eigenes »Power Trio«, indem sie sich Eddies Mitschüler Jim Wright als Bassisten dazuholten. Sie nannten die Band The Sounds of Las Vegas – später kurz: The Sounds – und spielten Surfmusik, Hits von den Beatles und Monkees sowie selbstverständlich jeden Cream-Song, den sie in den Griff bekamen.

Dass die aufstrebende Band sehr viel Talent besaß, merkte auch Jan Van Halen, der sich erst Alex und später noch Eddie (als Bassisten) für eigene Auftritte auslieh. »Wir spielten bei Hochzeiten, Bar-Mizwas, Polka-Tanzabenden, den ganzen Scheiß eben«, erinnerte sich Eddie später.

»Wir traten im La Mirada Country Club auf«, erzählte er. »Mein Vater spielte jeden Samstagabend im Continental Club, und wir sprangen ein, wenn andere nicht konnten. Er spielte in so einem Laden namens Alpine Haus, draußen im Valley an der San Fernando Road, und dort mussten wir kurze Lederhosen tragen.«

Gelegentlich gaben die Brüder für den Vater auch die Vorband oder den Pausenfüller, sie waren »die kleine Freakshow«, wie Eddie es nannte. Die Auftritte machten den erst Zwölfjährigen am Anfang reichlich nervös, ein Zustand, gegen den Jan ein recht unkonventionelles Hausmittel wusste.

»Als ich zwölf war, brachte mein Vater mir das Trinken und Rauchen bei«, erzählte Eddie. »Wenn ich Lampenfieber hatte, sagte er: ›Hier, trink ein Glas Wodka.‹ Boom – das Lampenfieber war weg.«

»Al rief mir immer die Akkorde zu, wenn ich keine Ahnung hatte, was ich spielen musste. Er rief nur ›Eins, vier, fünf!‹, also im Grunde die Drei-Akkord-Struktur jedes einfachen Liedes, von Polkas bis hin zu … Hochzeitsliedern, alten Klassikern. Ich hatte kein einziges der Stücke je gehört, also hatte ich keine Ahnung, was ich da tat. Dabei hab ich gelernt, sehr viel zu lächeln!«

In alter Tradition ließ Jan Van Halen zum Abschluss solcher Abende seinen Fedora-Hut herumgehen, damit die Zuhörer ihre Wertschätzung für die Band in greifbarer Form zum Ausdruck bringen konnten. An einem Abend enthielt der Hut zweiundzwanzig Dollar. Jan zählte ein paar Scheine ab und drückte Eddie und Alex jeweils fünf Dollar in die

Hand. Auch wenn sich die Jungs damals noch nicht mit amerikanischem Arbeitsrecht auskannten, waren sie längst nicht mehr so grün hinter den Ohren, dass ihnen die ungerechte Verteilung der Einnahmen entgangen wäre. Als sie sich bei ihrem Vater lautstark beschwerten, zuckte der nur mit den Schultern. »Willkommen im Musikbusiness, Jungs«, sagte er mit einem Augenzwinkern.

2
Eruption

Am 31. Dezember 1970 reichte Paul McCartney Klage gegen seine ehemaligen Bandkollegen John Lennon, George Harrison und Ringo Starr ein, um die offizielle Auflösung der Beatles zu erwirken. Gerüchte, dass McCartney die Band auflösen wollte, hatte es seit dem 10. April gegeben, als der *Daily Mirror* die Pressemitteilung zum ersten Soloalbum des Achtundzwanzigjährigen auf der ersten Seite der Zeitung zur Schlagzeile »Paul verlässt die Beatles« verdichtete. »Die Nachricht ist dermaßen erschütternd, dass Historiker diesen Augenblick später vielleicht als einen wichtigen Beitrag zum Untergang des Britischen Empire bezeichnen werden«, malte ein Reporter der *CBS News* ein entsprechend dramatisches Bild für die amerikanische Öffentlichkeit. John Lennon dementierte die Meldung zunächst und erklärte im *Rolling Stone*, das Gerücht sei entstanden, weil sein Songwriter-Partner nur so zum Spaß gern »Chaos verbreitet«. Doch als McCartney am letzten Tag des Jahres beim Obersten Gerichtshof in London Klage auf Beendigung der internen Geschäftsbeziehungen des Quartetts einreichte, zweifelte niemand mehr daran, dass er es ernst meinte. Die Position der größten Rock'n'Roll-Band der Welt war nun also ganz offiziell neu zu besetzen.

In diese Lücke stießen Led Zeppelin. Tatsächlich betrachtete die Band um Jimmy Page sich ohnehin schon als konkurrenzlos. Im September 1970, als die Vorbestellungen für das dritte Album *Led Zeppelin III* allein in Amerika an der Eine-Million-Marke kratzten, schaltete das Hardrock-Quartett im *Melody Maker* eine ganzseitige Anzeige: »Danke, dass ihr uns zur größten Band der Welt gemacht habt.« Als das zehn Songs umfassende Album im darauffolgenden Monat (in den USA am 5. Oktober, in UK am 23. Oktober) veröffentlicht wurde, schoss es erwartungsgemäß auf beiden Seiten des Atlantiks an die Spitze der Charts. Da die Radiostationen anfangs aber irritiert auf die vornehmlich akustischen, eher sanften Folk- und Bluesballaden reagierten, nahmen sie die Songs selten ins Programm, und bald schwanden auch die Verkaufszahlen. Einige einflussreiche Musikkritiker, die die Band von Anfang an als »Hype« abgetan hatten, sahen ihre Chance gekommen und behaupteten in ihren Kolumnen nun, das Quartett habe seinen künstlerischen wie kommerziellen Zenit überschritten, und es sei fraglich, ob die neuesten britischen Superstars der Welt überhaupt noch etwas Neues oder gar Bedeutsames zu bieten hätten.

Zeppelins so sensibler wie perfektionistischer Bandleader Page nahm die Kritik persönlich. Als im Dezember 1970 die Aufnahmesessions für das vierte Album der Band begannen – zunächst in den Londoner Studios von Island Records, später in Headley Grange, einem ehemaligen Armenhaus in Hampshire, jetzt ein Landsitz, in dem es angeblich spukte –, war der Gitarrist wild entschlossen, es seinen Kritikern zu zeigen.

In Headley Grange lebten und arbeiteten Page, Sänger Robert Plant, Bassist John Paul Jones und Schlagzeuger John Bonham zum ersten Mal unter einem Dach zusammen, wobei Plant, Jones und Bonham in etwas luxuriösere Quartiere umzogen, als Page ihnen sagte, dass er mit ihrem jeweiligen Beitrag zufrieden sei. In der ländlichen Abgeschiedenheit konnten die Musiker ungestört arbeiten, die Songwriting-Sessions liefen entspannt, aber trotzdem hochkonzentriert ab, und jeder neue Song wurde von Tontechniker Andy Johns im mobilen Studio der Rolling Stones sofort auf Tape gebannt. Dieser spontane Ansatz wirkte auf die Musiker äußerst befreiend, und das neue Zeppelin-Material strotzte nur so vor Energie und selbstbewusster Kraft: Man hörte eine spielsichere, tourerprobte Einheit, die instinktiv wusste, dass ihre große Zeit gekommen war. Im Februar 1971 flogen Page, Johns und Zeppelin-Manager Peter Grant nach Los Angeles, um die Platte bei Sunset Sound Recorders am Sunset Boulevard abzumischen; wenig überzeugt von dem Ergebnis kehrte der Gitarrist nach England zurück und überwachte in den Island Studios eine zweite Abmischung.

Als Zeichen seines Selbstvertrauens, aber auch als indirektes »Fuck you« in Richtung seiner Kritiker, untersagte Page der Plattenfirma Atlantic Records, den Bandnamen oder auch nur einen Titel auf dem Cover des vierten Zeppelin-Albums abzudrucken. Der Fokus sollte, so der Gitarrist, auf den zweiundvierzig Minuten Musik liegen, die in die Rillen der schwarzen Vinylscheibe gepresst waren. »Ich dachte damals, okay, wenn wir nur ein Hype sind, dann bringen wir eben ein Album raus, auf dem der Name Led Zeppelin gar nicht erwähnt wird«, erklärte Page später. Die Verantwortlichen beim Label hielten die Entscheidung für professionellen Selbstmord, die Führungsetage diskutierte ewig hin und her, sodass der Veröffentlichungstermin des Albums vom Frühjahr auf den Winter verschoben wurde. Doch der bisherige Erfolg der Band – in Kombination mit der einschüchternden Art von Manager Peter Grant – hatte Led Zeppelin zu einem Status verholfen, der es ihnen erlaubte, über ihr kommerzielles Vorgehen selbst zu bestimmen, und am Ende gab Atlantic, wenn auch äußerst widerwillig, den Forderungen von Page nach. So kam das Album am 8. November 1971 mit lediglich vier mysteriösen Symbolen auf der Innenhülle in die Läden.

Wenn sich dann aber die Nadel aufs Vinyl senkte, wusste jeder sofort, wer die Schöpfer dieses Albums waren.

Von den selbstbewussten Amphetamin-Blues-Nummern »Black Dog« und »Rock and Roll« über das wunderschön folkige, nach Laurel Canyon klingende »Going to California« – eine Verbeugung vor der Zeit, wie Robert Plant erklärte, »als die Dinge noch schön und einfach und alles total abgefahren war« – bis hin zum groovig-düsteren Southern-Gothic-Monster »When the Levee Breaks« trägt dieses Kaleidoskop an Songs unverkennbar die musikalischen Fingerabdrücke von Led Zeppelin.

Als letztes Stück der ersten Seite dominiert Jimmy Pages berühmteste Komposition »Stairway to Heaven« das gesamte Album. Vom einfühlsam gezupften Arpeggio-Intro bis hin zu dem von John Bonham angetriebenen, donnernden Schluss ist der achtminütige Song eine Lehrstunde in Sachen Stimmung, Klangfarbe, Tempo und Dynamik, bei der Page wie der Maestro eines Orchesters Licht und Magie zielsicher dirigiert.

Wegen der Verschiebung des Veröffentlichungstermins erlebten »Stairway to Heaven«, »Black Dog«, »Going to California« und »Rock and Roll« ihre amerikanische Live-Premiere am 21. August 1971 – ganze zehn Wochen bevor die Studioversion auf den Plattentellern der erwartungsvollen Fans lag – beim ersten von zwei ausverkauften Konzerten im 17.505 Zuschauer fassenden Forum im kalifornischen Inglewood. Von einer der Tribünen aus erlebten auch Eddie und Alex Van Halen die elementare Kraft von Led Zeppelin zum ersten Mal aus nächster Nähe. Die beiden Jungs waren eingefleischte Led-Zeppelin-Fans, seitdem ein gemeinsamer Freund deren Debütalbum von 1969 in das kleine Haus in der Las Lunas Street 1881 gebracht hatte, das Jan und Eugenia im Frühjahr 1966 für die Familie gekauft hatten. »Ich bin voll auf sie abgefahren«, erklärte Eddie später. »Page ist ein Genie. Wenn man ein Solo von ihm hört, ist es so, als würde er mit dir sprechen.«

Eddie, der jede Bewegung des englischen Gitarristen von seinem billigen Platz aus genau beobachtete, war vor allem von einer Pose seines Helden fasziniert. Während des Solos bei »Heartbreaker«, dem treibend-dreckigen Opener der zweiten Seite von *Led Zeppelin II*, riss Page die rechte Hand mit dem Plektrum plötzlich hoch, während er seiner Les Paul mit der linken eine höllenschnelle Tonkaskade entlockte, indem er eine Reihe von Hammer-ons und Pull-offs auf dem Griffbrett tappte. Schwer beeindruckt vom Sound und dem Spektakel, speicherte der sechzehnjährige Gitarrist diese aufsehenerregende Technik im Geist ab, damit er bei den Gigs mit seinem Bruder ebenfalls darauf zurückgreifen konnte.

Im Sommer 1971 empfanden die Van-Halen-Jungs sich als hartgesottene Veteranen des Musikbusiness und waren überzeugt, sich in der stürmischen See des Rock'n'Roll behaupten zu können. Ihr neuestes Projekt Genesis war bereits ihre vierte Band. Sie folgte auf The Broken Combs, The Sounds und das Bluesrock-Power-Trio Trojan Rubber Company, bei dem sie der Bassist Dennis Travis unterstützt hatte, der zu den Brüdern gestoßen war, nachdem er in der Aula der Marshall Junior High School ihre fehlerfreien Coverversionen von Cream-Songs gehört hatte. Um niemanden zu schockieren, benutzten TRC [Trojan ist eine bekannte Kondommarke, A. d. Ü.] das Pseudonym Space Brothers, wenn sie bei den Tanzpartys in den katholischen Highschools aufspielten, und man mag einen Hauch von Ironie darin erkennen, dass die Band zum Schweigen gebracht wurde, als Travis' Vater, ein Pfarrer, in einen anderen Bundesstaat versetzt wurde und mit seiner Familie im Frühjahr 1971 wegzog. Mit dem neuen Bassisten Mark Stone erlebte die Band unter dem Namen Genesis eine Wiedergeburt, und ihre eins zu eins nachgespielten Coverversionen von Songs solcher Größen wie Grand Funk Railroad, Black Sabbath, Deep Purple, Led Zeppelin, The Who, Cactus und Cream machten die Jungs schon bald zu einer Attraktion für Highschool-Schüler aus Pasadena, die sich am Wochenende austoben wollten.

»Wenn du ein Mädchen aufreißen wolltest, musstest du nur fragen, wo Genesis abends auftraten«, erzählte Robin »Rudy« Leiren, der sich ab 1974 um Eddies Gitarren kümmerte, in einem Interview mit dem Autor Steven Rosen. »Als ich sie das erste Mal sah, spielten sie auf einer Feier in der Marshall Junior High School. Ich war völlig von den Socken. Sie haben Cream und die ganzen Sachen aus dem Radio gespielt. Edward hat mich am meisten beeindruckt. Ich weiß noch, dass ich damals dachte: Der Typ wird bestimmt berühmt. Ich meine, da stand jemand in meinem Alter auf einer Bühne und spielte die Riffs von Clapton Ton für Ton nach. Ich hab nur noch gestaunt.«

»Die Gitarre war meine Zuflucht«, erzählte Eddie später. »Sie war für mich da, wenn meine Freundin oder irgendjemand sonst mich verarscht hatte. Jeder macht diese Phase durch, wenn man von einem Mädchen verarscht wird oder nicht zu den Sportcracks an der Schule gehört. Ich hab mich praktisch vier, fünf Jahre in meinem Zimmer versteckt und gedacht: Hey, die Gitarre wird mich niemals wie Scheiße behandeln. Was ich in sie reinstecke, das gibt sie mir auch wieder zurück. Mein Bruder zog um sieben Uhr abends los, um zu feiern und Mädchen aufzureißen, und wenn er um drei Uhr nachts nach Hause kam, saß ich immer noch da und spielte Gitarre. Als wir anfingen, bei Highschool-Partys und auf Privatfeiern zu spielen, hatten wir bald einen ziemlichen Ruf weg«, erzählte Eddie. »Wir traten bei Gartenpartys in San Marino auf, wo die richtig Reichen von Pasadena wohnen. Die Eltern waren übers Wochenende verreist, die Kids feierten eine Party und engagierten uns. Wir mieteten uns bei Abbey Rents eine kleine Bühne und ein paar billige Scheinwerfer und nahmen einen Dollar Eintritt. Dann spielten wir, bis um zehn die Polizei-Hubschrauber kamen und uns zum Aufhören zwangen.«

An einem dieser Abende stand noch ein Teenager mit Rockstarträumen im Publikum. Während Genesis durch Songs von The Who, Deep Purple und Ten Years After bretterten, staunte David Lee Roth nicht schlecht über die ungeheure Musikalität der Band – »Sie kriegten unglaubliche Sachen hin«, erinnerte er sich später –, doch war der extrem selbstbewusste Siebzehnjährige nicht so überwältigt, dass er keinen Spielraum für Verbesserungen erkannt hätte. Also klingelte Roth an einem Sonntag im Frühjahr 1971 in der Las Lunas Street 1881, nannte dem verdutzten Alex Van Halen seinen Namen und erklärte, dass er bei Genesis singen wolle. Weil Alex wusste, dass sein jüngerer Bruder die eigene Singstimme nicht mochte und nur widerwillig den Frontmann spielte, beschloss der Schlagzeuger, dem nassforschen Teenager eine Chance zu geben.

»Wir baten ihn, ein paar Stücke zu lernen, ›Crossroads‹ von Cream und noch was von Grand Funk Railroad, und in der nächsten Woche wiederzukommen«, erzählte Eddie dem *Rolling Stone*. »Eine Woche später war er wieder da, und es war schrecklich … Ich hab meine Gitarre weggelegt und gesagt: Al, bin gleich wieder da.«

»Der Typ konnte ums Verrecken nicht singen«, sagte Alex. »Ich war total entsetzt. Ed und Mark ließen mich mit Dave allein, und ich musste ihm sagen, dass er als Sänger nichts taugt.« Trotz des peinlichen Auftritts schmiss der Schlagzeuger den Möchtegernsänger nicht sofort raus, denn immerhin sah der Typ nach Rock'n'Roll aus und verfügte über das nötige Selbstbewusstsein. Also suchte Alex eine Handvoll Stücke aus dem Repertoire seines Trios aus und bat Roth, sie vorzubereiten und in der folgenden Woche noch mal vorbeizuschauen. Nur war das zweite Vorsingen von Roth dann noch übler als der erste Versuch.

»Es klang absolut scheiße«, sagte Alex später. »Die Intonation war völlig daneben, das Timing saß hinten und vorne nicht, eine grottenschlechte Vorstellung. An einen Song erinnere ich mich besonders, ›Still Alive and Well‹ von den [Johnny] Winter Boys, es war fürchterlich. Ich sagte zu ihm, dass er beim Vorsingen durchgefallen war, und er zog beleidigt ab.«

Doch auch Genesis stand ein böses Erwachen bevor. Dieses Mal waren es keine Cops, die dem Trio wegen Ruhestörung in den Vororten einen Maulkorb anlegten, sondern eine Gruppe ehemaliger Privatschüler aus England, die von der Existenz der kalifornischen Band noch nicht einmal wussten. Peter Gabriel, Mike Rutherford und Tony Banks hatten sich an der renommierten Eliteschule Charterhouse School kennenglernt; unter den Namen Genesis machten sie seit 1967 Musik und waren 1970, noch vor der Veröffentlichung ihrer zweiten LP *Trespass*, von Charisma Records unter Vertrag genommen worden. Im November 1971 veröffentlichte die Band ihr drittes Album, das gefeierte *Nursery Cryme*, und diese Platte war es auch, die Eddie beim Stöbern nach neuer Musik im Plattenladen in Pasadena aus einer der Kisten zog. »Hey, Alex, guck mal, wir haben 'ne Scheibe draußen!«, rief der Gitarrist seinem Bruder zu. Als sie aufgehört hatten, zu lachen, wurde ihnen allerdings schlagartig klar, dass sie den Namen ihrer Band früher oder später ändern mussten. Abgang Genesis, Auftritt Mammoth.

Das war Anfang 1972. Etwa gleichzeitig tauchte auf Flyern und Plakaten rund um die Highschools von Pasadena noch ein anderer Bandname immer häufiger auf. Gegründet im Sommer 1971, stellte die ungestüme Draufgänger-Dance-Band Red Ball Jet nichts anderes dar als David Lee Roths persönliche Rache an den Van-Halen-Brüdern. Obwohl Red Ball Jet nie behauptet hätten, es musikalisch mit Mammoth aufnehmen zu können – selbst der schwer von sich überzeugte Roth benotete ihre Spielfertigkeit mit »soliden fünf [von 10 Punkten] … sechs an einem guten Abend« –, war der pfauenhafte Frontmann, der nur aus riesigem Mund und bis zum Platzen ausgestopfter Hose bestand, wild entschlossen, beim Publikum immer den größten Eindruck zu hinterlassen. Auch wenn die Van Halens sich über Roths neue Combo lustig machten – für Eddie war Red Ball Jet »eine reine Showband, die keinen einzigen Ton traf«, und Roth nur ein »Clown« –, entging ihnen natürlich nicht, dass diese andere Band bei den Gartenpartys immer mehr und wildere Leute anzog, und zwar nur wegen des schlagfertigen Witzes, der jungenhaften Attraktivität und der frechen Hemmungslosigkeit des Sängers.

»Bei den Partys«, erinnerte sich Roth später mit einem Anflug von Genugtuung, »waren unsere Bands bald erbitterte Konkurrenten.«

»Die Girls gingen hin, weil sie Dave sehen wollten, und die Jungs gingen hin und hassten Dave«, sagte Rudy Leiren.

»Bei ihm ging es nie um die Musik«, meinte Eddie einmal, »sondern immer nur um die Show. Unsere Bands waren so was wie Rivalen. Die Leute fanden unsere Musik auf einer

Party gut, zogen weiter zur nächsten und bewarfen Dave mit Sachen.«

»Roth war damals richtig arrogant«, erklärte Alex. »Ed und ich konnten den Motherfucker nicht ab – wir konnten die Band nicht ab, wir konnten die Musik nicht ab.«

Insofern muss es für alle Beteiligten zunächst recht unangenehm gewesen sein, als Roth und Eddie sich 1972 am Pasadena City College (PCC), wo Alex bereits Komposition und Musiktheorie studierte, für denselben Musikkurs einschrieben.

»Wenn du mit der Highschool fertig bist und dir die Uni nicht leisten kannst, dann gehst du auf das nächstgelegene Junior College, in unserem Fall das PCC«, erklärte Eddie 2015 in einem Interview. »Ich hab mich ausschließlich für Musikkurse eingeschrieben, und am meisten ist mir der von Truman Fischer in Erinnerung geblieben. Ein wunderbarer Lehrer.« Als Anhänger des österreichischen Komponisten und Musiktheoretikers Arnold Schönberg, der von vielen als Vater der modernen Musik bezeichnet wird, glaubte Dr. Fischer fest daran, dass man das Regelwerk der Musik erst einmal erlernen muss, um sich komplett darüber hinwegsetzen zu können. In seinem Unterricht gab es nur eine Regel: Gut ist, was gut klingt.

»Dr. Fischer war absolute Avantgarde und hat mir eins beigebracht: Scheiß auf die Regeln«, erzählte Eddie. »Dave hab ich zum ersten Mal im Kurs Komposition und Arrangement von Truman Fischer wiedergesehen. Auf andere müssen wir zusammen einen komischen Eindruck gemacht haben … ich lief am liebsten in Jeans und T-Shirt rum, er sah aus wie David Bowie, mit Plateauschuhen und abstehenden Haaren. Ständig wurde ich gefragt: Warum hängst du mit dieser seltsamen Schwuchtel ab? Ich darauf nur: Er ist nicht schwul, er zieht sich nur gern so an. In Pasadena war er der

Einzige aus unserem Bekanntenkreis, der Musik genauso ernst nahm wie wir.

Morgens torkelten wir völlig übermüdet in den Unterricht, weil wir nachts in irgendeinem Club gespielt hatten. Die anderen machten sich über uns lustig, nannten uns Musiknutten, weil wir nicht das machten, was sich ihrer Meinung nach für einen richtigen Musiker gehörte. Dabei versuchten wir nur, unsere Brötchen zu verdienen. In dem Alter gibt man entweder alles für die Musikerkarriere oder behandelt Musik bald nur noch wie ein Hobby. Dave, Alex und ich wollten unbedingt Profimusiker werden.«

AUF DIE FRAGE NACH DEN Helden seiner Teenagerzeit erzählte David Lee Roth einem Interviewer einmal, dass sie, »anders als man es vielleicht erwartet, wenig mit dem Led-Zeppelin-Frontmann gemeinsam« hatten. »Das waren eher Leute wie Miles Davis, [Akira] Kurosawa und P. T. Barnum«, erklärte er. »Fangen wir bei denen mal an – ein echtes Power-Trio!«

Dass er sich mit einem Ausnahmemusiker, einem Meisterregisseur und dem größten Showman Amerikas verglich, war typisch für Roth, der die Kunst, das eigene Leben zu mystifizieren, perfekt beherrschte. »Bei mir muss es immer dramatisch sein«, schrieb der Sänger gegen Ende seiner Bestseller-Autobiografie *Crazy from the Heat* aus dem Jahr 1997. »Es muss immer voller Emotionen, Leidenschaften, Tragödien und Katastrophen sein, voller Kämpfe und Siege.« Natürlich werden auf den 359 Seiten weder seine beiden missglückten Auditions bei Genesis noch die Tatsache erwähnt, dass seine Mutter ihm einmal ins Gesicht sagte, er würde seine Existenz lediglich einem »Unfall« verdanken. Miles Davis sagte über seinen musikalischen Ansatz: »Es sind nicht die Töne, die du spielst. Es sind die, die du nicht spielst.« Lange bevor Roth sich für den Unterricht bei Dr. Fischer einschrieb, hatte er sich im Hinblick auf seine Biografie eine ähnliche Haltung angewöhnt, weil ihm wohl aufgegangen war, dass man unangenehme Wahrheiten lieber für sich behält.

Roth kam am 10. Oktober 1954 in Bloomington, Indiana, auf die Welt, wo sein Vater Nathan, Sohn russischer Einwanderer, nach seiner Dienstzeit bei der US Air Force Medizin studierte, während seine Mutter Sibyl Kunst und Sprachen unterrichtete. Besonders glücklich war die Familie nie. »Meine Eltern haben sich ständig gestritten«, erzählte der Sänger. »So war das schon vor ihrer Heirat … Und weil ich aus dieser extrem dysfunktionalen Familie komme, musste ich wohl so werden, wie ich bin.« Nach dem Studium zog Dr. Roth mehrmals mit seiner Familie um, zuerst auf eine kleine Ranch in Newcastle, Indiana, dann nach Swampscott, Massachusetts, später nach Brookline, ein Vorort von Boston. Als Kind hatte David mit gesundheitlichen Problemen zu kämpfen, unter anderem litt er an einer Lebensmittelallergie und musste wegen einer Fehlstellung der Beine Schienen tragen, was für ein von Natur aus neugieriges und energiegeladenes Kind extrem frustrierend gewesen sein muss. Im Alter von sechs Jahren wurde Roth zum ersten Mal zum Psychologen geschickt – »meine Mutter wusste nicht, was sie mit mir machen sollte«, gab er später zu –, und mit acht Jahren bekam er gegen seine Hyperaktivität dann das ADHS-Medikament Ritalin verschrieben.

»Wenn wir abends essen wollten und bei mir der Blutzucker stieg, fing ich an, mit Messern und Gabeln rumzufuchteln, erzählte Witze oder sang Lieder aus der Werbung«, erzählte er bei *Entertainment Tonight*. »Hatten wir Besuch, sagten meine Eltern nur: Ach, keine Sorge, David hat mal wieder seine Hampelstunde.« Weil ihm seine Eltern nicht genügend Aufmerksamkeit und Wertschätzung entgegenbrachten und er sich beides bald auch noch mit der jüngeren Schwester Lisa teilen musste, tauchte Roth komplett in die Welt der Popkultur ein – Fernsehen, Filme, Bücher, Platten. 1961 entdeckte er *Playboy* und *Mad* für sich, zwei Publikationen, die eine Alternative zu den vorherrschenden Moralvorstellungen lieferten und einen freigeistigen Lebensstil propagierten, der den Jungen faszinierte. Im Sommer 1962 bekam er zum ersten Mal Gelegenheit, sich diesen Lebensstil aus nächster Nähe anzuschauen, denn Onkel Manny und Tante Judy luden ihn nach New York ein, wo sie in Greenwich Village wohnten. Drei Jahre zuvor hatte Manny Roth an der Kreuzung MacDougal Street und Minetta Lane einen Club aufgemacht, das Café Wha?. Der Laden entwickelte sich rasch zu einem beliebten Treffpunkt der lokalen Boheme aus Dichtern, Autoren und Musikern, darunter Jack Kerouac, Allen Ginsberg, Bob Dylan oder Peter, Paul and Mary. Der siebenjährige Kleinstadt-Neffe war schwer beeindruckt. »Das war noch viel besser als die Zeitschriften«, schrieb er in *Crazy from the Heat*.

»Ich sah Lesben … Transvestiten … Society-Damen … Royals … Junkies … Prostituierte … Senatoren«, erinnerte sich Roth. »Dort lernte ich, Menschen jeder Couleur nicht nur zu tolerieren, sondern sie zu akzeptieren und zu schätzen.«

1963 zog die Familie nach Kalifornien, nach Altadena im Norden von Pasadena, wo Dr. Roth eine Praxis eröffnete und sich auf Augenheilkunde spezialisierte. Es war das Jahr von »Surfin' USA« und »Wipe Out«, von »Heat Wave« von Martha and the Vandellas, von »Be My Baby« von den Ronettes … und das Jahr, als die amerikanischen Zeitungen und Fernsehsender zum ersten Mal von dem neuen Ding berichten, das Teenies in ganz Großbritannien durchdrehen ließ: die Beatlemania.

»Musik wurde cool«, wie Roth schrieb. »In der *Ed Sullivan Show* traten in einer Woche die Beatles auf und in der nächsten die Rolling Stones … Auf dem Schulhof gab es oft Prügeleien um die Frage, ob nun die Beatles oder die Beach Boys besser waren.«

Als Roth im Herbst 1966 auf die Eliot Junior High School wechselte, erzählte er jedem, dass er zum Popstar bestimmt sei. Drei Jahre später wartete er immer noch auf seine Entdeckung, saß auf dem Campus der John Muir High mit seiner Akustikgitarre in der Sonne und verschwendete nicht einen Gedanken daran, dass die Teilnahme am Unterricht für ihn womöglich ebenso verpflichtend war wie für seine Mitschüler. In Anspielung auf seine Besessenheit mit dem Rampenlicht bekam er von Freunden bald den Spitznamen »Superstar« verpasst. »Ich wollte unbedingt ins Showbiz«, erklärte Roth. »Ich wollte Musik machen, singen, tanzen, Witze und Geschichten erzählen, Leute zum Lachen und Weinen bringen … und ihnen dafür 8,50 Dollar abknöpfen.«

»Ich nahm meine Gitarre mit in die Schule, setzte mich unter einen Baum und spielte. Dabei hab ich oft die Zeit aus den Augen verloren und regelmäßig den Unterricht versäumt. Aber ich hab so auch schnell rausgekriegt, dass man viel mehr Mädchen kennenlernt, wenn man mit einer Gitarre unter einem Baum sitzt, als wenn man im Chemieunterricht hockt.«

Der Unterrichtsstoff in der Highschool mag Roth nicht sonderlich interessiert haben, aber dafür lernte er dort etwas kennen, das für den weiteren Verlauf seines Lebens viel wichtiger sein würde. Die Schule wurde hauptsächlich von

Schwarzen besucht, aber auch von etlichen Schülern mit lateinamerikanischen oder asiatischen Wurzeln. Roth sog diese Vielfalt in sich auf und entwickelte mithilfe seiner Mitschüler Gefallen an James Brown, Sly and the Family Stone und Marvin Gaye. »Irgendwann empfand ich mich selbst als schwarz«, schrieb er in *Crazy from the Heat*, lange bevor das Thema kulturelle Aneignung zu einem heißen Eisen werden sollte.

»Ich habe mir von den schwarzen und Latino-Kids jede Menge Tanz-, Klamotten- und Musikstile abgeschaut«, gab er zu. »Meine Freunde von den rein weißen Schulen staunten über meine Outfits und riefen: Hey, da kommt Diamond Dave. Total schrill. Total bunter Vogel.«

1971 sah Roth dann, wie das Teenage-Power-Trio Genesis auf einer Gartenparty in Pasadena die Stimmung zum Brodeln brachte, und hatte eine Zukunftsvision.

»Eddie war für mich eine Art Mentor«, schwärmte er später. »Ich sah, was er mit den Fingern machte, und wusste sofort, so was will ich auch mit meinen Füßen und meiner Stimme machen.«

Nach dem Dämpfer, den er beim desaströsen Vorsingen in der Las Lunas Street kassiert hatte, kam ihm die Idee, eine Band zu gründen, um Genesis/Mammoth »aggressiv Konkurrenz« zu machen. Wie er später zugab, waren es vor allem »Angst und Rachegelüste«, die ihn motivierten, sich einen Platz im lokalen Rampenlicht zu erkämpfen. »Jedes Mal, wenn wir auf die Bühne gehen und spielen«, sagte er mal, »habe ich jede Menge Spaß, aber ich tanze die anderen auch in Grund und Boden.«

Auch wenn zwischen Mammoth und Red Ball Jet im Jahr 1972 noch Feindschaft herrschte, waren die Tanzkarten beider Bands so gut gefüllt, dass sie sich auf einen Waffenstillstand einigten. In dem Jahr, als *Machine Head* von Deep Purple, *The Rise and Fall of Ziggy Stardust and the Spiders from Mars* von David Bowie, *Vol. 4* von Black Sabbath, *Rio Grande Mud* von ZZ Top und *Exile on Main Street* von den Rolling Stones den Ton angaben, bemühten sich die Van Halens, das Repertoire von Mammoth ständig zu erweitern. Sie rekrutierten den Keyboarder Jim Pewsey, der die Farfisa-Orgel und das Wurlitzer-E-Piano zu ihren Coverversionen von »Highway Star«, »Maybe I'm a Leo«, »Tomorrow's Dream«, »Chevrolet« sowie »Soul Sacrifice« von Santana und »Time of the Season« von den Zombies beisteuerte. Im Keller des Zehn-Zimmer-Herrenhauses von Dr. Nathan Roth in der Bradford Street 455 fügten Red Ball Jet ihrem Live-Waffenarsenal unterdessen Songs von James Brown, den Ohio Players und diversen Motown-Künstlern hinzu.

Womöglich als Wiedergutmachung für die zeitliche Vernachlässigung in der Pubertät griff Roth senior der Band seines Sohnes unter die Arme, indem er eine Anzahlung für den Kauf einer PA leistete, Auftritte der Band bei Freunden vermittelte, die Jungs in puncto Bühnenoutfits und -gebaren beriet und sogar einen Choreografen bezahlte, der mit ihnen synchrone Tanzschritte für die Show einstudierte. Bei den anderen Bandkollegen stieß diese sicherlich gut gemeinte Einmischung auf Unverständnis, das sich schon bald in Widerstand verwandelte und Ende 1972, nachdem Vater und Sohn bei allen bandinternen Entscheidungen ein Mitspracherecht von Dr. Roth gefordert hatten, dazu führte, dass sich die anderen vier Mitglieder von Red Ball Jet, sehr zum Ärger des Sängers, von der Band verabschiedeten.

Als die Fans der Van-Halen-Brüder erfuhren, dass sich die Band des arroganten Roth aufgelöst hatte, reagierten sie zunächst mit Schadenfreude. Doch ein halbes Jahr später folgte ein Aufschrei der Empörung, als der Sänger plötzlich als neuer Frontmann von Mammoth präsentiert wurde.

In gewisser Hinsicht war der Zusammenschluss der Van-Halen-Brüder mit ihrem ehemaligen Kontrahenten eine reine Vernunftehe. Weil Red Ball Jet keine Verwendung mehr dafür hatten, liehen sich Mammoth regelmäßig die PA von Roth aus, was den Gewinn der Band erheblich reduzierte. Daher machte es, wie Alex und Eddie ihren staunenden Freunden wiederholt vorrechneten, rein wirtschaftlich betrachtet sehr viel Sinn, Roth in die Band zu integrieren. »Jedes Wochenende liehen wir uns bei ihm für fünfunddreißig Dollar die PA aus, kriegten für die Auftritte aber nur fünfzig Dollar«, erklärte Eddie. »Also überlegten wir uns, dass wir für die Anlage nicht mehr bezahlen müssten, wenn wir ihn in die Band holten.«

Vielleicht war es den Van Halens nicht bewusst, aber Roth hatte nie passiv darauf gewartet, endlich bei ihnen als Sänger einsteigen zu dürfen. Obwohl er nach der Auflösung seiner Band als Solo-Singer/Songwriter in Cafés aufgetreten war, sah der so ambitionierte wie aufgeweckte Roth in den beiden Brüdern immer noch die Musiker mit dem größten Potenzial in seinem näheren Umfeld. Und davon abgesehen, dass ihm der PA-Verleih ein nettes Zubrot verschaffte, bekam er so auch oft die Möglichkeit, bei den Van Halens Eigenwerbung zu betreiben. Mark Stone und Jim Pewsey ging Roths Anwesenheit bei den Proben von Mammoth zunehmend auf die Nerven – in einem Interview mit dem Autor Greg Renoff, das dieser für sein Buch *Van Halen Rising* über die Anfangsjahre der Band führte, beschrieb der Bassist den späteren Sänger als »seltsam und schwierig«, während Keyboarder Pewsey, der die Band schon bald verlassen sollte, das sich anbiedernde *Rich Kid* gar als »Penner« bezeichnete. Doch die Van Halens hörten geduldig zu, wenn Roth sein überzeugtes Geschwafel vom Stapel ließ, dass Mammoth das Zeug hätten, die Auftritte bei den Gartenpartys ein für alle Mal hinter sich zu lassen, und nur einige wenige ästhetische Korrekturen nötig waren, um sie bis weit hinter die Stadtgrenze von Pasadena bekannt zu machen. Um das zu erreichen, musste die Band sich nur, wie Roth unermüdlich behauptete, von technisch herausfordernden Rock-Epen entfernen und Songs spielen, die Groove, Soul und Energie hätten, kurz gesagt: Musik, zu der man tanzen, prügeln und ficken konnte.

»Ihr spielt die ganzen zwanzig Minuten von ›I'm so Glad‹ von Cream inklusive Schlagzeugsolo Ton für Ton nach, und das ist extrem beeindruckend, nur können die Leute nicht dazu tanzen«, erklärte er den Brüdern, als wären sie begriffsstutzige Kleinkinder. »Das ist keine ›Hey, bist du öfter hier?‹-Musik. Also, *ich* kann tanzen«, fuhr Roth fort. »Und da ihr meine PA sowieso ständig ausleiht und jedes Mal total frustriert zurückbringt, kann ich euch auch gleich helfen. Ich werde jeden Song auf Tanzbarkeit überprüfen. Wir spielen Rocksongs, aber nur solche, zu denen man tanzen kann.«

Nach einem Blick in die Runde verzichtete Roth weise darauf, der Band auch noch vorzuschlagen, synchrone Tanzschritte einzustudieren. Und dennoch, mit seiner Unterstützung nahmen Mammoth Hits von Aerosmith, ZZ Top, James Brown, David Bowie, Bad Company, Kiss und Queen in ihre Setlist auf. Und Roth hatte noch eine Idee: In Zukunft sollte jeder ihrer Auftritte wirken, als wäre es die wildeste und hemmungsloseste Samstagabend-Party aller Zeiten.

Die erste Gartenparty, bei der die »neuen« Mammoth mit Sänger Roth im Sommer 1973 spielten, war alles andere als ein glänzender Neustart. Die Gäste, so der Sänger, waren entsetzt. »Und zwar alle, deshalb wusste ich, dass ich einen Nerv getroffen hatte.«

»Damals merkte ich auch zum ersten Mal, wie sehr echte Fans hinter einem Solokünstler oder einer Band stehen«, sagte Roth. »Da ging es nicht nur darum, die Musik gut zu finden, es war eher wie bei einem Footballteam. Als würden alle denken: Das ist unsere Band, sie steht für uns. Wenn man so will, kam ich für die Leute aus einer völlig anderen Ecke der Stadt.«

Weil ihm klar war, dass er nicht nur die Herzen der Fans gewinnen, sondern sich auch bei der Band unverzichtbar machen musste, organisierte Roth als Erstes einen neuen Proberaum, in dem er mit den Jungs an seiner Vision schleifen konnte. Linda Estrada, eine Kommilitonin vom Pasadena City College, hatte Red Ball Jet gemanagt, bis Dr. Roth sich in die Belange der Band einmischte, und mit ihrer jüngeren Schwester Liz Wiley begleitete sie David immer noch regelmäßig zu den akustischen Solo-Gigs bei Open-Mike-Veranstaltungen, um »sein Selbstvertrauen zu pushen«, wie Liz erzählte. Nachdem sie bei einer Zwangsversteigerung ein früheres Clubhaus der Hell's Angels in der Maiden Lane in Altadena erworben hatte, bot sie Roth und seiner neuen Gruppe die Garage als Proberaum an. Einzige Bedingung: Sie mussten ihr dabei helfen, das heruntergekommene Haus auf Vordermann zu bringen. Als Linda und Liz eine Kostprobe von Mammoths Repertoire hörten, war ihnen sofort klar, dass ihr vom Ruhm träumender Freund in den begabten Van-Halen-Jungs eine Begleitband gefunden hatte, die musikalisch mit seinen überbordenden Ambitionen mithalten konnte.

»Zum ersten Mal sah ich Eddie bei einem Konzert in der Highschool spielen. Dave hatte gefragt, ob wir mitkommen und uns mit ihm ein paar Bands angucken«, erinnerte sich Liz. »Ich hab Ed immer sehr bewundert, weil er Musik nur einmal hören musste und sofort nachspielen konnte. Meine Schwester Linda hat ihn immer den ›schüchternen Jungen‹ genannt, aber er war ein echter Künstler. Einmal war ich bei Dave zu Hause und dachte, sein Vater ist da und hört klassische Musik auf der Stereoanlage. Aber dann sah ich, dass ein echter Mensch Klavier spielte – Eddie.«

Die Schwestern begleiteten Mammoth eine Zeit lang zu den Gartenpartys, doch Linda merkte bald, dass die Band für ihr kleines Management-Unternehmen zu groß wurde. Sie bot den Jungs an, den Kontakt zu einer Managerin herzustellen, die sich in der Musikszene von Los Angeles auskannte. Catherine Hutchin-Harris, Ex-Managerin der britischen Rhythm-&-Blues-Band The Glorious 39th, war 1967 von London nach Los Angeles gezogen, wo sie Transatlantic Management gegründet hatte, und vertrat inzwischen Rock'n'Roll-Acts wie Sorcery, Yankee Rose und Sudden Death – Letztere die Band, in der ihr späterer Mann Joey Dunlop Gitarre spielte. Linda gab David Lee Roth die Telefonnummer von Hutchin-Harris, und der Sänger lud die lebhafte Londonerin, die von Freunden nur English Cathy oder kurz »EC« genannt wurde, zu einem Auftritt der Band auf dem Anwesen seines Vaters ein.

»Als wir beim Haus ankamen, das im schicken San Marino lag, standen dort überall Autos. Meine Assistentin Lynore und ich mussten ziemlich weit weg parken und dann in unseren Plateauschuhen zu Fuß hinlatschen«, erzählte English Cathy. »Die Musik hörten wir schon, als wir noch etliche Straßen entfernt waren, und als wir auf die Party kamen, war da die Hölle los, die absolute Hölle. Und das Erste, was mir auffiel, war Eddie. Er war unglaublich. Mich hat er total umgehauen. Lynore und ich haben uns nur angeschaut, und ich sagte: ›Oh. Mein. Gott. Der Junge ist ein Virtuose.‹ Sie waren so lange eine stinknormale Rockband, bis Eddie loslegte. David war super auf der Bühne, aber es war Eddie, der uns richtig begeisterte.

Nach dem Gig machte ich David mit Lynore bekannt. Als er ihren Namen hörte, meinte er: ›Wie poetisch!‹, und fing an, Edgar Allan Poes Gedicht ›Der Rabe‹ aufzusagen, weil

Poe ja auch ein Gedicht mit dem Titel ›Lenore‹ geschrieben hat. An dem Abend trug Lynore als Kleid so ein schönes Vintage-Negligé, und als Edward ihr vorgestellt wurde, kippte er aus Versehen seinen Drink darüber, und es wurde durchsichtig, was vor allem David gefiel. Edward trank immer Singapore Slings – das war damals seine Lieblingsdroge –, und er trank viel. Auf der Party ging es richtig ab, irgendwann warfen die Kids Bierflaschen durch die Gegend, und die gingen an den Steinen neben dem Pool zu Bruch. Ich schaute Lynore an und meinte: ›Wir müssen hier weg.‹ Ich meine, einige der Kids waren erst vierzehn oder fünfzehn, und auch die Jungs aus der Band waren alle jünger als einundzwanzig, deshalb hatte ich Angst, dass ich verhaftet werden würde, wenn die Polizei kam, weil ich die Älteste war! David rief mich ein paar Tage später an und sagte ein bisschen enttäuscht: ›Ach, ihr seid abgehauen …‹ Ich hab ihm erklärt, dass ich nicht die Nacht im Gefängnis verbringen wollte, weil ich mit Minderjährigen getrunken hatte, aber dass ich interessiert wäre, ihnen zu helfen und Gigs für sie zu organisieren.«

Wie so oft im Musikbiz wurde die Freude über die Fortschritte von Mammoth durch einen unerwarteten Rückschlag gedämpft, denn wieder einmal sah sich die Band gezwungen, ihren Namen zu ändern. Roth hatte kaum Zeit, seine hautengen Bühnenklamotten auszuziehen, da lag im Bandbriefkasten schon die Abmahnung einer Hardrock-Band aus dem San Fernando Valley, die den Namen Mammoth bereits seit Jahren benutzte. Kurz spielten die Van-Halen-Brüder mit dem Gedanken, ihre Gruppe als Hommage an den vorletzten Track auf dem Black-Sabbath-Album *Paranoid* in Rat Salad umzubenennen, aber Roth war dagegen. Der Erfolg von Mammoth verdanke sich, wie er ganz richtig bemerkte, dem großen musikalischen Talent des Gitarristen und des Schlagzeugers, warum also nicht gleich Nägel mit Köpfen machen und der Band den Nachmanen der beiden Brüder geben?

Nachdem dieses Problem also aus der Welt war, bündelten die Mitglieder der Band ihre Energien, um Van Halen in ganz Kalifornien als Marke zu etablieren. Sie nahmen im Haus von Dr. Roth ein Demoband auf, das eine Auswahl ihrer beliebtesten Coverversionen sowie zwei Eigenkompositionen enthielt – das rifflastige »Gentleman of Leisure« und das mehr vom Prog beeinflusste »Glitter« –, und ließen es den Bookern der Clubs zukommen. Während English Cathy sich um Gigs im Großraum Los Angeles bemühte, klapperte das Trio auf der Suche nach Events, die nach Live-Musik verlangten, ganz Pasadena ab und trat bei Grill- und Bierfesten, Wet-T-Shirt-Wettbewerben, BDSM-Treffen und Highschool-Partys auf. Kein einziger Schüler aus der Gegend konnte seinen Spind öffnen, ohne dass ihm eine Handvoll Flyer für den nächsten Van-Halen-Gig entgegenflatterte.

»Ihre Arbeitsmoral war unglaublich, man hatte den Eindruck, sie würden ständig irgendwo auftreten«, erzählte Mark Kendall, damals Schüler einer Highschool im kalifornischen Huntington Beach und später Gitarrist der Hardrock-Band Great White. »Ein Freund von mir meinte, ich müsste mir diese Band unbedingt mal ansehen, und dann traten sie in meiner Straße bei irgendwem im Garten auf, drei Blocks von unserem Haus entfernt, und mein Freund sagte: ›So, jetzt hast du keine Ausrede mehr!‹

Wenn ich mich richtig erinnere, spielte Eddie damals eine Les Paul Junior – kein Tremolohebel, kein Tapping –, und sie spielten nur Coverversionen. Das war 1974, David Lee Roth war gerade zur Band gekommen, und er hüpfte rum, als wäre er der Chef. Als ich ankam, spielte Alex gerade ein Schlagzeugsolo, und Roth blies in so eine Röhre, die am Schlagzeug befestigt war, wodurch der Klang sich veränderte. So sah ich sie zum ersten Mal. Ich hab einfach nur gestaunt, weil Eddie so gut war, er schien ein außergewöhnliches Talent zu besitzen. Ich glaube, niemand hatte je einen Gitarristen gesehen, der so unkonventionell spielte.

Danach bin ich überallhin, wo sie aufgetreten sind. An einem Tag, das weiß ich noch, war gerade ein neues Zeppelin-Album rausgekommen, und sie spielten schon ein Stück davon. ›Wow!‹, dachte ich nur. Ihre Shows liefen immer völlig aus dem Ruder: Bei einem Konzert wurde sogar mal jemand angeschossen, glaube ich. Spätestens beim vierten, fünften Stück rückten jedes Mal die Cops an. Leute standen in fremden Vorgärten, warfen Bierflaschen überallhin. Also riefen die Nachbarn die Polizei, und irgendwann kamen dann die Hubschrauber …

Jedes Mal, wenn ich sie sah, schien Eddie noch besser zu sein als beim letzten Gig. Ich saß stundenlang in meinem Zimmer und übte Gitarre, und sobald ich Van Halen sah, hatte Eddie sich sogar noch mehr gesteigert. Das war ein bisschen entmutigend! Ich kann mich an keinen anderen erinnern, der damals unter Musikern so viele Fans hatte wie Eddie. Wenn ich mich bei ihren Konzerten im Publikum umschaute, entdeckte ich dort die Gitarristen sämtlicher Bands, die ich kannte. Er sorgte dafür, dass wir noch mehr übten.

In jeder örtlichen Musikszene gibt es immer einen Musiker, der aus allen anderen heraussticht, und wo ich herkomme, war das Eddie. Er war der King. Das hätte keiner infrage gestellt.«

Obwohl die Begeisterung für Van Halen im Süden Kaliforniens immer stärker um sich griff, fiel es dem Quartett nicht besonders leicht, Gigs in den Clubs von Los Angeles zu ergattern. »Für einen Haufen albern aussehender Langhaariger mit Plateauschuhen gab es keinen Platz!«, erklärte Eddie später in einem Interview mit *Guitar World*.

»Als wir noch in Clubs auftraten, mussten wir erst mal genügend Songs aus den Top 40 einstudieren, damit sie uns überhaupt engagierten«, erinnerte er sich. »Beim Gig musste man 45-Minuten-Sets spielen, die meisten Popsongs sind aber nur drei oder vier Minuten lang, man muss sich also ganz schön viel draufschaffen. Irgendwann dachten wir uns, wir könnten eigentlich auch unsere eigenen Sachen spielen, solange der Beat da wäre, würde keiner was dagegenhaben. An einem Abend hatten wir einen Gig in diesem Club in Covina, Posh hieß der. Irgendwann gingen uns die Top-40-Stücke aus, also spielten wir einfach unsere eigene Musik. Doch dann kam der Besitzer des Clubs mitten in einem Song zu uns und meinte: ›Stopp! Ich hab euch geholt, damit ihr die Top 40 spielt. Was ist das für eine Scheiße?‹ Er hat uns hochkant rausgeschmissen, wir konnten nicht mal unser Equipment mitnehmen, sondern mussten in der Woche darauf wiederkommen. So was passierte uns ständig. Immer hieß es ›der Gitarrist ist zu laut‹ oder ›der Gitarrist spielt zu psychedelisch‹. Immer haben sie sich über mich beschwert.«

»Der beste Club, in dem sie je aufgetreten sind, war so ein Teenagerladen [The Rock Corporation] in Van Nuys, im Valley«, erinnerte sich English Cathy. »Dort liebte man die Jungs einfach. Im Barnacle Bill's haben sie auch gespielt, das war eine ziemliche Kaschemme. Und einmal hatten wir einen Gig in einem Laden, der Topanga Canyon Corral hieß, das war so ein Hippieclub in den Bergen, Van Halen passten da überhaupt nicht rein, aber ich hab so lange auf die eingeredet, bis sie die Jungs da spielen ließen. Vor der Show meinte Edward: ›Hey, EC, guck mal!‹ Er machte seinen Gitarrenkoffer auf, und ich staunte: ›Wow, cool, ein Flying-V-Nachbau!‹ Es hat ihn total fertiggemacht, als ich erkannte, dass es nur ein Nachbau war. Also sagte ich zu ihm: ›Das ist eine coole Gitarre, Edward, und eines Tages wirst du dir eine echte kaufen können.‹«

Manchmal kamen die Van-Halen-Brüder zurück in die Las Lunas Street 1881, wenn auch ihr Vater spätnachts von einem Auftritt bei einer Bar-Mizwa oder einer Hochzeit in Oxnard zurückkehrte. Dann hockten sich die drei hinten bei Eddie in den Van und tranken Bier, bis Eugenia von ihrem lauten Gequatsche und Gelächter wach wurde. »Meine Mutter wurde richtig scheißwütend«, erklärte Eddie lachend. »›Schwingt euren Hintern sofort hier rein!‹, schrie sie dann. Oder sie sperrte uns aus, und wir mussten ein Fenster einschlagen, damit wir ins Haus konnten. Sie hasste es, dass wir alle Musik machten.«

Im Frühjahr 1974 gelang English Cathy dann ein echter Coup: Sie verschaffte der Band ein Vorspielen im Gazzarri's am Sunset Strip in West Hollywood. Im Club des extravaganten Bill Gazzarri waren in den späten 1960ern Größen wie die Doors, Buffalo Springfield, ? and the Mysterians und die Walker Brothers aufgetreten, doch Konkurrenten wie das Whisky a Go Go, Starwood oder Troubadour machten dem Laden schon länger das Publikum streitig. Van Halen hatten es schon früher bereits im Gazzarri's versucht, das Vorspielen aber jedes Mal vergeigt.

»Bei der ersten Audition im Gazzarri's sagten die zu uns: ›Mann, ihr seht ja aus wie die letzten Hinterwäldler!‹ Ich trug bloß T-Shirt und Jeans«, erinnerte sich Alex. »Ich dachte damals: ›Das gefällt euch also nicht? Na und? Fuck you!‹ Fünfmal sagten die zu uns, wir sollten leiser drehen, und am Ende warfen sie uns raus!«

Doch dieses Mal war das Quartett fest entschlossen, den Gig endlich klarzumachen. Zu ihrer Charme-Offensive gehörte nicht nur das Einstudieren einiger Radiohits, mit denen sie bei Bill Gazzarri punkten wollten. Nein, Eddie kaufte sich extra ein paar neue Plateauschuhe, die dem Auftritt den nötigen Showbiz-Glamour verpassen sollten. Und die Rechnung ging auf: Van Halen bekamen einen Vertrag in die Hand gedrückt, der besagte, dass sie vom 4. bis 7. April und vom 11. bis 14. April im Club auftreten durften. Allerdings schlug die Band bei den Leuten nicht gleich ein wie eine Granate: »Am ersten Abend saßen im Publikum gerade mal vier Zuschauer«, gab Alex zu. »Und das waren auch noch Freunde von uns. Und wir hatten ihren Eintritt aus eigener Tasche bezahlt! Gazzarri ließ uns nicht mal den Parkplatz benutzen.« Die Nachricht von der neuen Band verbreitete sich jedoch schnell. Und da bald immer mehr Gäste in den Club strömten, wurden Van Halen im Mai noch einmal für zwei Wochenenden gebucht … dann für vierzehn Abende im Juni … und noch mal zwölf Abende im August. Bill Gazzarri bezeichnete sich inzwischen als größter Fan der Band.

»Nach ihrem Auftritt saßen wir abends immer zusammen, und ich sagte ihnen, sie würden die größte Rock'n'Roll-Band sein, die das Gazzarri's jemals hervorgebracht hat«, erinnerte sich der Clubbesitzer. »Darauf sagten sie: ›Bist du dir da sicher? Wieso bist du dann der Einzige von uns hier, der das weiß?‹«

»Wir haben alles für ihn gemacht«, erzählte Eddie. »Wir spielten bei Tanzwettbewerben. Sie veranstalteten einen Coca-Cola-Spendenmarathon, den wir moderierten und auf dem wir spielten. Die höchste Gage, die wir dort an einem Abend kriegten, waren hundertfünfundzwanzig Dollar. Am Anfang kriegten wir an einem Abend fünfundsiebzig für die ganze Band, später waren es hundert … und eine Zeit lang kriegten wir dann hundertfünfundzwanzig. Wenn wir sonntags zusammenpackten, steckte er uns manchmal noch einen Zwanziger zu. Aber das reichte nicht für Equipment, Saiten, Benzin, Öl, Fahrtkosten …«

»Eddie war der stille Typ, aber auch der beliebteste«, bemerkte Gazzarri. »Wenn sie hier spielten, kamen jeden Abend mindestens fünfzig Girls und saßen dann den ganzen Abend vor Eddie am Bühnenrand.«

»Die Leute rannten ihnen die Tür ein«, erzählte Gitarrist Lizzie Grey, der damals mit dem späteren W. A. S. P-Frontmann Blackie Lawless (Steven Duren) und dem späteren Mötley-Crüe-Leader Nikki Sixx (Frank Ferrano) bei den LA-Rockern Sister spielte. »In Hollywood hörte man ständig Geschichten über sie, es wurde ein Riesenhype gemacht. Als ich sie das erste Mal gesehen hab, war es der pure Wahnsinn. Bei Roth dachte ich damals, er würde Jim Dandy, den Sänger von Black Oak Arkansas, eins zu eins nachmachen, aber Eddie war eine Offenbarung. Meine Gitarrenhelden waren Ariel Bender und Mick Ronson, aber Eddie machte was Neues: Ein bisschen hörte ich Jeff Beck raus, und er gab definitiv richtig Vollgas.«

»Edward bildete sich auf sein Talent nie was ein«, erklärte English Cathy. »Er kam nicht so rüber, als würde er sich für ein Geschenk Gottes halten, er spielte einfach nur Gitarre. Aber die Leute wurden definitiv auf ihn aufmerksam.«

»Ein paar ältere Freunde von mir waren oft in Hollywood unterwegs und erzählten: ›Shit, der Typ ist besser als [Deep Purples Richie] Blackmore!‹ oder ›Der Typ ist besser als [der UFO-Gitarrist Michael] Schenker!«, erinnerte sich Bob Nalbandian, Musikkritiker/Podcaster/Regisseur aus Los Angeles. »Ich hab mich immer gefragt, wie ein Typ aus meiner Gegend nur so gut sein kann. In Los Angeles traten damals viele tolle Bands auf – A La Carte, Stormer, Wolfgang –, aber alle redeten irgendwann nur noch von Eddie, vor allem die Gitarristen.«

»Wir waren neidisch und versuchten, irgendwie mit ihm mitzuhalten«, berichtete George Lynch, damals Gitarrist bei The Boyz, später bei Dokken und Lynch Mob. »Wir dachten, Junge … der Typ wird die Welt verändern. Ich hatte von dem

Kerl mit dem komischen europäischen Namen gehört … dann sah ich ihn spielen und war total geflasht. Damals coverten sie noch Stücke von anderen – Rainbow, Montrose –, aber ihre eigenen Sachen waren genauso gut, wenn nicht sogar besser, und das war schon echt ungewöhnlich. Nach ihrem Konzert bin ich in unseren Proberaum gegangen und hab bis Sonnenaufgang Gitarre gespielt.«

Das Engagement im Gazzarri's verpasste der Karriere von Van Halen zwar einen mächtigen Kick, aber das Booking verlangte den Jungs auch einiges ab, mussten sie doch jeden Abend gleich für mehrere Sets auf die Bühne. Bald zeigte sich, wer in der Band die Schwachstelle war: Mark Stone. Im Gegensatz zu seinen Bandkollegen war der Bassist immer ein Einser-Schüler gewesen und nahm auch sein Pharmaziestudium sehr ernst, weshalb er nicht jede wache Stunde für die Band opfern konnte. Wenn er abends seinen weißen Kittel dann gegen ein gebatiktes Zeppelin- oder Hendrix-T-Shirt eintauschte und mit Van Halen auf die Bühne ging, wollte Stone etwas runterkommen, sprich: Er kippte vor der Show ein paar Dosen Schlitz Malt Liquor und zog ein paarmal an einem Joint. Auch wenn dieses Ritual sicherlich eine entspannende Wirkung hatte, war es wohl kaum die beste Vorbereitung auf einen Abend, der sich bis in die frühen Morgenstunden hinzog und bei dem man unter brütend heißen Bühnenscheinwerfern fünfzig bis sechzig Coverversionen runterdreschen musste. »Wir hatten ein Repertoire von hundert Songs, aber er konnte sich oft nicht mehr an die Stücke erinnern«, erzählte Eddie. Als sie immer populärer wurden, wuchsen die Anforderungen an jedes einzelne Bandmitglied, und Mark Stone entglitt die Situation einfach zum falschen Zeitpunkt.

Doch ganz gleich, ob eine Band wie eine gut geölte Maschine funktionierte: Unerwartete Probleme konnten natürlich trotzdem jederzeit auftreten. Am Nachmittag des 3. Mai

1974, Van Halen machten gerade den Soundcheck für ein Konzert in der Aula der Pasadena High School, gab die PA von David Lee Roth überraschend den Geist auf. Da es Freitag war, konnten sie auf die Schnelle unmöglich eine neue Anlage auftreiben, also wandte sich Eddie an Michael Sobolewski, den Sänger/Bassisten der Vorband Snake, und fragte, ob Van Halen die PA seiner Band benutzen durften.

»Ich kannte Ed und Alex vom College, weil ich dort Musikkurse besuchte. Ed und Alex nahmen zum Teil die gleichen, nur hatten wir andere Stundenpläne«, erinnerte sich Sobolewski, den die Welt heute besser unter seinen Vornamen Michael Anthony kennt. »Noch bevor Roth bei ihnen eingestiegen ist, war ich mal bei einem Fest bei uns am College und hörte, wie eine Band ›Inside Looking Out‹ von Grand Funk Railroad spielte … und das waren Edward und Alex. Egal, was sie spielten, Edward klang immer genau wie der Gitarrist, den er kopierte. Ich dachte sofort, wow, gegen die Band kommt hier in der Gegend so schnell keiner an … die Typen haben es echt drauf.«

Weil Van Halen sich seine PA geliehen hatten, blieb dem Frontmann von Snake an diesem Abend nichts anderes übrig, als sich in der Pasadena High School den Hauptact anzuschauen. Als das Quartett durch Songs von Grand Funk Railroad, ZZ Top und Captain Beyond bretterte und außerdem eine Handvoll Eigenkompositionen zum Besten gab, staunte Anthony wieder einmal über die Energie und Musikalität der Band.

»Ich weiß noch, ich stand am Rand der Bühne, schaute Edward und Alex beim Spielen zu und dachte: Wow, die Jungs sind echt gut!«, erzählte er. »Dann kam Dave rüber, hab vergessen, was er anhatte, irgendeine Anzugweste ohne was drunter, aber mit Hut und Stock. Er hatte lange Haare, ob sie gefärbt waren, weiß ich nicht mehr, aber er hatte irgendwas

Komisches damit gemacht. Er schaute mich an und fragte: ›Und, wie gefallen dir meine Jungs?‹ Ich dachte nur: ›Himmelherrgott, schafft mir diesen Typen vom Hals!«

Nach der Show bedankten sich die Van-Halen-Brüder bei Anthony nochmals für die geliehene Anlage, woraus sich ein Gespräch über ihre musikalischen Vorlieben entwickelte. »Wäre cool, wenn wir mal jammen würden«, sagte der Bassist zum Abschied, bevor sich alle zu ihren jeweiligen Autos begaben. Zwei Wochen später rief ihn einer der Brüder an und fragte, ob er Lust hätte, zum Haus von Liz Wiley in die Maiden Lane zu kommen und mit ihnen zu spielen.

»Ich war nervös«, erinnerte sich Anthony. »Ich trat bei Gartenpartys auf, und diese Typen standen im Gazzarri's in Hollywood auf der Bühne. Deshalb nahm ich als moralische Unterstützung meinen Bruder mit.

Nur Edward und Alex waren da, wir machten den ganzen Abend Musik, und es klang echt gut. Al hatte eine Kiste Schlitz Malt besorgt, wir tranken Bier und spielten und spielten und spielten ... Irgendwann fragte mich Ed: ›Hey, hast du nicht Lust, bei unserer Band einzusteigen?‹ Ich schaute zu meinem Bruder, und der machte nur große Augen, und ich darauf: ›Ja, klar!‹«

Ein paar Wochen später drückte Eddie dem Bassisten eine Demokassette in die Hand, die Van Halen in den Cheerokee Studios in Chatsworth aufgenommen hatten. Sie enthielt vier eigene Stücke der Band: das funky, treibende, Cowbell-akzentuierte »Take Your Whiskey Home«; das wie eine Lehrstunde in Gitarre wirkende »In a Simple Rhyme« inklusive mit den Handballen abgedämpften Läufen, offenen Akkorden, die an Pete Townshend erinnerten, und rasanten Arpeggios; das zeppelineske Riffbrett »Believe Me« und das akustische »Angel Eyes«, ein Relikt aus Roths kurzlebiger Singer/Songwriter-Phase, dem man den Einfluss von James Taylor und Crosby, Stills, Nash and Young deutlich anmerkte. Das Demo war Mark Stones letzter Beitrag zu Van Halen.

»Wir hatten ein Bandtreffen, und sie sagten zu mir, ich soll die Band verlassen«, erinnerte sich Stone später. »Das hat mir noch lange danach sehr wehgetan. Die Band zu verlassen war echt hart … Ich wusste schließlich, dass sie ganz groß rauskommen würden. Man sagt ja: ›Geh nicht, bevor das Wunder geschieht.‹ Und genau das musste ich tun.«

Wie seine drei Bandkollegen war auch Michael Anthony Sobolewski nicht in Kalifornien auf die Welt gekommen. Geboren wurde der Bassist am 20. Juni 1954 in Chicago, Illinois, als Sohn polnischer Einwanderer. 1966 zog die Familie in den Norden von Los Angeles, nach Arcadia im San Gabriel Valley. Sein Vater Walter Sobolewski spielte in Polkagruppen die Trompete und gab die Liebe zu dem Instrument an den ältesten Sohn weiter, der in Arcadia dem Spielmannszug der Dana Junior High School beitrat. Dank der Plattensammlung seiner älteren Schwester Nancy kam Michael schon bald mit Cream, Blue Cheer, Led Zeppelin und Electric Flag in Kontakt und gründete mit fünfzehn Jahren gemeinsam mit seinem Bruder Steve am Schlagzeug und dem Nachbarn Mike Hershey an der Gitarre die Band Poverty's Children. Nachdem er eine Zeit lang bei den Garagen-Bands Balls und Black Opal mitgespielt hatte, gründete er nach seinem Wechsel auf die Arcadia High School mit Gitarrist Tony Codgen und Schlagzeuger Steve Hapner die Band Snake, »ein typisches Power-Trio«, das Songs von Foghat, ZZ Top, Lynyrd Skynyrd und Johnny Winter coverte. Als er bei Van Halen einstieg, war das für ihn, wie sich Anthony erinnerte, eine »echte Herausforderung«, wurde von ihm doch verlangt, sich bei jeder Bandprobe drei, vier neue Coversongs draufzuschaffen. Doch der Bassist fand sich schnell ein – zum Glück, denn Van Halen waren für eine ganze Reihe von Konzerten gebucht.

Im Booking-Kalender von English Cathy für das Frühjahr 1975 zu blättern bietet interessanten Lesestoff. Zusätzlich zu den Gigs im Gazzarri's absolvierten Van Halen Auftritte in der Monrovia High School, der St. Frances High School und der Pasadena High, bei einer Hochzeitsfeier (es gab hundert Dollar bar auf die Hand), bei Gartenpartys sowie in Myron's Ballroom und im Duarte International Casino. Für den April 1975 verschaffte Cathy ihren Jungs fünf aufeinanderfolgende Gigs im Barnacle Bill's, für die die Band jeweils hundertfünfundzwanzig Dollar kassierte: »Das war richtig viel Kohle!«, erklärte sie lachend. Das Geld nahmen sie natürlich gern mit – vor allem, weil Eddie und Alex in Pasadena damals noch regelmäßig die Nachbarschaft abklapperten, um Hausbesitzer zu überzeugen, sich für fünf Dollar die Hausnummer an die Gehwegkante pinseln zu lassen. Trotzdem wuchs bei dem Quartett langsam die Angst, im Coverband-Zirkus kleben zu bleiben, wo ihre Aufgabe, Eddies Meinung nach, letztlich darin bestand, »die Leute zur Bar und nicht etwa zur Band zu treiben«.

»Uns war klar, wir mussten endlich von den Bars wegkommen, wo wir nur die Hits anderer Leute spielen durften«, sagte David Lee Roth im Interview mit der *L. A. Times*. »Dafür mussten wir eine echte Fanbase aufbauen, Leute, denen klar war, dass wir mehr konnten, als nur Songs von Aerosmith gut nachzuspielen.«

»Wir spielten ja nur in kleiner Besetzung: eine Gitarre, Bass, Drums, deshalb mussten wir am Gesang feilen, damit die Refrains auch ohne Bläser oder Keyboards schön voll klangen«, erklärte Roth den Songwriting-Prozess der Anfangsphase. »Also sangen wir die Refrains zu viert, machten sie durch den Harmoniegesang üppiger. Die Idee stammte von mir, weil ich so viel schwarze Musik gehört hatte, vor allem alte Motown-Scheiben. In der zweiten Strophe mehr Gewicht durch die Backgroundsänger, tolle Refrains, Zwischenteil à la Beatles. Anders hätte ich keine Stücke schreiben können.«

Falls die jungen Musiker noch einen Beweis gebraucht hätten, dass der Coverband-Zirkus vielleicht nicht die gesündeste Umgebung war, dann hätte ihnen womöglich ein Zwischenfall bei einem ihrer Konzerte in Walter Mitty's Rock & Roll Emporium, einem wilden Laden für dreihundert Zuschauer in Pomona, im Frühjahr 1976 die Augen geöffnet. Van Halen spielten gerade das letzte Set des Abends, als im Publikum ein Handgemenge zwischen rivalisierenden Bikergangs losbrach, weil ein Streit über den schnellsten »Bock« eskaliert war.

»Es wurde richtig brutal«, erinnerte sich Eddie. »Einer zog ein Messer, und eine Minute später lag ein anderer auf dem Boden, und seine Eingeweide hingen raus. Wir waren total geschockt. Das Blut spritzte in alle Richtungen, und der Mann ist am Ende gestorben.«

»An dem Abend haben wir nicht mehr weitergespielt«, ergänzte David Lee Roth.

Am Ende war es Rodney Bingenheimer, der selbst ernannte »Mayor of the Sunset Strip« und charismatische Besitzer des für seine ausschweifenden Partys bekannten Clubs Rodney Bingenheimer's English Disco in West Hollywood, der Van Halen vorschlug, vom Gazzarri's ins Starwood zu wechseln, weil das Publikum dort ein offenes Ohr für junge Bands mit eigenem Material hatte. In den ersten Monaten des Jahres 1976 hatten auf der Bühne des Clubs am Santa Monica Boulevard aufstrebende Jungbands aus dem Großraum Los Angeles (The Runaways, The Quick), angesagte internationale Acts (Slade, Rush) und etablierte Rocker aus

Kalifornien (Sammy Hagar, Journey) gestanden, und Bingenheimer meinte, dies sei das richtige Umfeld für einen lokalen Hardrock-Act mit echten Ambitionen. Er fragte außerdem, ob Van Halen Lust hätten, bei einem Konzert, das er im Mai im Golden West Ballroom in Norwalk moderieren sollte, als Opener aufzutreten – die englische Rockband UFO war als Headliner gebucht worden, aber bisher hatte man noch keine Vorband verpflichtet. Falls Van Halen sich wirklich beweisen wollten, wäre dies die perfekte Gelegenheit.

Als im Sommer 1973 der UFO-Gitarrist Bernie Marsden nicht zu ein paar Clubkonzerten in Deutschland erschienen war, hatten sich die Londoner Rocker kurzerhand Michael Schenker, den begnadeten Gitarristen ihrer Vorband Scorpions, ausgeliehen, um ihren vertraglichen Verpflichtungen nachkommen zu können. Einen Monat später rief UFO-Frontmann Phil Mogg bei Schenker an und fragte, ob er nach London kommen und bei der Band fest einsteigen wolle. Das virtuose Spiel von Schenker, der beim Umzug nach England gerade mal siebzehn Jahre alt war, verpasste UFO einen echten Frischekick, und nachdem die Londoner ihren ursprünglichen bluesigen Space-Rock-Sound aufgegeben hatten, erlebten sie mit *Phenomenon,* ihrem Debütalbum auf Chrysalis Records, eine Wiedergeburt als moderne Hardrocker. Mit den Singles »Doctor Doctor« und »Rock Bottom« – die Schenker mitgeschrieben hatte – eroberten sie ein völlig neues Publikum. 1975 stieg das UFO-Album *Force It* auf Platz 71 der *Billboard* 200, und vom Nachfolgealbum *No Heavy Petting,* das im Mai 1976 in die Läden kommen sollte, versprach man sich noch viel mehr. Da die drei für Anfang Mai angekündigten Konzerte im Starwood rasch ausverkauft waren, hatte ihr Agent am 9. Mai noch einen Gig im zweitausend Zuschauer fassenden Golden West Ballroom klargemacht. Die Aussicht auf ein Duell mit der heiß gehandelten Londoner Band und ihrem superschnellen Gitarrenvirtuosen weckte Van Halens Abenteuerlust und ihren spielerischen Ehrgeiz.

Falls die Bandmitglieder erwartet hatten, dass man ihnen bei ihrem bislang wichtigsten Gig den roten Teppich ausrollen würde, dürfte ihnen schnell klar geworden sein, wie sehr sie sich geschnitten hatten. Als sie beim Club ankamen und nach ihrer Künstlergarderobe fragten, wies der britische Road-Manager von UFO nur kurz in Richtung der Toiletten. Falls er die jungen Kalifornier damit einschüchtern wollte, ging seine Taktik nach hinten los, denn die Jungs von Van Halen spornte die herablassende Behandlung erst recht an. Das Quartett betrat ohne ein Anzeichen von Lampenfieber die Bühne und haute dem begeisterten Publikum die Eigenkompositionen »On Fire«, »Somebody Get Me a Doctor«, »Show Your Love« und »Runnin' with the Devil« um die Ohren. Als sie sich nach dem Auftritt in der Toilette die durchgeschwitzten Bühnenklamotten auszogen, stürmten etliche Leute herein und gratulierten der Band. In einem der Fans erkannte Eddie einen Drogendealer aus Los Angeles wieder.

»Ich ziehe mich in der Klokabine um«, erinnerte er sich, »und der Typ neben mir sagt: ›Hey, Eddie. Tolle Show. Willst du 'ne Line Granatenstoff?‹ Und ich: ›Ja, klar.‹ Er gibt mir ein zusammengefaltetes Papier, und ich nehme mein Plektrum und zieh mir das Zeug rein. Ich hab vorher nicht probiert, was es überhaupt war. Zehn Minuten später konnte ich keine fünfzig Schritte mehr gehen. Alex sah, wie ich auf der anderen Seite des Clubs umkippte, und rannte zu mir. Ich hatte eine Überdosis PCP genommen …«

Der zitternde Gitarrist wurde umgehend in den Kombi von Michael Anthony verfrachtet und zum Norwalk Hospital gefahren. In der Notaufnahme schnallte man ihn auf einem OP-Tisch fest und schob ihm einen Beatmungsschlauch in die Luftröhre.

»Auf dem OP-Tisch bin ich tatsächlich gestorben«, erklärte Eddie. »Als ich wieder zu mir kam, sagte der Arzt: ›Ihr Herzschlag hatte ausgesetzt. Dreißig Sekunden später, und wir hätten Sie nicht mehr zurückholen können.‹

Aber der Arzt meinte auch: ›Komisch, Ihre Finger haben nicht aufgehört, sich zu bewegen.‹«

Jan, Eugenia und Alex, die ängstlich vor dem OP-Saal warteten, bekamen bald die erlösende Nachricht, dass Eddie außer Gefahr war. Eugenia Van Halen nahm die Beinahe-Tragödie als Warnung, dass sie ihre Jungs den Klauen der verderblichen Musikindustrie entreißen musste; sie bot Eddie an, für seine Studiengebühren zu bürgen, falls er die Band aufgeben und sich für ein Informatikstudium an der DeVry University in Phoenix, Arizona, einschreiben würde. Doch hatte sie insgeheim sicherlich schon gewusst, dass ihr Vorschlag bei Eddie auf taube Ohren stoßen würde.

Am 1. Juni 1976 traten Van Halen zum ersten Mal im Starwood auf. Für den Rest des Jahres sollte das Quartett zwischen dem neuen Spielort und dem Gazzarri's hin und her pendeln, die Fanbase vergrößern und das Selbstvertrauen mit jedem Auftritt stärker auspolstern.

»Im Starwood herrschte ein echt dreckiger Rock'n'Roll-Vibe«, erinnerte sich der in Los Angeles geborene Fotograf Neil Zlozower. »In dem Laden gab es viele Räume. Dort konnte man rein, Drogen nehmen, mit Girls rummachen. Ein verdammt geiler Club. Im Whisky traten Elvis Costello oder Blondie oder X auf, aber das Starwood war was für echte Rocker.«

»Zwei- oder dreimal die Woche kamen Van Halen nach einem Gig gegen zwei Uhr morgens bei mir vorbei«, erinnerte sich Lynore Grace, die damals vierundzwanzigjährige Assistentin von English Cathy. »Dann machte ich ihnen erst mal was zu essen. Meistens waren sie von der Show noch ganz aufgedreht. Einmal hab ich Spaghetti für sie gekocht, und sie haben sich die Nudeln in die Nasenlöcher gesteckt oder ließen sie aus dem Mund hängen, als wären sie Zombies, aus denen Würmer krabbeln. David lief die ganze Zeit hin und her und schrie: ›Wir werden Rockstars! Wir werden Superstars!‹ Als es mit den Konzerten in Hollywood losging, waren sie überzeugt, dass sie es schaffen würden.«

»Ich wohnte damals bei Cathy und ihrem Mann Joey«, erzählte Greg Magie, Graces Bruder und ehemaliger Leadsänger von Sorcery. »Joey spielte Gitarre bei Sudden Death. Ich weiß noch, wie Cathy mir mal super aufgeregt Fotos von Van Halen gezeigt hat. Sie waren ein paarmal unsere Vorband, und sie hatten richtig Power. Aber ihr eigentlicher Star war Eddie, er war damals schon ein fantastischer Gitarrist.

An einen Abend im Starwood kann ich mich noch gut erinnern. Die Runaways spielten, und ihr Manager Kim Fowley war da, der damals eine andere Band von mir, Sleepy Hollow, managte. Ed und Dave waren auch da. Dave war total nett, Eddie war mehr der schüchterne Typ, und die beiden waren komplett high. Vor dem Konzert hab ich bei den Runaways in der Garderobe angeklopft, weil ich ihnen viel Glück wünschen wollte, und als die Tür aufging, kotzte Eddie mitten in den Eingang und musste von Dave fast weggetragen werden. Damit haben wir ihn später ständig aufgezogen.«

Wie es der Zufall wollte, waren Kiss im Oktober 1976 gerade in Los Angeles, um drei Songs für das später beim Fernsehsender ABC ausgestrahlte *Paul Lynde Halloween Special* einzuspielen, mit dem die New Yorker zur bekanntesten Rockband Amerikas aufsteigen sollten. Paul Stanley und Gene Simmons baten Rodney Bingenheimer, ein paar lokale Bands auszusuchen, die sie sich während ihres Aufenthalts in der Stadt ansehen wollten. Bingenheimer nannte ihnen Van Halen und George Lynchs Band The Boyz. Da beide zusammen am 2. November im Starwood auftraten, versprachen Stanley und Simmons, beim Konzert vorbeizuschauen.

»Ich war schon am Abend vorher mit [der Runaways-Gitarristin] Lita Ford im Starwood gewesen und hatte beide Bands gesehen«, erinnerte sich Paul Stanley. »Ich weiß noch, dass The Boyz ›Detroit Rock City‹ coverten und ich gedacht hab, Junge, was für ein toller Song … bis mir aufging, dass ich ihn geschrieben hatte! Aber Van Halen waren Energie pur – Eddie war der Hammer, und Dave war schon auf dem besten Weg, der ultimative Frontmann zu werden. Am nächsten Abend gingen wir noch mal hin, und Gene kam mit.«

Auch wenn Demon und Starchild an diesem Abend kein Bühnen-Make-up trugen, sorgte ihre Anwesenheit im VIP-Bereich des Starwood – sie hatten Lita Ford, deren Bandkollegin Jackie Fox, Simmons' Modelfreundin Bebe Buell, Bingenheimer und dessen Freund Hernando Courtright dabei – für gewaltiges Aufsehen. The Boyz betraten in dem Bewusstsein die Bühne, dass sie mit Van Halen um die Aufmerksamkeit von Stanley und Simmons wetteiferten. Und als Simmons und Buell nach dem Auftritt in den Backstagebereich kamen, war Lynch überzeugt, dass er und seine Jungs einen ziemlich guten Eindruck hinterlassen hatten. Weil es aber unmöglich war, gegen den Höllenlärm anzureden, den Van Halen auf der Bühne machten, kehrten Simmons und Buell auf ihre Plätze im obersten Rang des Clubs zurück und schauten sich das Set des Pasadena-Quartetts an. Fünf Minuten später hatte Simmons vergessen, dass es The Boyz überhaupt gab.

»Ich dachte nur noch, ach du Scheiße, hört euch bloß diese Jungs an«, erinnerte sich Simmons. »Als Eddie dann spielte, fiel mir als Erstes auf, wie unglaublich schnell und leichthändig er war … Eddie flog nur so über das Griffbrett, und es war unglaublich, wie gut er dabei alles unter Kontrolle hatte. Alle rissen die Köpfe rum wie Linda Blair in *Der Exorzist*: Wer ist das denn? Wenn dann ein Solo kam, traute man seinen Ohren nicht, die Musik war wie eine Sinfonie, die Melodien, die Läufe, die Geschwindigkeit, und alles kam aus einer einzigen Gitarre.«

Rodney Bingenheimer ging nach dem Auftritt mit Simmons backstage, um ihm die Bandmitglieder vorzustellen. Der Kiss-Bassist sagte dem Quartett, dass er gern mit ihnen arbeiten würde. »Ich glaube, ihr könnt es schaffen«, erklärte er den verdutzten Musikern. »Ich mache das nicht, weil ich mir was davon erhoffe. Ich finde eure Band gut und will euch helfen.« Simmons schlug vor, die Band bei seiner eigenen Managementfirma Man of 1000 Faces unter Vertrag zu nehmen, und versprach, mit ihnen ein Demotape zu produzieren, das sie dann bei den großen Plattenfirmen einreichen konnten. Eddie Van Halen bekam Simmons' Telefonnummer im Sunset Marquis Hotel in die Hand gedrückt und den Auftrag, bei ihm anzurufen, sobald sie wieder zu Hause wären. Bei dem Anruf hieß es dann, die Band solle sich um sechs Uhr früh im Village Recorders Studio in Santa Monica einfinden, wo Simmons eine Auswahl ihrer besten Songs aufnehmen wollte.

»Gene kam ins Studio B, ohne Schminke, aber in hohen Plateauschuhen, und er hatte eine superhübsche Frau dabei, die einmal Playmate des Monats gewesen war. Er meinte zu mir, er würde den nächsten Gitarrengott produzieren«, erinnerte sich Hernan Rojas, der bei der Session am 3. November als Tontechniker mitwirkte und, wie er sagte, von der Musikalität der Band »schwer beindruckt« war. Simmons wählte dreizehn Eigenkompositionen von Van Halen aus, darunter »On Fire«, »Runnin' with the Devil«, »Somebody Get Me a Doctor«, »Babe, Don't Leave Me Alone« und »House of Pain«. Nach der Session erklärte er dem staunenden Quartett, dass er ihnen einen Flug nach New York spendieren würde, damit sie die Aufnahmen in den Electric Lady Studios von Jimi Hendrix abschließen konnten. Außerdem wollte er sie mit seinem Manager Bill Aucoin bekannt machen. Doch als er Aucoin und Paul Stanley das Demoband kurze Zeit später vorspielte, behaupteten beide zu seiner großen Verblüffung, sie hätten keine Ahnung, was ihn an der Band so begeisterte.

»Alle zuckten nur mit den Schultern und meinten: ›Ja, und?‹«, erinnerte sich Simmons. »Ich darauf: ›Ihr wollt mich verarschen, oder? Hört doch mal hin!‹ Aber sie waren zu sehr mit ihrem eigenen Kram beschäftigt.«

Doch der für seine Hartnäckigkeit bekannte Simmons ließ nicht locker und überredete seinen Manager, sich eine Performance seiner Schützlinge in den SIR Studios anzusehen, wo die Backline für die Tourproben der New Yorker bereits aufgebaut war. Als die vier Van-Halen-Mitglieder auf der sterilen Studiobühne mit geliehenen Instrumenten für einen der ganz Großen des Geschäfts, der wahrscheinlich nicht viel auf Simmons' verzweifeltes Gerede gab, Musik machten, flatterten ihre Nerven dann doch einmal. Vor allem bei Roth, der bei seinen Auftritten Dutzende von schmachtenden Frauen vor der Bühne inzwischen als selbstverständlich nahm, sorgte die ungewohnte Situation dafür, dass er beim Gesang gehörig danebengriff.

In seiner Autobiografie *Crazy From the Heat* schildert Roth recht anschaulich, wie das Treffen mit Bill Aucoin in dessen Büro in der Madison Avenue ablief, bei dem der Manager ihnen dann seine Entscheidung mitteilte.

»Wir saßen vor seinem Mahagoni-Schreibtisch, und während er mit uns redete, ließ er sich von einem Italiener die Schuhe putzen«, schrieb Roth. »Er sagte: ›Jungs, ich finde eure Musik toll, aber ich fürchte, der Gesang reicht nicht. Ich höre einfach keine Melodien, keine Hits, und die braucht man heutzutage nun mal.‹ Zu mir meinte er: ›Dave, vielleicht können wir dich mit einer anderen Band aus meinem Stall zusammenbringen. Und, Jungs, vielleicht passt ein anderer Sänger besser zu euch. Aber was Gene angeht, der muss sich um seine eigene Karriere kümmern, er spielt bei Kiss, und da ich keine anderen Möglichkeiten sehe, werde ich nicht mit euch zusammenarbeiten können.«

»Ich zerriss ihren Vertrag und sagte ihnen: ›Ihr seid frei‹«, erzählte Simmons. »Und ich sagte: ›Wir gehen jetzt auf Tour, und wenn ich zurückkomme und ihr immer noch keinen Deal habt, dann versuche ich, euch noch mal zu helfen. Im Moment fühle ich mich nicht gut dabei, wenn ich mit eurem Demo hausieren gehe, die anderen teilen meine Begeisterung nicht.‹«

»Das war total frustrierend, wir waren völlig fertig«, erinnerte sich Eddie. »Bill Aucoin hatte im Grunde nur wiederholt, was auch alle anderen damals über uns sagten: Zu viel unkontrollierte Energie, kein kommerzielles Potenzial.«

Dieses Urteil hatte, wie Kiss-Frontmann Paul Stanley heute zugibt, allerdings nichts mit Van Halens musikalischer Qualität zu tun, sondern vielmehr mit Aucoins Strategie im Umgang mit Gene Simmons.

»Wir setzten uns nur deshalb nicht für Van Halen ein, weil wir Gene etwas zügeln wollten«, erklärte er ganz direkt. »Gene ist häufig – und das ist Teil seiner Persönlichkeit – mit sich selbst beschäftigt, und es hätte uns nicht unbedingt weitergeholfen, wenn er sich um eine andere Band gekümmert hätte. Waren Van Halen gut? Unbedingt. Waren sie grandios? Yeah. Hatten sie das gewisse Etwas? Absolut. Aber wir mussten uns um Kiss kümmern, und um Kiss zu schützen, mussten wir Gene an die kurze Leine nehmen, so einfach ist das.«

Mit angeknackstem Selbstbewusstsein kehrten Van Halen nach Kalifornien zurück. Selbst Roth, der Cheerleader der

Band, war geknickt. Er quälte sich mit bisher unbekannten Selbstzweifeln, weil Aucoin ihn als schwächstes Glied in der Bandkette ausgemacht hatte. »Keine Ahnung, was die Van Halens damals über mich dachten«, gab er einmal zu. »Vielleicht haben sie ihm diesen ganzen Schwachsinn sogar abgekauft.«

Doch den Jungs blieb kaum Zeit, sich in Selbstmitleid zu ergehen. Und ein ausverkauftes Konzert am 19. November im Pasadena Civic erwies sich als richtige Medizin, um das angeschlagene Selbstwertgefühl des Quartetts wieder aufzurichten.

Während Van Halen im Civic Center den Soundcheck machten, kämpfte sich Marshall Berle, Neffe des berühmten Hollyoowd-Entertainers Milton Berle, durch den Großstadtverkehr zum Veranstaltungsort. Der ehemalige Booker der Agentur William Morris arbeitete inzwischen als Talentscout für das legendäre Whisky a Go Go, das erst vor Kurzem nach ein paar Jahren Pause am Sunset Boulevard wieder aufgemacht hatte. Den Tipp mit Van Halen hatte Berle von der Hollywood-Szenegröße Kim Fowley erhalten, und obwohl er sich insgeheim gefragt haben mag, warum jemand eine lokale Band ohne Plattenvertrag in einer Halle mit dreitausend Plätzen auftreten ließ, stellte Berle beim Erreichen des Veranstaltungsorts verblüfft fest, dass junge Rockfans in Massen zum Eingang strömten. Doch sein Staunen schlug in Empörung um, als man ihm am Haupteingang die Tür vor der Nase zuschlug, weil die Ordner niemanden mehr ins rappelvolle Gebäude hineinlassen durften.

»Also ging ich nach hinten zum Bühneneingang, sagte der Security, wer ich bin, und durfte rein«, erinnerte sich Berle. »Ich betrat den Saal, und es war so voll, dass ich mich nicht mehr bewegen konnte. Plötzlich gingen alle Lichter aus, die Band wurde angekündigt, und das Publikum fing an, zu kreischen. Alle drehten komplett durch! Ich traute meinen Augen und Ohren nicht. In meiner Karriere habe ich schon oft Bands zum ersten Mal gesehen, die mich echt umgehauen haben, aber auf das, was sich an dem Abend abspielte, war ich nicht vorbereitet. Ich kriegte richtig Gänsehaut, und in den nächsten fünfundvierzig Minuten sah ich Edward Van Halens sensationelles Gitarrenspiel, begleitet von der besten Rhythmusgruppe, die ich jemals gehört hatte. Dave Roth war der unglaublichste Frontmann und Sänger, den ich je gesehen hatte. Sein Showtalent in Verbindung mit dem knallharten Musikertrio, das war ein Rezept, auf dem in Großbuchstaben das Wort Erfolg stand.«

Nach dem Konzert ging Berle backstage, stellte sich bei Roth, Anthony und den Van Halens vor und bot ihnen sofort an, vom 3. bis 5. Dezember im Whisky a Go Go aufzutreten.

»Als ich Dave den Vertrag für die Gigs im Whisky gab, sagte ich: Jungs, ihr braucht einen Plattendeal«, erinnerte sich Berle. »Wahrscheinlich dachten sie, ich will sie verarschen, aber ich versprach ihnen, ich würde ihnen helfen, einen zu bekommen, und sie meinten darauf nur: ›Ja, klar, gerne.‹«

Weil Berle begeistert die Werbetrommel für die Band rührte, schickte die *L. A. Times* ihren Musikkritiker Richard Cromelin zum ersten Auftritt von Van Halen im Whisky a Go Go.

»Wenn zur Stilrichtung Punkrock ein musikalischer Dilettantismus und eine auf der Straße antrainierte Trotzhaltung gehören, dann fällt das aus Pasadena stammende Quartett Van Halen in eine gänzlich andere Kategorie«, schrieb Cromelin in der Konzertkritik, die am 24. Dezember 1976 in der Zeitung abgedruckt wurde. »Auch wenn es Verbindungen zwischen der Band und der lokalen Punkrock-Szene gibt, hat sie durch die hoch entwickelte Musikalität und das konventionelle Image ihrer Mitglieder das Potenzial, über LA hinauszuwachsen und im ganzen Land Fans zu gewinnen.«

»Keine Frage«, hieß es in dem Artikel weiter, »Edwin [sic] Van Halen ist das Herz der Band. Zusätzlich zu seinen glänzenden Solos prägt, führt und schmückt er (als einziger Lead-Instrumentalist der Band) den Sound der Band aus. Die Stücke selbst sind relativ bodenständig, doch der Einfallsreichtum des Gitarristen sorgt für Abwechslung und hält die Musik frei von jeglicher formelhafter Heavy-Metal-Monotonie. Da außerdem noch die solide Rhythmusgruppe und der derwischhafte Sänger aus der Robert-Plant-/Jim-Dandy-Schule überzeugen, dürfte das Gesamtpaket bei den Kiss-/Aerosmith-Anhängern mit Sicherheit Erfolg haben. Mit etwas melodischeren Songs und mehr Ausdruckskraft beim Gesang könnten Van Halen vielleicht sogar ein paar kritischere Zuhörer für sich gewinnen.«

Am 14. Dezember nutzte David Lee Roth, dessen Selbstbewusstsein inzwischen wiederhergestellt war, eine weitere Gelegenheit, die schlechten Erinnerungen an das entmutigende Treffen mit Bill Aucoin zu vertreiben, als er der Band zu ihrem ersten Airplay im Radio verhalf. In Rodney Bingenheimers Sendung auf KROQ stellte er die energetische Version von »Runnin' With the Devil« aus der Demosession mit Gene Simmons vor. »Erzähl uns doch mal was über den Song, den wir gleich hören werden …«, bot Bingenheimer dem Sänger eine Steilvorlage, Werbung für die Band zu machen.

»Also, wir hatten einen Auftritt«, legte Roth aufgeregt los. »Und ein paar von den Kiss-Jungs kamen vorbei, du hattest sie mitgebracht, und sie waren beim Konzert und … ein paar Tage später waren wir dann in New York und haben zwei, drei Sachen in den Electric Lady Land [sic] Studios aufgenommen. Was wir gleich hören, ist dieses fantastische Demotape …«

Marshall Berle löste derweil sein Versprechen ein und schwärmte allen seinen Kontakten bei den Plattenfirmen von Van Halen vor. Im Januar 1977 rief er dann in Ted Templemans Büro in Burbank an. Templeman, ehemaliges Mitglied der Sunshine-Pop-Band Harpers Bizarre, war ein gefragter Produzent (der schon mit Van Morrison, Little Feat und der kalifornischen Hardrockband Montrose zusammengearbeitet hatte) und angesehener A&R-Mann bei Warner Bros. Wie er selbst einmal zugab, nahm er prinzipiell keine Anrufe entgegen, in denen es um lokale Bands ging; da er Berle aber noch aus seiner Zeit bei William Morris kannte und er die Energie und Begeisterungsfähigkeit des Talentscouts mochte, sprach er mit ihm.

»Ted, ich hab eine Band für dich«, kam Berle sofort auf den Punkt. »Die Jungs nennen sich Van Halen, kommen aus Pasadena und spielen nächsten Monat an zwei Abenden hintereinander im Starwood.«

Wie Templeman sagte, musste damals nur ein Kriterium erfüllt sein, um seine Instinkte als A&R-Mann zu wecken: Es musste jemand sein, »der Eier hatte«. Als er am 2. Februar abends ins Starwood kam, wurde allerdings erst einmal nur sein Misstrauen geweckt, denn der Laden war so gut wie leer. Daher nahm er nicht etwa an dem Tisch Platz, den Berle für ihn reserviert hatte, sondern begab sich in den oberen Rang, damit er schneller verschwinden konnte, falls die Band nichts taugte.

»Als Van Halen auf die Bühne kamen, hätte man meinen können, sie wären aus einer Kanone abgeschossen worden«, erinnerte sich Templeman in seiner Autobiografie *A Platinum Producer's Life in Music*. »Ihre Energie blies mich um, sie performten, als spielten sie in einem Stadion und nicht etwa in einem kleinen Club in Hollywood. Mein Interesse war mehr als geweckt, obwohl der Sänger keinen starken Eindruck bei mir hinterließ. Doch das war in dem Moment egal, denn der Gitarrist hat mir förmlich das Hirn weggepustet.

Ed Van Halen hat mich von Anfang an komplett umgehauen. Das mag jetzt komisch klingen, aber als ich ihn das erste Mal sah, war es fast so, als würde man sich beim ersten Date Hals über Kopf in ein Mädchen verlieben. Ich war überwältigt. Noch nie hatte mich ein Musiker so beeindruckt wie Ed an diesem Abend. Und ich hatte schon Miles Davis, Dave Brubeck, Dizzy Gillespie, alle diese überirdischen Künstler gesehen. Aber Ed war einer der besten Livemusiker, die ich jemals gesehen hatte ... Von der ersten Sekunde an wusste ich, dass ich ihn bei Warner Bros. haben wollte.

Wenn ich an diesen Abend zurückdenke, dann gab es nicht nur eine Sache, die mich an Ed faszinierte. Es war vielmehr seine gesamte Persönlichkeit. Wenn er Gitarre spielte, wirkte er dabei vollkommen natürlich und bescheiden. Seine Großartigkeit war vollkommen lässig. Er stand da, spielte die unglaublichsten Sachen und tat dabei so, als wäre das nicht anstrengender, als mit den Fingern zu schnippen.«

Als Templeman vierundzwanzig Stunden später ins Starwood zurückkehrte, hatte er Mo Ostin, den Leiter von Warner Bros. Records, im Schlepptau. Ostin hatte schon die Kinks und die Jimi Hendrix Experience für Reprise unter Vertrag genommen, er besaß also einen guten Blick für junge Talente. Dass Van Halen an diesem Abend eine kraftstrotzende Version von Ray Davies' Klassiker »You Really Got Me« spielten, entging ihm natürlich nicht. Nach dem Gig marschierte Berle mit den beiden Warner-Männern in die Garderobe des Starwood.

»[Ostin] fragte uns, ob wir schon bei einem Label unter Vertrag wären«, erinnerte sich Eddie. »Wir sagten Nein. Dann fragte er uns, ob wir einen Manager hätten. Wir sagten Nein. Zum Schluss fragte er, ob wir einen Agenten hätten, und wir sagten wieder Nein.« Ostin ließ sich die Telefonnummer der Van-Halen-Brüder geben und schärfte ihnen ein: »Ihr unterschreibt nirgendwo sonst.«

»Haben die schon einen Manager?«, fragte er Berle. Als der erwiderte, die Band würde sich selbst um alles kümmern, sagte Ostin: »Du bist jetzt ihr Manager.«

Templeman ließ für den April drei Tage im Sunset Sound Recorders Studio für Van Halen blocken. Weil er dort schon mit Montrose, Little Feat und zuletzt mit den Doobie Brothers gearbeitet hatte, kannte er die Räumlichkeiten und das Mischpult bestens – außerdem wusste er, dass seine neuen Schützlinge von der Geschichte des Studios tief beeindruckt sein würden. Die Rolling Stones hatten im Studio 1 ein paar Tracks für *Exile on Main Street* eingespielt, wie Templeman der Band zu berichten wusste. Jimmy Page hatte dort das Album *Led Zeppelin IV* abgemischt, und auch die Doors, Brian Wilson und Janis Joplin hatten in einem der Studios Magie geschaffen. In jüngeren Jahren hatte Templeman dort selbst Songs aufgenommen, im März 1967, als er mit Harpers Bizarre »Raspberry Rug« und »I Can Hear the Darkness« – zwei Stücke aus der Feder von Leon Russell – für das Debütalbum *Feelin' Groovy* eingespielt hatte.

Am 13. April rockten sich Van Halen zwischen 11 und 16 Uhr im Studio 2 durch ganze fünfundzwanzig Songs, die Templeman mit dem Toningenieur Donn Landee aufnahm. »Danach wussten wir, dass wir es mit einer Band zu tun hatten, die tatsächlich spielen konnte«, erinnerte sich Landee.

Auf dem Tape war eine Band zu hören, die in musikalischer Hinsicht so vielfältig wie wagemutig war. Zwar waren die perfektionistischen Van-Halen-Brüder von der Qualität der Produktion nicht richtig überzeugt: »Wir schoben [die Demokassette] in die Anlage meines Vans und erwarteten, dass Led Zeppelin aus den Boxen kommen würde«, gestand

Eddie später. »Und waren dann fast entsetzt. Es klang nicht so, wie wir uns das vorgestellt hatten.« Doch sie äußerten keine Zweifel an Templemans Autorität, aus Angst, er könne ihre Eintrittskarte zum Ruhm jederzeit zerreißen. Nach Meinung des Produzenten waren sie startklar.

»Nur eine Woche später hatten wir einen Vertrag«, staunte Eddie sogar Jahre später noch. »Es war wie im Film.« Als sie ihren Eltern von der tollen Neuigkeit berichteten, drückte Jan Van Halen die beiden Söhne freudestrahlend an sich. Eugenia, die ihre Jungs schon seit Jahren gewarnt hatte, bloß keine »Nichtsnutze« zu werden wie der Vater, zeigte sich deutlich weniger beeindruckt. »Meine Mutter war total entsetzt«, erzählte Eddie einmal lachend. »Wissen Sie, was sie gesagt hat? ›Ach ja? Und wie schnell wird es wieder vorbei sein?‹«

3

On Fire

Don Menn, der Herausgeber von *Guitar Player*, öffnete die Tür seines Büros und bat die Autoren Jas Obrecht und Tom Wheeler sowie den *Keyboard*-Herausgeber Tom Darter in sein Allerheiligstes. Das Trio wusste nicht, ob nun ein Donnerwetter oder ein Business-Update anstand, und sah erwartungsvoll zu, wie Menn quer durchs Zimmer zu seiner Stereoanlage ging, den Tonarm anhob und die Nadel auf die Rille vor dem zweiten Song einer schwarzen Vinylscheibe setzte, die sich auf dem Plattenteller drehte. »Was ist das?«, fragte er seine schweigenden Kollegen, während ein verzerrtes, kaskadenartiges Chaos aus sich überschlagenden, blitzschnell abgefeuerten Triolen und quiekenden Pinch-Harmonics den Raum erfüllte. »Was *ist* das?«, fragte er erneut.

Ted Templeman hatte stundenlang über den fünfundzwanzig Songs des Demos gebrütet, das im April 1977 im Sunset Sound entstanden war, um die beste Tracklist für Van Halens Debütalbum zusammenzustellen und einzelne Strophen, Bridges oder Refrains aus schwächeren Stücken auszusondieren, die womöglich behalten, aufgepeppt und bei der Vorproduktion anderswo verwendet werden konnten. Aber »Eruption« hatte er keineswegs als Eckpfeiler der Platte identifiziert. Wobei das kein Versehen war, denn Eddie Van Halens schwindelig machendes Instrumentalstück befand sich gar nicht auf dem ursprünglichen Band. Tatsächlich hörte der Produzent das, was später zum prägenden Moment des Albums werden sollte, erst gegen Ende der eigentlichen Aufnahmesessions, als er den Abhörraum im Sunset Sound verließ, um sich einen Kaffee zu holen, und mitbekam, wie der Gitarrist über ein klassisches Thema improvisierte.

»Was ist das?«, wollte Templeman wissen.

»Ach, nichts«, meinte Van Halen. »Nur ein paar Aufwärmübungen.«

»Mach das noch mal«, sagte der Produzent. »Das müssen wir sofort aufnehmen.«

Templeman ging wieder in den Abhörraum und wies Donn Landee an, die Geräte anzuwerfen.

»Wir müssen das aufnehmen«, meinte Templeman, wie er sich rückblickend erinnert.

»Band läuft bereits«, gab Landee zurück.

Eddie Van Halen hatte sein solistisches Prunkstück während der letzten drei Jahre in den Clubs von Hollywood entwickelt. Oft spielte er seine dramatische Soloeinlage mit dem Rücken zum Publikum, damit niemand sehen konnte, was genau er da machte. Bei der Geheimtechnik, die der Gitarrist hier vor den Zuschauern verbarg, setzte er beide Hände auf dem Griffbrett ein, um die Töne mit Lichtgeschwindigkeit zu tappen. Das war für sich genommen noch keine revolutionäre Erfindung, denn der Ukulele spielende »Wizard of the Strings« Roy Smeck, Countrylegende Jimmie Webster, »Touch guitar«-Erfinder Dave Bunker, der Italiener Vittorio Camardese, Jazzmaestro Barney Kessel und Harvey Mandel von Canned Heat, den Eddie sehr bewunderte, hatten allesamt pionierhafte Beiträge zum erweiterten Vokabular des Instruments geliefert. Aber erst Van Halens reißende Arpeggio-Fluten erhoben diese Technik zu einer eigenen Kunstform.

»Das ist, als hätte man an der linken Hand noch einen sechsten Finger«, erzählte er Steven Rosen in einem Interview für *Guitar World*. »Anstatt die Saite mit dem Plektrum anzuschlagen, setzt du einfach einen Finger der rechten Hand aufs Griffbrett. Aber alle anderen haben immer nur sporadisch mal rübergegriffen und kurz einen zusätzlichen Ton erzeugt. Das habe ich dann ausgebaut …«

In der Gerüchteküche von Hollywood sprechen sich Dinge schnell herum. Ted Templemans und Mo Ostins Schritte waren in den Starwood-Korridoren kaum verhallt, da berichtete die *Los Angeles Free Press* bereits am 11. Februar: »Die Lokalhelden Van Halen haben bei Warner Bros. unterschrieben und sind damit die erste Band einer neuen Welle junger Gruppen, die sich den Weg durch die örtlichen Clubs zu einem Major Label gebahnt haben.« Und kaum war die Tinte auf den Verträgen getrocknet, die Marshall Berle und der von Dr. Roth beauftragte Anwalt Dennis Bond ausgehandelt hatten, veröffentlichte im Mai 1977 Szene-Guru Kim Fowley im *Phonograph Record* den ersten gedruckten Beitrag über die Gruppe.

»Man muss nicht mehr groß betonen, welche Bedeutung Hollywood für die Rockgeschichte hat«, schrieb Fowley. »Hollywood ist Los Angeles, Los Angeles ist Kalifornien, also bedeutet Hollywood *Big Time*! Dieses Jahr gibt es nur eine einzige Band, die nach oben will und das auch verdient hat: Van Halen!

Van Halen, frisch unter Vertrag bei Warner Bros. Records, sind eine Art zeitgenössische Black Oak Arkansas und nur wenige Schritte von dem Niveau entfernt, das in Sachen Rock-Gigantismus Led Zeppelin in ihrer ›Squeeze my Lemon‹-Phase vorgegeben haben. Sänger Dave Roth ist eine wahre Rock-Autorität, und das Gitarrengenie Ed Van Halen wird in den kommenden zwölf Monaten viele Leben auf diesem Planeten verändern.«

Keinerlei Druck also.

Ted Templeman hatte sich verpflichtet, im Sunset Sound von Frühjahr bis Sommer 1977 am siebten Studioalbum der Doobie Brothers zu arbeiten, deshalb konnte er die Räumlichkeiten erst ab Ende August für Van Halen reservieren. Zu seiner großen Überraschung war es bei näher rückendem Termin jedoch der erfahrene Produzent selbst, und nicht seine unerfahrenen Schützlinge, der angesichts der bevorstehenden Zusammenarbeit nervös wurde. Wie Templeman seinem Biografen Greg Renoff gestand, war er geradezu »besessen« davon, beim Debüt des kalifornischen Quartetts alles richtig zu machen: »Ich war komplett außer mir«, erzählte er. »Ich wollte, dass alles perfekt ist.«

Trotz der vielen Lorbeeren, die er sich durch die Arbeit mit Van Morrison, Little Feat und Captain Beefheart erworben hatte, schmerzte es ihn, mit den kalifornischen Hardrockern Montrose keinen Mainstream-Erfolg gehabt zu haben, sowohl auf persönlicher wie auch auf professioneller Ebene. In Van Halen sah er nicht nur eine Golden-State-Hardrock-Band mit noch mehr Potenzial und Reichweite, sondern auch die Möglichkeit zur persönlichen Rehabilitierung. Templeman teilte seine Bedenken zwar nur seinem erprobten und diskreten Mitarbeiter Landee mit, aber dennoch überlegte er angesichts der stimmlichen Schwächen von Roth, was diese urknallartige Band erreichen könnte, hätte sie nur einen »traditionelleren« Sänger wie etwa … den ehemaligen Montrose-Frontman Sammy Hagar. Zwischen der blitzkriegartigen Demo-Aufnahmesession im April und der Rückkehr der Gruppe ins Sunset Sound am 29. August hatte der Produzent aber an Roths Phrasierung, seinen ironisch-unflätigen Einwürfen und seinem respektlosen, unkonventionellen Umgang mit textlichen Allgemeinplätzen durchaus Gefallen gefunden. Außerdem beeindruckte ihn, dass Roth, den Bill Aucoins beißende Kritik immer noch verfolgte, vor Beginn der Aufnahmesessions aus eigenem Antrieb Gesangsunterricht nahm – klares Anzeichen dafür, dass er sich zum Wohl der Allgemeinheit richtig reinhängen wollte.

Als sie sich gemeinsam im Sunset Sound einrichteten, erklärte Templeman seinen Schützlingen, wie er sich die Aufnahmen vorstellte. Er wusste, wie schwer sich das Quartett mit Gene Simmons' fusseliger, kleinteiliger Arbeitsweise im Electric Lady getan hatte, und versprach, dass er und Landee alles ganz einfach und organisch halten würden: Alle Tracks sollten weitgehend live und ohne Overdubs eingespielt werden, um die pure, bombastische Energie einzufangen, die die Gruppe bei ihren Konzerten erzeugte.

»Sie hatten so gut wie keine Studioerfahrung«, berichtete Landee. »Es war klar, dass sie da mit der Zeit richtig gut werden würden, aber damals wollten wir, dass sie gar nicht recht wussten, was sie taten – sie sollten reinkommen, spielen und wieder verschwinden.«

Dieser vorsätzlich hemdsärmelige Ansatz war Musik in Eddies Ohren, denn Simmons' sorgfältige und bedachte Mehrspurproduktion in New York hatte, wie er fand, dem Aufnahmeprozess viel an Spielfreude und Spontanität genommen.

»Gene hatte gesagt: ›Im Studio machst du das so – deine Rhythmusparts auf die eine Spur und deine Soloparts auf die nächste‹«, erinnert sich Eddie. »Ich weiß noch, dass mich diese Trennung sehr irritiert hat, weil ich auf der Bühne Rhythmus und Solo immer miteinander verwoben habe. Es gab die Akkorde, und dazwischen spielte ich irgendein Gedudel. Aber weil ich das erste Mal im Studio war, traute ich mich nicht zu sagen: ›Kann ich das nicht so spielen wie auf der Bühne?‹

Van Halen heißt: drei Instrumente und die Stimmen, zur Not ein paar nachträgliche Overdubs. Ich hasse Overdubs, weil es einfach etwas anderes ist, als mit den Jungs zusammenzuspielen. Da gibt's überhaupt kein Gefühl, auf dem man aufbauen kann.«

Laut Templeman belegte die Band zunächst Studio 2, obwohl in den hauseigenen Protokollen zu lesen ist, dass sie mit Studio 1 anfingen. Templeman und Landee ließen sie dann aber je nach Bedarf abwechselnd in beiden Studios arbeiten. Und auch wenn es heißt, das Quartett hätte das gesamte Album in nur einundzwanzig Tagen aufgenommen, weist die Abschlussrechnung von Sunset Sound Recorders insgesamt dreiunddreißig Tage auf, an denen jeweils von 12 bis 18 Uhr gearbeitet wurde.

Während Roth in einer abgetrennten Gesangskabine stand, von der aus er mit den anderen ständig Blickkontakt halten konnte, bauten Michael Anthony und die Van-Halen-Brüder ihr Equipment genauso auf, als würden sie einen Club-Gig spielen oder in Roths Keller jammen. An jedem Morgen trank man zuerst Bier, zog außer Sichtweite der Erwachsenen heimlich Lines mit »Krell« (Band-Geheimcode für Kokain), und dann lief das Band. Ganz einfach. Die Aufnahmen begannen mit »Atomic Punk« am 30. August sowie »Feel Your Love Tonight«, »Runnin' with the Devil«, »Ain't Talkin' 'Bout Love« und der Kinks-Nummer »You Really Got Me« am Tag darauf. Nachdem jeder Song zwei- oder dreimal eingespielt war, wählten Templeman und Landee den besten Take aus, schickten die Van-Halen-Jungs und Anthony für den Tag nach Hause und machten sich an die zeitaufwendige Prozedur, aus Roth einen brauchbaren Gesangspart herauszukitzeln: »Manchmal hat es ewig gedauert, bis wir Dave da hatten, wo wir ihn haben wollten«, erzählte Templeman erst lange danach, denn die Brüder mussten das damals nicht wissen. Jeden Abend hörte er sich die Rough-Mixe an und war felsenfest davon überzeugt, dass hier etwas ganz Besonderes passierte.

»Die Leute fragen mich immer, wie ich diesen unglaublichen Gitarrensound hingekriegt habe«, sagte Templeman. »Aber die Antwort ist ganz einfach: Ich hab nur das richtige Mikro vor den richtigen Lautsprecher gestellt und mich dann verzogen. Das ist alles Ed pur. Meine Strategie war, die Gitarre zu nehmen und so prominent wie möglich rauszublasen, weil sie das verdammt noch mal Faszinierendste war, was ich bis dahin je gehört hatte.«

»Donn Landee ist ein großartiger Toningenieur und auch maßgeblich am Einfangen dieses rohen Gitarrensounds beteiligt«, gab Templeman zu. »Aber Edward hatte seinen ureigenen Sound bereits im Starwood.«

»Ted hat es geschafft, unseren Livesound auf Platte zu bannen«, meinte auch Eddie. »Sunset Sound ist eigentlich nur ein großer Raum – fast wie unser Probekeller«, erklärte er Steven Rosen von *Guitar World*. »Die Typen, die das Studio betrieben, kamen immer rein, als wir fertig waren, und Junge, Junge, da war alles voll mit Bierdosen und Resten von Pink's Hot Dogs.

Es war einfach eine Party. Wir spielten genauso wie auf der Bühne, und das war toll. Es hat sich nie so angefühlt, als würden wir eine Platte machen. Wir sind reingelatscht, haben ein paar Biere gekippt und drauflosgespielt.«

Diese beiläufige und bescheidene Beschreibung der Albumsessions war typisch Eddie. Ted Templemans Autobiografie *A Platinum Producer's Life in Music* bietet da einen besseren Einblick in die Vorgänge; Templeman war vollkommen begeistert, wie genau der junge Mann auf Details achtete, wie offen er sich neuen Ideen gegenüber zeigte und welch erstaunliches Improvisationsvermögen er besaß. Es ist fast schon rührend, dass Eddie ungeachtet seines großen Könnens vor einer Aufnahme immer total nervös war und dann von Templeman wissen wollte, ob er auch alles richtig gemacht hatte.

Der Produzent, der Eddie Van Halen später als einen der größten Musiker aller Zeiten bezeichnete, wurde im Gegenzug manchmal selbst zum »ehrfürchtigen Fanboy« und fühlte sich privilegiert, den gleichen kreativen Raum wie der Gitarrist bearbeiten zu dürfen.

»Ich wusste von unserer ersten gemeinsamen Probe an, dass er ein echtes Gitarrengenie war«, erzählte Templeman dem *Rolling Stone*. »Schon als ich ihn im Starwood hörte, war mir klar, dass ich so etwas noch nie gesehen hatte … Es gibt Art Tatum, es gibt Charlie Parker, und es gibt diesen Knaben hier.

Ich weiß durchaus, wovon ich rede, weil ich schon mit Gitarristen aus ganz verschiedenen Bands gearbeitet habe: Montrose, den Doobie Brothers, Van Morrison. Und Ronnie Montrose war zum Beispiel verdammt gut. Aber als ich Eddie sah, dachte ich: Der ist noch ein paar Klassen darüber. Das ist nicht von dieser Welt.«

Mitte Oktober war das Album fertig – aufgenommen, gemischt und gemastert für ein kleines Budget irgendwo zwischen sechsundvierzig- und vierundfünfzigtausend Dollar, abhängig davon, wem man die größte buchhalterische Kompetenz zuspricht. Aber als sich die Nadel dann auf die Rillen senkte, klang *Van Halen* definitiv nach einer Million Dollar.

Warner Bros. war begeistert, die Gruppe selbst hingegen weniger, als sie das Cover-Layout sah, das der Art Director des Labels für sie vorgesehen hatte. Nach Sonnenuntergang bei Dr. Roth zu Hause in Pasadena aufgenommen, zeigte das geplante Plattencover die Jungs als übellaunige Punks, was 1977 ziemlich en vogue war, der Band und ihrem Bombastsound aber definitiv nicht entsprach.

»Die wollten uns wie The Clash aussehen lassen«, erinnerte sich Eddie. »Wir sagten: ›Fuck you!‹, dachten uns das Van-Halen-Logo aus und gaben es ihnen, damit sie es aufs

Cover packten … Damit wollten wir sagen: ›Hey, wir sind nur eine Rock'n'Roll-Band, versucht nicht, uns wie die Sex Pistols zu verkaufen, bloß weil die gerade angesagt sind.‹«

Warners Art Director Dave Bhang beauftragte den aus Deutschland stammenden, aber in Los Angeles ansässigen Fotografen Elliot Gilbert mit neuen Coverfotos. Um nicht wieder den gleichen Fehler zu machen, lud er ihn vor dem Shooting in die Label-Büros in Burbank ein, um die Band kennenzulernen und ein Gefühl für ihren jeweiligen Charakter, ihre Ästhetik und ihren Sound zu bekommen.

»Ted Templeman war da, außerdem die vier Bandmitglieder, die mir eine Kassette ihrer Platte gaben«, erinnert sich Gilbert. »Von den Jungs kam kein Wort, nur David gab mir ein großes Schälchen mit Marihuana und meinte: ›Lass mich aussehen wie ‚cocks and balls' [Schwänze und Eier].‹ Ich habe bis heute nicht ganz verstanden, was er damit sagen wollte!«

Das Shooting fand nicht im Whisky a Go Go statt, wie oft fälschlicherweise berichtet wurde, sondern in Gilberts Studio in der Curson Avenue, und zwar während der »Rock'n'Roll-Stunden«, wie Gilbert sie nannte.

»Es war drei Uhr nachts, und wir alle kifften und hatten eine Menge Spaß«, berichtet er. »Sie hatten ihre Instrumente dabei, und ich holte einfach einen nach dem anderen vor die Kamera. David sprang ins Bild und wieder raus, Eddie rauchte seine Kippe und grinste. Sie sahen cool aus, einfach wie eine Band, die etwas zu sagen hat.«

Kaum war diese Prä-Release-Krise bewältigt, zog am Horizont schon das nächste Drama auf – und dieses Mal lag die Schuld ganz klar bei einem viel zu freimütigen niederländischen Gitarristen. Nachdem die Plattenaufnahmen im Kasten waren, verbrachten Edward und Alex die letzten Monate des Jahres 1977 damit, jeden Cent ihrer 83,83 Dollar, die sie pro Woche von Warner Bros. bekamen, in den wildesten Bars und Nightclubs des Sunset Strip liegenzulassen. Eines Winterabends befand sich der Gitarrist dann im berühmt-berüchtigten Rainbow Bar & Grill, und zwar mit Mitgliedern von Angel, einer extravaganten Glamrock-Truppe aus Washington, D. C., die durch Vermittlung von Gene Simmons jetzt bei Casablanca Records unter Vertrag war. Nach der Sperrstunde ging die Party im Haus des Drummers Barry Brandt weiter, wo ein entspannter und erholter Eddie seinen neuen besten Freunden eine Exklusivpremiere des bevorstehenden Band-Erstlings offerierte. Ein paar Tage danach erhielt Eddie einen wütenden Anruf von Ted Templeman, der ihm mitteilte, Angel seien gerade im Studio und würden ihre eigene Version von »You Really Got Me« aufnehmen, um sie schnell an die Radiosender zu schicken und damit Van Halen zuvorzukommen. Warner Bros. blieb nichts anderes übrig, als sofort eine 12-Inch mit fünf Stücken zu pressen (A1 »Runnin' with the Devil«, A2 »Eruption« und A3 »Ice Cream Man« sowie B1 »You Really Got Me« und B2 »Jamie's Cryin'«) und diese Promo-EP jedem in Amerika lokalisierbaren Radio-DJ oder Programmmacher in die Hand zu drücken.

Van Halen schlossen ein denkwürdiges Jahr am 30. und 31. Dezember mit Clubauftritten im Whisky ab. Bei der Vorankündigung in der *L. A. Times* wies der Musikkritiker Robert Hilburn zwar darauf hin, dass das demnächst erscheinende Debütalbum von der Plattenfirma wohl jede Menge Promotion erhalten würde, konnte aber seine Ablehnung der Gruppe kaum verbergen, als er schrieb: »Wer immer noch auf Heavy Metal steht, hat jetzt die Chance, sich anzuschauen, wie er aus der Nähe aussieht.«

David Lee Roth, der etwa zur gleichen Zeit von *Raw Power* interviewt wurde, gab sich etwas zuversichtlicher. »Wir haben in winzigen Schuppen angefangen«, sagte der Sänger,

»und jetzt spielen wir im Whisky und erobern mit unserer Platte vermutlich die ganze Welt.«

Am 10. Februar 1978 kam *Van Halen*, das selbstbetitelte Debütalbum des Quartetts, in ganz Amerika in die Plattenläden. Wie alle guten Dinge beginnt auch *Van Halen* mit Chaos, in diesem Fall einem dröhnenden Hupkonzert, das die Klaustrophobie eines nachmittäglichen Autobahnstaus im Smog von L. A. evoziert: In die Kakophonie gemischt sind die Hupen von Eddies 1958er Volvo und Alex' Opel Kadett. Aber sobald Michael Anthonys »Runnin' with the Devil«-Bassline losstampft wie Godzilla, der die Autos nach links und rechts wegkickt, hat man das Gefühl, die Bahn sei jetzt frei bis runter zum Pacific Coast Highway, darüber der strahlend blaue Himmel in einer Welt der glitzernden Verheißungen. In den folgenden fünfunddreißig Minuten und vierunddreißig Sekunden Musik gibt es dann keinen einzigen Blick in den Rückspiegel.

Vom verführerischen »Runnin' with the Devil«, gefolgt vom atemberaubenden »Eruption« und der muskelprotzenden Coverversion von »You Really Got Me« (Templemans Garant dafür, dass Van Halen im Gegensatz zu seinen vorhergehenden Schützlingen Montrose eine Hitsingle haben würden), über das ungestüme »Ain't Talkin' 'Bout Love« – von Eddie als ironischer Kommentar zum Punkrock geschrieben und schön mit elektrischer Sitar aufgepäppelt –, die unwiderstehlichen, mit Harmoniegesang gespickten Songs »I'm the One« und »Feel Your Love Tonight« bis hin zu David Lee Roths Langzeit-Partynummer, dem lasziven »Ice Cream Man« des Bluesers John Brim sowie dem treffend betitelten Kracher »On Fire« ist dieses Album die reinste Destillation hedonistischer, befreiter, von der Sonne geküsster kalifornischer Rockmusik, die je auf Band aufgenommen wurde. Es geht um schnelle Autos und lose Sitten, Cheerleader, Cheeseburger und Kokain, Hotpants und Bikinioberteile, Grastüten, brechende Wellen und nicht eingehaltene Ausgangssperren – alles in allem ein Soundtrack zur Teenage-Rebellion, dem jede Spur von Selbstzweifel und Selbstbeschränkung abgeht.

So wie in den 1960ern die Beach Boys mit ihren Surf-Sinfonien den Soundtrack zur amerikanischen Adoleszenz lieferten und die Eagles die 1970er mit ihren Geschichten über Laurel-Canyon-Dramen beherrschten, erklärten Van Halen mit ihrem beeindruckenden Debüt rotzfrech, dass die 1980er ihnen gehören würden.

»Wir feiern den Sex und die Gewalt im Fernsehen, den ganzen Rock im Radio, die Kinofilme, die Autos und alles, was mit dem Jungsein, Halbjungsein oder Junggebliebensein zu tun hat«, erklärte David Lee Roth in einem Interview mit Phast Phreddie Patterson vom L. A.-Untergrundblatt *Waxpaper*. »Genau das ist Van Halen.«

Wo Roth eine genusssüchtige Generation mit einem brandneuen amerikanischen Traum versorgte, war es Eddie Van Halen, der mit seiner verblüffenden Virtuosität den Himmel erleuchtete und das Debütalbum seiner Band mit seinem punktgenauen, offenbar vollkommen mühelosen und dabei total elektrisierenden Spiel zum Singen brachte. Von dem Moment an, in dem die Nadel *Van Halen* berührte, hatte jeder Luftgitarrist einen neuen Goldstandard zur Orientierung.

»Merkt euch meine Worte: In drei Jahren werden Van Halen fett, selbstgefällig und ekelhaft sein und Bands wie Deep Purple oder Led Zeppelin in die Kloschüssel folgen«, schrieb der *Rolling Stone* in seiner Plattenbesprechung. »Bis dahin sind sie vermutlich das nächste große Ding … Van Halens Geheimnis ist, nicht besonders originell zu sein, aber genug Hormone zu besitzen, um alles besser zu machen als die Bands, die bereits fett, selbstgefällig und ekelhaft sind. Edward Van Halen hat die Kunst der Lead-/Rhythmusgitarre in der Tradition von Jimmy Page und Joe Walsh gemeistert; etliche Riffs auf dieser Platte sind besser als alles, was in den letzten Jahren von Aerosmith kam.«

»Wir wollen den Rock'n'Roll einfach wieder aufregend machen«, sagte Eddie zu Steven Rosen. »Viele Musiker sind alt genug, um unsere Väter sein zu können, und klingen oder verhalten sich auch so. Fast als hätten sie vergessen, worum es beim Rock'n'Roll geht.«

Nur wenige Wochen später konnten Zuschauer in ganz Amerika diese Aussage überprüfen, als Van Halen gemeinsam mit Journey und Ronnie Montrose auf Tour gingen. Warner Bros. ernannte Noel Monk zum Tourmanager, der gerade von der chaotisch-unglücklichen US-Tournee der Sex Pistols im Januar 1978 zurück war. Alle, die ein Ticket für das Journey/Ronnie Montrose/Van Halen-Konzert am 3. März 1978 im Aragon Ballroom von Chicago hatten, konnten von sich behaupten, zu den Ersten zu gehören, die die Goldjungs aus dem Golden State außerhalb von Kalifornien in vollem Flug erlebten. Auch Journey-Gitarrist Neal Schon war sehr neugierig, ob dieser junge Gitarrist den Hype wert war, der um ihn herum entstand.

»Drei Monate vor Tourbeginn hatte ich eine kleine Promo-EP aus rotem Vinyl erhalten«, erinnert sich Schon. »Da waren ›Eruption‹ und ›You Really Got Me‹ drauf. Ich lege das Ding also auf meinen Plattenspieler im Schlafzimmer, höre mir ›Eruption‹ an und denke: ›Was zur Hölle macht der Typ da?‹ Ich meine, ich kannte das Mahavishnu Orchestra und auch andere Gruppen, deren Musik ich irgendwie nachvollziehen konnte, aber ich verstand absolut nicht, was dieser Typ da anstellte … Das hat mich fast wahnsinnig gemacht. Als es dann endlich losging mit der Tour, hab ich Ed kennengelernt und Abend für Abend mitgekriegt, wie er alles *weggefegt* hat. Ich muss sagen, ich war unglaublich froh, dass ich nicht direkt nach ihm auftreten musste. Eddie war *on fire* und machte Sachen, die man nie zuvor gesehen hatte. Alle dachten nur: ›Was geht da ab?‹ Ed war der Neue im Viertel, ein echter Revolverheld.«

Die Tour wurde zur Lehrstunde für die kalifornischen Newcomer. Bereits in der ersten Woche, als die Karawane in Madison, Wisconsin, einrollte, wurde Monk informiert, dass seine Jungs den geplanten Gig im Orpheum Theater aussetzen müssten, weil die Bühne für das Equipment aller drei Bands zu klein sei. Schnell sicherten sich Marshall Berle und Monk die Erlaubnis, für ihre Schützlinge eine andere Auftrittsmöglichkeit zu organisieren, und fragten bei den Veranstaltern vor Ort an, ob jemand Interesse an einem einmaligen Headliner-Konzert hätte. Da die krachende Coverversion von »You Really Got Me« gerade die *Billboard* Hot 100 hinaufkletterte, hielten die Manager des örtlichen Shuffle Inn die Verpflichtung der jungen Kalifornier für einen Last-minute-Gig für wenig risikoreich. Die Autorin und Journalistin Susan Masino, damals Mitherausgeberin des städtischen *Emerald City Chronicle*, war im Publikum.

»Das Shuffle fasst etwa sechshundert Zuschauer, aber an dem Abend befanden sich etwa tausend im ausverkauften Saal«, erinnerte sie sich. »Es war echt unglaublich. Als die Band auf die Bühne kam, konnte man sich nicht mehr bewegen. Unmöglich, an die Bar zu gehen und sich was zu trinken zu holen; auch zu den Toiletten konnte man nicht.

Eddie erstmals zu sehen war … Na ja, ich hatte ihn vorher nur auf Platte gehört, und selbst da dachte ich schon: ›Das ist einfach unfassbar.‹ Ich fragte mich, ob er das auch live so bringen würde. Und er war echt unglaublich. Das werde ich niemals vergessen. Ich sehe ihn immer noch genau vor mir.«

Beschwingt durch die positive Aufnahme ihres ersten Headliner-Auftritts außerhalb von Kalifornien, feierten die vier jungen Musiker in altbewährter Rockmanier, indem sie ihre Zimmer im siebten Stock des Sheraton Inn demolierten. Sie lieferten sich Feuerlöscherschlachten im Flur, klebten Tiefkühlfisch an die Decke und machten Kleinholz aus dem Hotelmobiliar. Irgendwann sah Marshall Berle aus seinem Fenster drei Stockwerke tiefer, wie ein großer Holztisch dem Gesetz der Schwerkraft folgte.

»Alex wollte den Fernseher aus dem Fenster werfen, aber irgendjemand von Journey hielt ihn davon ab, indem er ihn informierte, dass ihm der Spaß von der Gage abgezogen würde«, erinnerte sich Masino.

»Sie waren einfach Jungs, die Spaß haben wollten«, meinte Berle dazu.

Im Verlauf der Tour wurde immer klarer, dass Van Halen Abend für Abend allen die Show stahlen. Die Roadcrew von Journey versuchte mit den üblichen Tricks, die Newcomer kleinzuhalten – indem man etwa die PA nicht ganz hochfuhr oder nach Belieben die Setlänge kürzte –, während Monk und Berle mehrmals von Journeys Leuten gewarnt wurden, die Band würde irgendwann aus dem Line-up fliegen, allerdings aufgrund ihres Verhaltens abseits der Bühne. Vielleicht hätten die beiden diese Drohungen ernster genommen, wäre ihnen nicht vollkommen klar gewesen, dass nicht die Headliner die Ticketverkäufe ankurbelten, sondern Van Halen.

»Wir schlagen voll ein«, berichtete Eddie stolz seinem Freund Steven Rosen, als er erfuhr, dass *Van Halen* in der darauffolgenden Woche die *Billboard* Top 30 knacken würde. »Am Beginn der Tour waren wir brandneu, die Platte war gerade eine Woche vorher rausgekommen. Und jetzt überholen wir in den Charts fast schon Journey. Klar, dass sie die Nerven verlieren und uns vermutlich gern loswerden würden.«

Schlussendlich spielten Van Halen die komplette Tour wie geplant zu Ende und traten zum Abschluss am 28. April im

New Yorker Palladium auf. Das Quartett hatte allerdings wenig Zeit, die Lektionen der letzten sechs Wochen zu verarbeiten: Schon eine Woche später wurden sie in Belgien erwartet, um mit Black Sabbath auf Tournee zu gehen.

Bei dieser hohen Schlagzahl war es wohl unvermeidlich, dass die hochtourig laufende Maschine eher früher als später Probleme bekommen würde. Nur dachte niemand in der Band, dass Eddie als Erster kollabieren würde. Van Halen hatten in Paris eine triumphale Headliner-Show hingelegt und genossen in der französischen Hauptstadt etwas freie Zeit, als Monk erfuhr, dass Eddie nach Hause wollte. Er fand den Gitarristen weinend in seinem Hotelzimmer vor.

»Ich will kein Rockstar sein«, erklärte Eddie schluchzend. »Ich hasse diesen ganzen Scheiß und will bloß noch heim.«

Monk konnte kaum glauben, was er da hörte, und tröstete den Gitarristen. Gleichzeitig sagte er ihm aber auch, das Beste, was Eddie für sich selbst, Alex, Jan und Eugenia machen könne, wäre, seinen Traum nicht aufzugeben und unbeirrt dem Erfolg nachzujagen, der das Leben seiner Eltern für immer verändern würde. Es funktionierte, und Eddie machte weiter.

Die Paten des Heavy Metal kamen langsam in die Jahre. Black Sabbath hatten sich eigentlich vorgenommen, das Jahr 1978 mit der Feier ihres zehnjährigen Bandjubiläums zu verbringen, doch in Wahrheit ging die Gruppe aus dem Leim.

»Ich hatte kaum noch Spaß daran, Teil einer Rockband zu sein«, gab Frontmann Ozzy Osbourne zu. »Ich glaube, keiner von uns war noch mit dem Herzen dabei.«

Osbourne hatte im Herbst 1977 eine Sabbath-Pause eingelegt. Offiziell hieß es, dass er sich um seinen Vater Jack kümmern wollte, der Krebs im Endstadium hatte. Aber als der *New Musical Express* den achtundzwanzigjährigen Sänger im November 1977 daheim in Staffordshire interviewte, waren nicht nur seine Enttäuschung und Frustration über das Musikbusiness zu spüren, er ging auch fest davon aus, dass er nicht mehr zurückkehren würde.

»Mir ist klar, dass ich eine Menge Leute enttäuscht habe«, sagte er. »Aber die meisten wissen gar nicht, wie schwarz mein Sabbath die ganzen Jahre über gewesen ist.

Das Business ist total am Arsch. Es gibt viel zu viele Leute, die einfach nur rumsitzen, keinen Finger krumm machen und dafür Kohle ohne Ende einfahren. Da draußen gibt es so viele gute Bands, die nichts damit zu tun haben wollen, weil sie denken, dass sie dann bald mit Zementstiefeln an den Füßen die Themse runterschwimmen.«

»Wir dachten alle, wir wären unbesiegbar. Aber dann hat sich alles einfach gegen uns gewandt und uns in die Fresse gehauen. Ich will jetzt erst mal ein normales Leben. Ich will ein stinknormaler Durchschnittstyp sein und keine Konservendose auf zwei Beinen. Denn genau so fühle ich mich: wie ein Produkt. Ich will mich nicht mehr prostituieren müssen.«

Als Sabbath das neue Jahr am 16. Januar 1978 mit einem Auftritt in der BBC-Fernsehsendung *Look! Hear!* begannen, stand der Ex-Frontmann von Savoy Brown und Fleetwood Mac, Dave Walker, zwischen Gitarrist Tony Iommi und Bassist Terry »Geezer« Butler und sang die Antikriegshymne »War Pigs« sowie das neu geschriebene, aber noch nicht aufgenommene Stück »Junior's Eyes«. So überraschte es doch etwas, dass sich Osbourne wieder stillschweigend einreihte, bevor die Gruppe aus Birmingham nach Toronto aufbrach, um in den Sound Interchange Studios ihr achtes Studioalbum aufzunehmen. Bei klirrend kalten Außentemperaturen machten sich während der schwierigen Sessions die gewohnten Spannungen bemerkbar – »Wir waren alle völlig im Arsch, nahmen Drogen und tranken jede Menge Alkohol«, so Osbournes primäre Erinnerung an die Aufnahmen –, doch die Aussicht auf eine Rückkehr nach Großbritannien, wo im Frühjahr eine ausverkaufte Tour zum zehnjährigen Jubiläum anstand, sorgte für so viel Auftrieb, dass die vier Musiker den Titel ihres neuen Albums *Never Say Die!* für ein passendes Statement hielten. Dennoch wollten Sabbath mit ihren Kräften haushalten, und nachdem sie für ihre letzten Auftritte in Europa als Vorgruppe AC/DC verpflichtet hatten und Abend für Abend kämpfen mussten, um mit dem Energielevel von Malcolm und Angus ungezügelter, wie unter Strom stehender Aussie-Truppe mitzuhalten, gab Osbourne der Sabbath-Booking-Agentur Premier Talent den Auftrag, für ihre Gigs in der Heimat eine »Kneipenband aus L. A.« zu buchen.

Obwohl Van Halen in den USA bei der gleichen Plattenfirma wie Sabbath unter Vertrag standen, hatte das englische Quartett die jungen Amerikaner noch nicht auf dem Schirm. Als die Tour dann am 16. Mai in der City Hall von Sheffield begann, krochen Osbourne, Iommi, Butler und Drummer Bill Ward aus reiner Neugier vorzeitig aus ihrer Garderobe, um die letzten paar Minuten von Van Halen mitzukriegen. Sie erreichten den Bühnenrand genau in dem Moment, als der jungenhafte, selig grinsende Gitarrist sein Sologlanzstück »Eruption« beendete und dabei die Finger über das Griffbrett tanzen – oder besser: fliegen – ließ, während ihr prahlerischer, barbrüstiger und blondmähniger Frontman »You Really Got Me« einzählte. Sabbath gingen schweigend zurück in die Garderobe.

»Wir saßen da und sagten: ›Das war ja unglaublich …‹«, erinnerte sich Ozzy Osbourne. »Dann waren sie fertig und wir immer noch zu geschockt, um irgendwas sagen zu können.«

»Davor kannte ich Van Halen gar nicht«, gab Tony Iommi

zu. »Aber als ich sie dann hörte, dachte ich: ›*Bloody hell!*‹ Sie waren so voller Energie, so fantastische Musiker, und hatten außerdem auch noch richtig gute Songs. Wir dachten nur: ›Wow, leck mich, die sind echt der Hammer!‹«

Wie Eddie zugab, sorgte die Aussicht, mit Black Sabbath zu touren, bei Van Halen dafür, dass sie sich »vor Angst in die Hosen machten«. Noel Monk erzählte, die Band sei in Gegenwart der Metal-Legenden »quasi versteinert« gewesen. Die Van-Halen-Brüder hatten seit ihren Genesis-Tagen Coverversionen von Sabbath-Songs gespielt, bei denen Eddie gesungen hatte. Für ihn war Tony Iommi der erklärte »Meister der Riffs«. Die nervliche Anspannung löste sich auch nicht wirklich, als Eddie vorsichtig das Eis brechen wollte und Iommi auf »die zweite Nummer auf Seite zwei« des 1971er Albums *Masters of Reality* ansprach, was dem verehrten Gitarristen nur ein Stirnrunzeln und den spöttischen Kommentar »Wovon redest du, Kumpel?« entlockte. Doch die englische Musikpresse hatte Van Halens Debütalbum mit Lob überschüttet – der *Sounds*-Kritiker Geoff Barton hielt es für einen »hervorragenden Erstling« und nannte die Band »die neuen Helden des Heavy Metal«, während sogar der hochnäsige, pseudointellektuelle *New Musical Express* die Platte als »gerade noch erträglich« bezeichnete, was bei der traditionellen Hardrock-Verachtung des Blatts fast schon als Begeisterung zu werten war –, und die Sabbath-Fans reagierten von Anfang an sehr positiv auf sie. Und mit jedem Auftritt wuchs ihr Selbstvertrauen.

»Sie waren unfassbar gut« erinnerte sich Ozzy Osbourne. »Diese Tapping-Technik, die Eddie benutzte, hatten wir noch nie gehört. Er war wirklich ein erstaunlicher Gitarrist.«

»Sie kamen unglaublich gut an«, meinte auch Geezer Butler. »Angepisst hat mich nur, dass sie am Anfang noch ziemlich roh wirkten, uns aber im Lauf der Tour immer mehr kopierten. Eddies Gitarrensoli wurden immer länger, David Lee Roth machte alles nach, was Ozzy so machte, und sogar der Bassist setzte irgendwann ein Wah-Wah-Pedal ein, was bislang *mein* Markenzeichen gewesen war. Sobald wir dann auf die Bühne gingen, sagten die Leute: ›Gott, das alles hab ich doch gerade schon gesehen.‹ Wir kamen uns vor wie unsere eigene Coverband. Sie waren gute Jungs, also wollten wir keinen Streit anfangen, aber irgendwann nahm Tony Eddie zur Seite und sagte ihm so was wie: ›Jetzt reißt euch mal zusammen.‹«

»Sie haben uns jeden Abend vom Bühnenrand aus beobachtet«, sagte Iommi. »Dabei konnten sie sich natürlich eine Menge abschauen und studieren, was bei den Zuschauern ankam. Es fühlte sich dann nur etwas seltsam an, mit dem Gefühl auf die Bühne zu gehen, dass wir nun *ihnen* alles nachmachten.

Einmal habe ich zu Eddie gesagt: ›Hey, Eddie, spielt ihr morgen ein paar Songs von unserer neuen Scheibe?‹ Dann nahm ich ihn mit in mein Zimmer und meinte: ›Solange wir zusammen auftreten, könnt ihr nicht jeden Abend das Gleiche machen wie wir.‹

Eddie hatte sich offenbar alle möglichen Gitarristen angehört und daraus sein ganz eigenes Ding entwickelt – er war echt ein fantastischer Gitarrist. Nachts kam er oft in mein Zimmer, oder ich ging zu ihm, dann koksten wir ein bisschen und unterhielten uns die ganze Nacht lang. Wir wurden gute Freunde, und als Musiker habe ich ihn ja sowieso respektiert. Ich bin wirklich froh, dass wir mit Van Halen tourten, weil mir das einen Freund fürs Leben beschert hat.«

Am 19. Mai, vier Tage nach dem Tourstart, erfuhren Van Halen direkt vor ihrem Auftritt im Capitol Theatre von Aberdeen, dass sich ihr Album in den USA fünfhunderttausendmal verkauft hatte, was der Gruppe ihre erste Goldene Schallplatte einbrachte. Das wurde gefeiert, indem man ausgiebig Glenmorangie-Whisky konsumierte und in patentierter Weise die Hotelzimmer umgestaltete.

»Wir haben Schuhwichse genommen und damit unser Logo an die Wände gemalt«, erzählte Eddie leicht verlegen. »Am nächsten Morgen kamen die Bullen und eskortierten uns direkt zur Grenze, um uns aus dem Land zu schmeißen. Aber nicht, weil wir ihr Hotel demoliert hatten, sondern weil jemand von der Crew ein Kissen mitgehen ließ! Die haben uns zur Grenze gebracht und gesagt: ›Kommt bloß nicht wieder.‹ Wir hatten echt die Hosen voll!«

»Die Goldene Schallplatte war nur die Play-off-Runde«, kommentierte Roth später nüchtern. »Ist eine Goldene wirklich ein Erfolg, wenn man nicht im Radio oder im Fernsehen ist? Unser Erfolg war irgendwie schwammig und nicht recht einzuordnen, weil uns die Connaisseure nicht akzeptiert haben. Die Kenner standen damals speziell in England auf Elvis Costello und The Clash, in der Tat ernsthafte Gegner. Aber es war Grund genug, in einem kleinen Hotel mal ordentlich die Sau rauszulassen.«

Als die Tour das Londoner Hammersmith Odeon erreichte, holte Tony Iommi einen guten Freund, den Queen-Gitarristen Brian May, zu sich an den Bühnenrand, damit er sich die jungen Kalifornier ansehen konnte.

»Wir haben uns zu zweit angeschaut, wie Eddie Van Halen seine Nummer abzog, und es war einfach gewaltig«, erzählte May. »Fast zu gewaltig, um es überhaupt zu begreifen. Der Typ sah aus wie ein Kätzchen, das mit einer Gitarre herumtollte. Er führte sein Instrument an Orte, an denen man es vorher noch nie gesehen hatte … So etwas Schockierendes hatte es seit Jimi Hendrix nicht mehr gegeben.«

Ebenfalls anwesend war an diesem Abend der Fotograf Ross Halfin, der den altehrwürdigen Veranstaltungsort im

Londoner Westen besuchte, um im Auftrag von *Sounds* Fotos zu machen.

»Vor dem Hammersmith-Gig hatte ich sie schon in Lewisham gesehen [wenig angesagter Stadtteil im Süden der Stadt], dort hatte David Lee Roth am Ende ihres Sets das Publikum mit zwei Champagnerflaschen vollgespritzt und geschrien: ›Lewisham, ihr seid die Rock'n'Roll-Hauptstadt der verdammten Welt!‹, was echt der Brüller war«, erinnerte sich Halfin. »Damals konnte man als Fotograf so viele Bilder machen, wie man wollte, speziell bei Vorgruppen. Doch als wir im Hammersmith Odeon aufkreuzten, sagte uns Heidi Robinson, Van Halens PR-Frau von Warner in L. A., dass sie jeden, der fotografierte, sofort rauswerfen müsse. Wir haben alle gelacht und gesagt, dass wir uns daran halten würden, aber ich habe natürlich trotzdem ein paar Fotos von der Empore aus gemacht. Rückblickend betrachtet war das natürlich ein guter Verkaufstrick, denn dadurch wurden diese exklusiven Bilder zu etwas ganz Besonderem.«

»Der Laden war brechend voll, und zwar wegen Van Halen«, erinnerte sich der Musikjournalist Malcolm Dome, der damals für den *Record Mirror* schrieb. »Alle wollten sie sehen, denn man redete über sie. Die Rock-Insider, die regelmäßig Importplatten kauften, hatten ordentlich Werbung für die Band gemacht. Und an diesem Abend waren sie definitiv besser als der Hauptact. Black Sabbath wirkten nachlässig, und Van Halen waren total aufregend, kraftvoll, lebendig und neu. Gegen sie sahen Sabbath alt aus. Alle dort dachten das Gleiche, nämlich: ›Das ist der Hammer.‹ Sie klangen nach Zukunft.«

Genau das war auch die Botschaft, die Van Halen schon bald in jedem Interview verkündeten. Am Nachmittag vor dem ersten Hammersmith-Konzert gab die Band ihr allererstes Fernsehinterview, am Londoner Soho Square für die populäre Sendung *Countdown* der Australian Broadcasting Corporation. Als gefragt wurde, ob der Hardrock ein unerwartetes Revival feiere, sah Eddie in die Kamera und sagte selbstbewusst: »Die Sechziger sind vorüber, die Siebziger auch – das neue Ding sind wir.«

Eine Woche später, während einer achttägigen Japan-Tournee, traten sie dort auch im Fernsehen auf, und Roth informierte die Zuschauer, Van Halen seien »die Zukunft des Rock'n'Roll für die Vereinigten Staaten und die ganze Welt«. Das Statement wurde durch eine ganzseitige Anzeige untermauert, die Warner Bros. im US-Branchenblatt *Billboard* vom 3. Juni abdrucken ließ: »Das ist der Beginn von etwas ganz Großem«, hieß es darin, gefolgt von den Top-30-Platzierungen des Albums in Frankreich, Australien und Japan. »Sieht ganz so aus, als könnte der Planet von Van Halen nicht genug kriegen.«

Im Moment waren aber heimische Verpflichtungen vorrangig. Nach dem letzten Japan-Konzert in der Osaka Cultural Hall am 27. Juni flog die Band – über den neu eröffneten Narita Airport in Tokio und Los Angeles – nach Dallas, Texas, wo die bislang größte Veranstaltung ihrer Karriere stattfinden sollte, die erste Ausgabe des Texxas Jam. Annähernd hunderttausend Menschen hatten 12,50 Dollar hingeblättert, um das Line-up aus Aerosmith, Ted Nugent, Heart, Journey, Frank Marino, Mahogany Rush und anderen zu sehen. Und als Van Halen das Gelände erreichten, erfuhren sie, dass irgendwo zwischen Osaka und Texas fast ihr gesamtes Equipment verloren gegangen war. Verständlicherweise tobte Noel Monk vor Wut, wie Fotograf Neil Zlozower, der von den Veranstaltern angeheuert worden war, am eigenen Leib erfahren sollte.

»Zusammen mit einem anderen Fotografen sollte ich bei dem Festival Bilder machen«, erzählt er. »Und zwar von allen

Bands, ohne Ausnahme, und während ihres ganzen Sets: Damals gab es diesen ganzen ›Nur die ersten drei Songs‹-Bullshit noch nicht. Ich stehe also auf der Bühne und warte auf Van Halen, da kommt dieser Winztyp in schwarzer Lederhose, schwarzen Lederhandschuhen, schwarzem Ledermantel und *Easy Rider*-Sonnenbrille – vermutlich der einschüchterndste Typ, dem ich je begegnet bin – und sagt: ›Was zum Henker machst du auf meiner Bühne?‹ Das war Noel Monk. Ich antworte: ›Ich fotografiere Van Halen.‹ Und er: ›Das glaubst du nur. Verpiss dich von meiner Bühne.‹ Daraufhin ich: ›Aber wir arbeiten für den Veranstalter!‹ Und dann wieder er: ›Klar, das gilt vielleicht für alle anderen Bands. Für Van Halen aber nicht.‹ Er hatte eine ziemlich brutale Ausstrahlung, und ich dachte nur, mit diesem Penner will ich keinen Streit anfangen. Der sieht aus, als ob er es ernst meint. Also sag ich: ›Okay, ich verzieh mich und schaue mal, ob die's wirklich so bringen.‹ Und scheiße, Van Halen waren der Hammer. Was sag ich – sie waren phänomenal. Ich glaube, eine Menge Leute hatten nach dem Festival eine neue Lieblingsband.«

Am 9. Juli waren Van Halen wieder in Kalifornien, um in der Long Beach Arena ihre bislang größte Headliner-Show zu spielen. Robert Hilburn, der Chef-Musikkritiker der *L. A. Times*, der Ende 1977 der Band vor ihren beiden ausverkauften Gigs im Whisky a Go Go miese Aussichten prophezeit hatte, ließ es sich nicht nehmen, über die triumphale Heimkehr der Band zu berichten.

»David Roth war sehr aufgeregt«, schrieb Hilburn in seinem Artikel vom 11. Juli. »Der zweiundzwanzigjährige Leadsänger spürte schon drei Stunden, bevor er die Bühne der Long Beach Arena betreten würde, wie das Adrenalin durch seine Adern pumpte. Dieses Konzert hatte er seit Jahren herbeigesehnt.

Nach einer langen Lehrzeit in Bars und kleinen Clubs sind Van Halen endgültig in die Oberliga aufgestiegen.

›Das ist wirklich etwas Besonderes‹, sagte der drahtige langhaarige Roth nach dem Soundcheck im Backstagebereich. ›Der Silvestergig im Whisky war unser letztes Konzert in L. A. Es fühlt sich wie ein Klassentreffen an. Wir sind seit Februar auf Tour und haben gerade unsere erste Goldene Schallplatte gekriegt. Wie könnte man das besser feiern? Von der ersten Sekunde an waren wir fest davon überzeugt, dass wir es schaffen. Wir dachten: Wir sind jetzt schon cool und werden noch cooler werden.‹«

Nach dem Auftritt wurde die Feierstimmung für Eddie etwas gedämpft, weil es einen Zwischenfall mit der Security gab. Der Gitarrist hatte aus Japan Geschenke für die Familie mitgebracht und beauftragte seinen Freund Wally Olney damit, sie vom Tourbus der Band zum Auto seines Vaters zu bringen. Als Eddie zur Halle zurückging, wurde er von Sympathisanten umringt, die teilweise um Backstagepässe bettelten, um zur Aftershowparty gehen zu können. Ein Securitymann sah das Gedränge, schritt ein und forderte alle auf, das Gelände sofort zu verlassen.

Eddie protestierte: »Ich gehöre zur Band und gehe jetzt wieder rein.«

»Kommt nicht infrage.«

Der Securitymann versuchte, den Gitarristen vom Backstage-Eingang fernzuhalten, und es kam zu Handgreiflichkeiten.

»Fuck you! Das wird dir noch leidtun, Mann!«, fauchte Eddie, riss sich los und stürmte in die Arena. Wenige Minuten später begleitete Marshall Berle den Gitarristen erneut hinaus auf den Parkplatz, gefolgt von dem Konzertveranstalter. Als Eddie den Securitytypen entdeckte, war dieser seinen Job sofort los.

Van Halens Tourplan für den Rest des Jahres dürfte der feuchte Traum eines jeden Hardrockfans sein. Am 13. Juli spielte die Band im Superdome von New Orleans im Vorprogramm der Doobie Brothers und der Rolling Stones. Zwei Tage danach, am 15. Juli, absolvierte sie gemeinsam mit Eddie Money, Kansas und der Steve Miller Band den Summer Jam im Royals Stadium von Kansas City, Missouri. Wieder zwei Tage später spielte sie erneut im Vorprogramm der Doobie Brothers sowie der Atlanta Rhythm Section und der alten Kumpels Journey beim Mississippi River Jam auf Credit Island bei Davenport, Iowa, vor etwa fünfundzwanzigtausend Besuchern. In der Woche darauf, am 23. Juli, ging es zurück nach Kalifornien, genauer gesagt in den Großraum San Francisco, wo Bill Graham im Oakland Coliseum zum sechsten Mal sein jährliches Day on the Green Festival veranstaltete. Am dritten der fünf Festivaltage spielten Foreigner und Aersomith als Co-Headliner, AC/DC eröffneten das Programm, und Van Halen sollten die Lücke zwischen den Australiern und dem kanadischen Gitarrenhelden Pat Travers füllen. Vor seinem eigenen Auftritt ging Eddie an den Bühnenrand, um sich die Band von Malcolm Young anzusehen.

»AC/DC waren vermutlich die kraftvollste Liveband, die ich je erlebt habe«, meinte er. »Ich stand da an der Seite und dachte: ›Und nach diesen Motherfuckern müssen *wir* auf die Bühne?‹«

Sollte der Gitarrist Angst gehabt haben, dann ließ er sich die nicht anmerken. Aerosmith-Gitarrist Joe Perry sah vom Bühnenrand aus zu und war tief beeindruckt.

»Wir sind früh hingegangen, weil wir all diese fantastischen Bands sehen wollten«, erzählte Perry. »Das erste Van-Halen-Album fand ich großartig, beim ersten Hören dachte ich nur: ›Gott, was für ein Dampfwalzensound!‹ Es war sofort klar, dass diese Art von Musik in einem Stadion gut funktionieren würde. Was sich live dann tatsächlich bestätigt hat. Eddie hat die Vorstellung davon, was Gitarre spielen bedeutet, vollkommen verändert, und David Lee Roth war einer der besten Frontmänner, die ich je gesehen habe. Ich würde mich selbst als großen Rock'n'Roll-Fan bezeichnen und kann nur bestätigen, dass diese Show den Erwartungen daran mehr als gerecht wurde.«

Um nach dem Auftritt runterzukommen, ging Eddie in den großen Backstagebereich, um ein paar Körbe zu werfen. Dort traf er einen Typen, den er nicht kannte, den er aber zum Mann-gegen-Mann-Spiel aufforderte: Jas Obrecht, Journalist beim *Guitar Player*.

»Da kommt dieser Knabe auf mich zu, halbnackt und muskulös, und meint: ›Hey Mann, sollen wir ein paar Körbe werfen?‹«, erinnerte sich Obrecht. »Und ich so: ›Klar.‹ Also spielten wir eine Viertelstunde lang gegeneinander, und er war echt gut, will sagen: besser als ich. Der Typ hatte einen Hakenwurf drauf, den ich einfach nicht stoppen konnte, außerdem war er wahnsinnig schnell. Dann setzten wir uns an den Rand des kleines Courts, und er fragte: ›Hey, in welcher Band bist du?‹ Ich sagte ihm, dass ich in gar keiner Band war, also fragte er: ›Und was machst du dann hier?‹ Ich erzählte, dass ich für *Guitar Player* Pat Travers interviewen wollte, dass der aber keine Lust darauf hatte. Also sagte er: ›Travers hat keine Lust? Nicht zu fassen. Dann mach doch einfach ein Interview mit mir. Hat bisher noch keiner gemacht …‹ Ich fragte ihn: ›Tja, wer bist du denn?‹ Und er antwortete: ›Ich bin Edward Van Halen.‹ Erst da hab ich's gecheckt – natürlich!«

Während die beiden dann miteinander sprachen, dudelte Eddie ständig auf seiner Gitarre herum, die Obrecht nicht recht einordnen konnte. Van Halen erklärte ihm, dass er die Kopie einer Fender Stratocaster aus ausgemusterten Teilen des jungen kalifornischen Gitarrenherstellers Charvel selbst gebaut hatte.

»Der Korpus hat fünzig Dollar gekostet und der Hals achtzig, da habe ich dann einen alten PAF-Pickup von Gibson eingebaut, nach meinen Angaben gewickelt«, meinte er. »Ich mag den Sound mit nur einem Tonabnehmer und hab damit viel rumexperimentiert. Wenn man ihn nah beim Steg hat, klingt er schön hell. Je näher man ihn am Hals einbaut, desto weniger eignet er sich für Rhythmus. Ich hab ihn gern weit hinten – das macht den Sound klarer und bissiger. Ich spiele außerdem mit speziellen Bünden, nämlich den breiten von Gibson. Nur ein einziger Volumenregler, und das war's dann. Höhenregler oder so brauche ich nicht. Ich sehe so viele Leute mit irgendwelchen Space-Gitarren, Umschalter ohne Ende, Equalizer, Treble-Booster – mir reicht ein einziger Regler und fertig. Das ist simpel und klingt cool.«

»Ich nahm seine Gitarre in die Hand, und drei Dinge fielen mir auf«, erzählt Obrecht. »Erstens war sein Griffbrett breiter als bei üblichen E-Gitarren, es ging mehr in Richtung klassische Gitarre. Zweitens hatte Eddie den Sattel tief ausgefeilt, sodass die A- oder die D-Saite ordentlich Platz darin hatten; das hatte er gemacht, weil sich bei seinem Extremeinsatz des Tremolohebels die Gitarre dauernd verstimmte. Und das Dritte war, wie selbst gemacht sie wirkte. Diese Gitarre bestand eben einfach aus einem Korpus, den ein junger Kerl eigenhändig bearbeitet und mit Fahrradlack besprüht hatte, in der Garage von Mom und Dad. Das Instrument sah spottbillig aus, aber Alter, der Sound, den er da rausholte, war überirdisch.«

In den Worten von *Rolling Stone*-Autor Brian Hiatt sah die Frankenstrat »genauso aus, wie Van Halen klangen: wie kaum kontrolliertes Chaos.«

Als sie sich verabschiedeten, dankte Obrecht dem jungen

Gitarristen noch dafür, dass er der zeitgenössischen Rockmusik Feuer unter dem Hintern machte.

»Ich habe den Rock nie aufgegeben«, bekundete Eddie Van Halen. »Da draußen sagen viele, Rock sei tot oder am Ende – was für ein Bullshit.«

Am 22. August schloss sich das Quartett wieder seinen Freunden von Black Sabbath an, um gemeinsam auf US-Tour zu gehen. Es wäre jedoch sinnvoll gewesen, jemanden von der Spurensicherung der Polizei mitzunehmen, um jeden Abend Kreidestriche um Ozzy, Tony, Geezer und Bill zu ziehen. Denn allen Anwesenden war klar, dass Black Sabbath Abend für Abend ermordet wurden.

»Die Plattenfirma hat sich ausschließlich um Van Halen gekümmert«, erzählte Geezer Butler. »Wir waren für sie ein alter Hut und uninteressant, also bekamen Van Halen die ganze Starbehandlung. Als *Never Say Die!* rauskam, gingen wir zur Release-Party bei Warner Bros. Dort lief dann Musik von Bob Marley, und keiner wusste, wer wir waren! Unsere Platten verkauften sich nicht mehr, und sie standen wohl kurz davor, uns fallenzulassen.«

»Ich weiß noch, wie Geezer und ich mit jemandem von der Plattenfirma in San Diego im Hotelzimmer saßen und ein paar Drinks nahmen. Einer von uns sagte dann zu dem Typen: ›Jetzt mal ehrlich, ihr benutzt uns bei dieser Tour nur dafür, Van Halen zu promoten, oder?‹«, erzählte Ozzy. »Und der Typ sagte einfach nur: ›Stimmt.‹ Aber wenn man bei einer Plattenfirma ist, die nicht hinter einem steht … Wenn die Vorgruppe besser ankommt als man selbst, dann sagt man entweder: ›Okay, jetzt gehen wir raus und zeigen denen, wie man's richtig macht‹, oder man wirft einfach das Handtuch. Und sie waren nicht nur viel jünger als wir, wir hatten auch diesen jahrelangen Rechtsstreit mit unserem Ex-Manager hinter uns. Ich wollte nicht mehr kämpfen, war viel zu müde.

Wir hatten keine Band gegründet, um Anwälte oder beschissene Buchhalter zu werden, nur mussten wir genau das jetzt sein. Wir wussten einfach nicht mehr weiter.«

Während ihrer kurzen Clubtour durch den Mittleren Westen mit AC/DC hatten Phil Lynott, Scott Gorham und Gary Moore von Thin Lizzy ein paar Tage frei und gingen am 14. September in die Cobo Hall von Detroit, um sich die Band aus Pasadena anzusehen.

»Wir waren in Amerika bei der gleichen Plattenfirma, und sobald wir jemanden vom Label trafen, hieß es ständig: ›Wow, Mann, ich war gerade mit Van Halen unterwegs, was für eine geile Band!‹«, erzählte der in Kalifornien geborene Gitarrist Gorham. »Das ging so weit, dass Phil den Leuten sagte: ›Hör mal, wenn wir jetzt in diesen verdammten Wagen steigen, reden wir nicht über Van Halen, klar?‹ Aber natürlich interessierten wir uns für die Band, von der wir so viel gehört hatten. Und dann kamen diese Jungs auf die Bühne und schredderten jedem ein zweites Arschloch. Sie waren einfach *fantastisch*. Als Eddie mit seinem Tapping anfing, hab ich mich zu Gary gedreht und gefragt: ›Was zum Geier ist das denn? Was treibt der Bursche da?‹ Gary sah ihm nur zu und meinte: ›Keine Ahnung, Mann.‹ Zehn Minuten später wollte ich wieder zu Gary gehen, um ihn irgendetwas zu fragen, nur war er da schon verschwunden. Am nächsten Tag besuchte ich ihn in seinem Hotelzimmer, und er sagte: ›Hey, sieh dir das an …‹ und tappte los wie ein Irrer. Er hatte das Konzert am Abend vorher verlassen, um im Hotel zu üben.«

Die britische Musikjournalistin Sylvie Simmons stieß am 22. September in Fresno, Kalifornien, zur Tour und war von der kraftvollen jungen Band genauso begeistert.

»Wenn es darum geht, das Publikum zufriedenzustellen, sind Sabbath im Grunde nicht zu schlagen«, schrieb Simmons in *Sounds*. »Nur gibt es da diese Band namens Van Halen. In gewisser Hinsicht sind sie eine Art jüngere Version von Black Sabbath, frischer und ohne diesen einbalsamierten Look. David Lee Roth ist vermutlich der energischste Frontman im gesamten Rockbusiness, auf jeden Fall aber schriller und gigantischer als der Rest. Sogar der Schlag seiner Hosenbeine ist gigantischer. Seine Klappmesser-Sprünge vom Schlagzeug muss man gesehen haben, um sie wirklich zu glauben. Sein Gesang ist mit ›Wow!‹-Rufen, Jauchzen und Gekreische durchsetzt. Seine Sprüche zwischen den Songs sind geradezu schamlos. ›Fresno, die Rock'n'Roll-Hauptstadt der Welt‹? Also bitte! Die Frauen liegen ihm zu Füßen. Sämtliche Mädchen in diesem vornehmlich aus Männern bestehenden Publikum haben es irgendwie bis direkt vor Bühne geschafft und zerren an seinen Beinen. Die restlichen Musiker der Band sind Rockhelden alter Machart und wissen definitiv, wie man spielt.«

Zu den Songs, die Simmons als Highlights bezeichnete, gehörten »Runnin' with the Devil«, »Jamie's Cryin'«, »Feel Your Love«, »Ain't Talkin' 'Bout Love« und das abschließende »You Really Got Me«-Cover, »eine super-machomäßige, außerordentlich gute Version des Kinks-Klassikers, die das Publikum in Raserei versetzt«.

»Jede andere Band außer den selbstbewussten Sabs«, schloss sie, »würde sich weigern, nach dieser Gruppe zu spielen. So gut sind sie live.«

Später am Abend saß Ozzy Osbourne dann mit Simmons in der Hotelbar, wo ein Jazz-Trio Barry-Manilow-Hits spielte, und offenbarte der Journalistin: »Van Halen sind der gewaltigste Energietrip, den ich seit Jahren in Amerika erlebt habe. Sie sind einfach unglaublich. Wenn ich David da oben sehe, ist es fast, als würde ich einer jungen Version von mir selbst zusehen. Also mit einundzwanzig, verstehst du? Ich hoffe nur, sie halten genauso lange durch wie wir.«

Van Halens kühnster Schachzug kam vierundzwanzig Stunden später, als sie gemeinsam mit Sammy Hagar, Sabbath und den Headlinern Boston beim Summerfest im Anaheim Stadium auftraten. Als der Opener Hagar von der Bühne ging, tauchte ein Flugzeug über dem Stadion auf, das vier Fallschirmspringer freisetzte. Je näher sie der Erde kamen, desto besser konnten die Zuschauer das Van-Halen-Logo auf jedem der Fallschirme erkennen. »Direkt aus dem Himmel«, dröhnte es aus der PA, »kommen Van Halen zu euch ins Stadion!« Kaum waren die Fallschirmspringer backstage gelandet, stürmten unter tosendem Beifall Roth, die Van Halen-Brüder und Anthony, bekleidet mit identischen Overalls, auf die Bühne. Wie es so schön heißt: Der erste Eindruck entscheidet.

In der *L. A. Times* musste Robert Hilburn zugeben, dass das Quartett »einfach unwiderstehlich für jeden« sei, »der eine gewisse Toleranz für harten, aggressiven Rock hat«. Er zog das Fazit, die Lokalhelden »könnten durchaus die Anwärter auf die amerikanische Hardrock-Krone von Aerosmith sein«.

Als Van Halens Debütalbum am 10. Oktober 1978 in den USA die Millionenmarke knackte, war die Band gerade in Europa und trat dort erstmals als Headliner auf. Marshall Berle ließ für jedes Bandmitglied ein VH-Halsband aus Platin anfertigen – und stellte es später jedem Einzelnen in Rechnung.

Van Halens erste Welttournee ging am 3. Dezember in San Diego zu Ende, und im Anschluss machte das Quartett im Club Med von Cancún, Mexiko, fünf Tage Urlaub. Zurück in Los Angeles wurde die Band von ihrer Plattenfirma zu einer Party eingeladen. Warner Bros. wollte den Mitgliedern Platinplatten überreichen, nachdem sich das Debütalbum in den USA zwei Millionen Mal verkauft hatte.

Die Party fand im Body Shop am Sunset Boulevard statt, dem einzigen All-nude-Stripclub der Stadt, und mit Marshall Berles Onkel Milton als Moderator sowie Gästen wie Stevie Nicks oder Bonnie Raitt entwickelte sich die Fete angemessen wild. Am Tag darauf fand sich die verkaterte Band wieder im Sunset Sound bei Ted Templeman ein, denn ihr Vertrag verlangte zwölf Monate nach Erscheinen des Debüts ein zweites Album … und die Begleichung einer erheblichen Schuld.

»Ich ging zu Ted und sagte: ›Noch mal zum Mitschreiben – wir haben zwei Millionen Platten verkauft, waren ein ganzes Jahr auf Tour und schulden dir dafür zwei Millionen Dollar?‹«, erzählte Alex Van Halen. Templeman zuckte nur mit den Schultern und schickte den Drummer in den Aufnahmeraum.

Willkommen im Musikbusiness, Jungs …

4

Dance the Night Away

Für die großen Rockbands der 1970er bedeutete eine abfällige, besserwisserische Besprechung im *Rolling Stone* geradezu allerhöchstes Lob. Led Zeppelins selbstbetiteltes Debütalbum wurde in Jan Wenners Bibel der Babyboomer etwa als »langweilig«, »redundant« und »bieder« abgetan. Die »klumpfüßigen« Riffs auf Deep Purples *In Rock* waren der Zeitschrift Beleg dafür, dass diese »stillen Nichtpersonen« über keinerlei »Können oder Intuition« verfügten. Black Sabbaths Debüt bezeichnete man als »geistlos«, »hölzern« und »schwerfällig«, diese einflussreichste Band des Heavy Metal charakterisierte man als »genau wie Cream, nur schlimmer«. Sechs Jahre später schrieb Billy Altman über AC/DCs internationales Debüt *High Voltage*: »Wer sich um die Zukunft des Hardrock sorgt, sei damit getröstet, dass mit dem ersten in den USA veröffentlichten Album dieser australischen Helden des Abschaums das Genre zweifellos seinen Tiefpunkt erreicht hat.«

Mit der vernichtenden Kritik an ihrem zweiten Album befanden sich Van Halen also in bester Gesellschaft.

»Van Halen sind die jüngsten Sprösslinge des Dumpfrock-Familienstammbaums, deren Vorfahren vermutlich auf römischen Sklavengaleeren, bei Ginger Baker's Air Force oder der New Yorker Stadtreinigung getrommelt haben«, schrieb Timothy White etwas verschlüsselt, bevor er mit seiner Aussage über die »gespreizten, angeberischen Instrumentaleinlagen des Gitarristen Edward Van Halen« dann deutlicher wurde.

»Ich hatte dieses einunddreißigminütige Machwerk stundenlang auf meinem Plattenteller«, fuhr er fort, »und bin ziemlich sicher, dass die Mitglieder von Van Halen dafür kaum mehr als einen halben Abend gebraucht haben. Eine wirklich reife Leistung.«

Der Gerechtigkeit halber sei gesagt, dass White bei seiner Vermutung über die Zeitspanne, die das Quartett im Dezember 1978 im Sunset Sound zubrachte, nicht allzu weit danebenlag. Während das Debüt *Van Halen* laut offizieller Angabe in drei Wochen aufgenommen wurde, erzählte Eddie jedem, der es wissen wollte, dass die zweite Platte bereits nach einer einzigen Woche im Kasten war.

»Es wird immer leichter für uns«, erläuterte der Gitarrist. »Ist ja auch klar, weil das erste Album unser allererstes überhaupt war. Mittlerweile kennen wir uns im Studio besser aus.«

»Diesmal«, erklärte David Lee Roth der L. A.-Korrespondentin für *Sounds* Sylvie Simmons, »haben wir beschlossen, die Sache auf die Spitze zu treiben und völlig unvorbereitet ins Studio zu gehen, um einen vollständig spontanen Sound zu bekommen. Also mehr in Richtung: ›Zack, knallt es aufs Plastik, der Nächste bitte!‹ Das ist Van Halens Haltung und Lifestyle.

Der Manager kriegt Falten auf der Stirn, die Plattenfirma kriegt Falten auf der Stirn, aber wir so [gelangweilt]: ›Hey, alles okay, im Studio läuft's, also kein Stress, Leute!‹«

Wie immer klang Roths Kommentar authentisch und sorgfältig an der Marke Van Halen orientiert, doch entsprach er nicht unbedingt der Wahrheit.

»Ich habe jede Menge Druck verspürt«, erzählte Eddie in einem Interview mit *Guitar World*. »Wir waren gerade in England, um unsere erste Platte zu promoten, und zum ersten Mal in meinem Leben habe ich eine Sitzung einberufen und gesagt: ›Leute, wir müssen ein neues Album machen. Setzen wir uns nach den Gigs, oder wann immer Zeit ist, zusammen, und ich zeige euch, was ich mir ausgedacht habe.‹ Ich fing an, mir ernsthaft Sorgen zu machen. Wir hatten überhaupt nichts Neues auf Lager, und ich hatte Angst, dass unser zweites Album ohne starke Songs floppen würde.«

Aufgrund der Intensität, mit der Van Halen ihr Debüt weltweit promoteten, sowie der vielen Zeit, die sie zur Einhaltung ihres Tourplans aufwenden mussten, ist es verständlich, dass die Angst vor dem berühmt-berüchtigten »schlechten zweiten Album« im Dezember 1978 ihre Rückkehr ins Sunset Sound hätte überschatten können. Doch die Behauptung, die Band sei für Runde zwei »vollkommen unvorbereitet«, war nichts als Roth-typische Angeberei. Tatsächlich gab es etliche unveröffentlichte, aber professionell aufgenommene und qualitativ hochwertige Songs, auf die sie zurückgreifen konnten, und bereits im Juli 1978 hatte Eddie im Backstagebereich des Oakland Coliseum Jas Obrecht erzählt, er und Ted Templeman würden sich im August zusammensetzen, die ursprünglichen Warner-Demos durchgehen und »überlegen, welche dieser Songs wir für die nächste Scheibe nehmen.«

»Ted ist sich ziemlich sicher, dass da durchaus Hitmaterial schlummert«, meinte Eddie. »Hier und da muss noch ein bisschen poliert werden, aber die Grundideen sind vorhanden.«

In Einklang mit der Marschrichtung erklärten Eddie und Roth Sylvie Simmons und damit den *Sounds*-Lesern, *Van Halen II* würde bis auf drei Songs aus »brandneuem« Material bestehen, geschrieben »im Studio oder kurz bevor es ins Studio ging – also etwa im Umkleideraum des Studios«. Sie behaupteten, dass nur die aktualisierten Live-Lieblinge »D. O. A.« und »Bottom's Up« (»unsere Zugabe … sie lieben den Song einfach, ganz egal, ob in Japan oder in Texas«, meinte Eddie) sowie »Outta Love Again« vor den Aufnahmesessions entstanden waren.

Auch hier gingen die beiden mit der Wahrheit äußerst ökonomisch um, denn noch zwei weitere Tracks von *VH II* waren bereits fest im Gedächtnis der Band verankert: Das ansteckende, eingängige »Somebody Get Me a Doctor«, etwa gleichzeitig mit »Runnin' with the Devil« entstanden, befand sich bereits auf der Setlist, als das Quartett im Mai 1976 seinen denkwürdigen Support-Gig mit UFO im Golden Ballroom spielte, und war der siebte Track auf dem 25-Song-Demo vom April 1977 (der Text wurde an Eddies Nahtoderfahrung in jener Nacht angepasst). Auch das letzte Stück auf der Platte, das sonnendurchflutete und lustgetriebene »Beautiful Girls«, befand sich bereits auf dem Tape im Warner-Archiv, wenngleich in abgewandelter, dreckigerer Form unter dem ursprünglichen und wie für Wet-T-Shirt-Contests gemachten Titel »Bring on the Girls«. Auch der Opener »You're No Good«, komponiert von Clint Ballard Jr. und in Linda Ronstadts Version im Februar 1975 an die Spitze der *Billboard* Hot 100 gebracht, war ursprünglich Teil des umfangreichen Band-Repertoires im Gazzarri's gewesen und Ted Templeman von Roth für eine dreckige Van-Halenisierung ans Herz gelegt worden.

Von den neuen Songs auf *Van Halen II* erklärte Eddie das pumpende, metallische, ständig seine Form verändernde »Light Up the Sky« zum persönlichen Favoriten und gestand Steven Rosen, er sei eigentlich davon ausgegangen, dass Templeman den Song ablehnen würde: »Er ist wegen der vielen verschiedenen Teile komplizierter als das kommerzielle, geradlinige Zeug, deshalb war ich überrascht, dass ihm das gefiel.« Templeman konnte es sich allerdings leisten, den Wunsch seines begabten Wunderkindes zu erfüllen, denn er hatte bereits mitbekommen, wie vor seinen Augen im Studio die zukünftige Hitsingle des Albums entstanden war.

Der Song hieß ursprünglich »Dance Lolita Dance« und überzeugte durch seinen eingängigen Refrain, der von Fleetwood Macs »Go Your Own Way« inspiriert war. Nun hieß der Track »Dance the Night Away«, ein rhythmischer, strahlender und Latin-getränkter Song, dessen Text von einem Erlebnis der Band aus ihren Clubtagen beeinflusst war: Eine junge Dame hatte im Walter Mitty begeistert in der ersten Reihe getanzt und gar nicht gemerkt, dass sie ihre Jeans verkehrt herum trug. Die Bandmitglieder erkannten schnell, dass die Lady der weibliche Teil eines Pärchens war, das sie vor dem Gig auf dem Parkplatz beim Sex beobachtet hatten.

Genau wie »Eruption« auf dem Debüt stand auch Eddies fantastisches Instrumentalstück »Spanish Fly«, das er auf der Akustikgitarre spielte, nicht auf der ursprünglichen Tracklist für Album Nummer zwei. Der Produzent hörte es erstmals bei einer Silvesterparty in seinem Haus in Pasadena, als Eddie auf einer alten Ramirez-Gitarre herumklimperte, die der Gastgeber Anfang der 1960er von einem Spanienurlaub mitgebracht hatte.

»Mir blieb genauso die Spucke weg wie beim ersten Hören von ›Eruption‹«, erzählte Templeman Greg Renoff. »An diesem Abend spielte er nicht exakt das Stück ›Spanish Fly‹; er improvisierte auf der Akustischen diese wunderbaren Läufe und Akkordfolgen, die noch einmal völlig anders als ›Eruption‹ waren. Erneut zeigte sich, was für ein brillanter Musiker Eddie war. Er spielte auf der Ramirez das unglaublichste, innovativste Zeug, das wir in dieser Form allerdings nie aufgenommen haben. Bevor ich Ed kannte, hätte ich niemals gedacht, dass so etwas auf der Akustikgitarre überhaupt möglich wäre.«

Um dem Album noch mehr Würze zu verleihen, nahm das Quartett eine Version von Roths Laurel-Canyon-Schrulle »Angel Eyes« auf und dachte sogar an eine Neuauflage des Demo-Favoriten »Big Trouble«, beschloss dann aber, beide Nummern für eine zukünftige Verwendung zurückzuhalten und die schlanke, sorgfältig austarierte Laufzeit nicht unnötig zu belasten.

»Es gibt diese hauchdünne Linie zwischen genug und zu viel«, erklärte Roth später. »Bei Vinyl hat man außerdem noch das Problem der Bassfrequenzen. Je breiter die Rillen sind, desto mehr Bässe kann man reinpacken. Aber mit breiten Rillen passt eben weniger Musik aufs Plastik. Die Klangqualität war schon immer entscheidend. Wenn deine Ohren nicht mehr zwischen Lärm und dem, was ich ›mädchenfreundlichen Klang‹ nenne, unterscheiden können, hast du verloren. Drehst du aber die Regler nach rechts und niemand in High Heels hält sich die Ohren zu, ist das eine Win-win-Situation. Zeppelin konnten das. Auch die Stones. Na ja, die Liste ist lang. Aber die Liste derer, die es nicht konnten, ist noch länger.«

»Alles über zwanzig Minuten langweilt mich«, meinte der Sänger zu Sylvie Simmons. »Die Leute haben in den 1980ern keine große Aufmerksamkeitsspanne mehr – es gibt so viel zu hören, zu machen, zu berühren, zu schmecken, zu riechen, zu ficken oder was auch immer. Wenn man sich länger als zwanzig Minuten mit etwas beschäftigt, geht einem irgendwas anderes durch die Lappen.«

Genau wie beim Debütalbum gab es Schwierigkeiten bei der Gestaltung des Artworks. Erneut sollte Elliott Gilbert die Band fotografieren, aber im Gegensatz zur entspannten Stimmung beim ersten Shooting waren die Aufnahmen für

Van Halen II, so der Fotograf, als »große Produktion« angelegt. Sein Unbehagen bezüglich des Set-ups wurde noch dadurch verstärkt, dass er mit einer für ihn ungewohnten Panoramakamera arbeiten sollte, um aufeinanderfolgende Fotos von Roth mitten im Sprung zu machen.

»Unser Ziel war es, Roth quer durchs Bild tanzen zu lassen und eine seiner typischen Bewegungen in mehreren Aufnahmen nachzuzeichnen«, erinnert sich Gilbert. »Aber das hat nicht geklappt, er war an diesem Vormittag nicht in der entsprechenden Verfassung. Die anderen haben's gut gemacht, aber Roth hatte irgendwie Probleme …«

Neil Zlozower, ebenfalls Fotograf, beobachtete den ganzen Prozess und bekam mit, wie die Spannungen und die Frustration zunahmen. Mit dem gleichen Selbstvertrauen und Charisma wie die fotografierten Rockstars ausgestattet, war »Zloz« schnell ein enger Vertrauter der Band geworden – »Wir waren Kumpels, eine große Familie, mit den gleichen Vorlieben … Party machen und Mädels flachlegen« –, und mit seiner wilden, ausgelassenen Art trug er wohl nicht gerade zur Deeskalation der Lage am Set bei.

»Die Sache fand in den Zoetrope Studios statt«, erinnerte sich Zlozower, »auf einer riesigen Bühne, mit sechs oder sieben Assistenten. Komplett idiotisch. Dave musste ständig vom Schlagzeugpodest springen, so acht- oder neunmal, aber beim letzten Sprung ist er blöd gelandet und hat sich den Fuß gebrochen. Also mussten sie Schluss machen.

Später hab ich dann einen Anruf von Warner gekriegt, die meinten: ›Wir haben den Fotografen gefeuert. Jetzt brauchen wir jemand anderen, der Bilder von Eddie, Dave und Michael machen kann. Und wir würden gern wissen, ob du das übernehmen kannst.‹

Für mich war definitiv David der Bandleader, er war einfach das Sprachrohr«, sagt Zlozower, der von da an als offizieller Bandfotograf fungierte. »Er und Pete Angelus, ihr Lichttechniker, waren die kreativen Köpfe, die Innovatoren. Eddie war ein ziemlich ruhiger Typ und nahm sich völlig zurück, wenn er nicht gerade mit seiner Gitarre auf der Bühne stand.«

Während Warner Bros. alle nötigen Vorkehrungen traf, um das Album im Frühjahr zu veröffentlichen, nutzten Eddie und Alex Van Halen die Gelegenheit, um ein paar wichtige organisatorische Dinge zu regeln. Der erste Punkt auf der To-do-Liste war, ihren Manager zu feuern.

Die Verpflichtung von Marshall Berle als Manager war quasi Teil des Deals, als Mo Ostin und Ted Templeman Van Halen im Backstagebereich des Starwood den Plattenvertrag anboten. Dass Berle schon lange bevor er die Betreuung der vier jungen Musiker übernahm, Geschäftsbeziehungen zu hochrangigen Warner-Mitarbeitern pflegte, hätte durchaus die Frage aufwerfen können, ob er damit nicht in einen Interessenkonflikt geriet. Und obwohl es keinerlei Hinweise darauf gibt, dass er seine Managerpflichten irgendwie vernachlässigt hätte, waren die Van-Halen-Mitglieder nicht nur schockiert, wie viel Geld sie dem Label plötzlich schuldeten, sondern auch ziemlich ungehalten darüber, dass Berles Finanzverwaltung unter anderem darin bestand, all seine Businessclass-Flüge und teuren Restaurantrechnungen mit dem Geld der Band zu bezahlen. Ernsthaft infrage gestellt wurde Berles Professionalität jedoch, als die Band erfuhr, dass ihr Manager Warner-Mitarbeitern 8-mm-Filme gezeigt hatte, die in aller Deutlichkeit Hoch- und Tiefpunkte der ersten Welttournee dokumentierten, inklusive unverhüllter, nicht jugendfreier und selbst gemachter Pornografie durch Bandmitglieder und begeisterte weibliche Fans. Welch bizarre Logik auch hinter Berles unangemessener Aktion gesteckt haben mag, sie wurde jedenfalls als schwerer Vertrauensmissbrauch interpretiert. Die wütenden Bandmitglieder beschlossen, sich für die Aktion zu rächen, brachen mit Noel Monks Hilfe in Berles Büro in Hollywood ein und nahmen alles mit, was auch nur irgendwie den Namen Van Halen trug – Goldene Schallplatten, Memorabilia, Merchandise-Artikel und so weiter. Das war weder ihr größter Moment noch ihre weiseste Entscheidung, aber zumindest hatten sie ein Statement gemacht, die Ehre halbwegs wiederhergestellt und eine Grenze gezogen. Endgültig geklärt wurde der Disput in einem kalifonischen Gerichtssaal.

»Er hatte ein schweres Ego-Problem«, sagte Eddie später über Berle. »Er wollte der große Manager sein und alles unter Kontrolle haben. Wir haben immer wieder gesagt: ›Hey, tu das nicht. Lass uns das auf unsere Art machen.‹ Aber damit konnte er nicht umgehen. Wir mussten vor Gericht gehen. Total beschissen. Das sind alles Sachen, die ich mir nie hätte träumen lassen. Ich dachte eigentlich: ›Hey, ich kann meine Musik machen und fertig.‹ Aber ich komm schon klar damit. Ich hab Dinge gelernt, die man in keinem Buch und an keiner Uni lernen kann.«

Als sich die Gemüter wieder etwas beruhigt hatten, wurde Noel Monk gefragt, ob er der neue Fulltime-Manager werden wolle.

Zufriedenstellender und dankbarer war dann für die Van-Halen-Brüder der Schritt, ihren Vater Jan zu »pensionieren«. Bereits in einem frühen *Guitar Player*-Interview hatte Eddie versprochen, dass er und Alex ihren Dad vom Arbeitsmarkt holen würden, sobald der erste Tantiemenscheck im Briefkasten von 1881 Las Lunas landete: »Seit wir in diesem Land sind, hat er sieben Tage die Woche geschuftet, deshalb werden wir ihm ein Boot kaufen und ihn pensionieren, damit er in Ruhe angeln gehen kann.« Eddie hielt Wort und überreichte seinem Vater am 18. Januar 1979, Jans neunundfünfzigstem Geburtstag, den Schlüssel für sein neues Boot. »Ich will, dass meine Leute glücklich sind«, sagte der Gitarrist.

Am Tag darauf bearbeitete das US-Bezirksgericht in Los Angeles dann das Gesuch Nr. 410016 um Einbürgerung der Auslandsregistrierung A 13073252 und bestätigte Edward Lodewijk Van Halen, dass seinem Antrag auf Erlangung der US-Staatsbürgerschaft stattgegeben wurde.

Die geplante Veröffentlichung von *Van Halen II* lag noch zwei Monate in der Zukunft, da schneite Eddie bei seinem Freund und *Guitar World*-Mitarbeiter Steven Rosen vorbei, um ihm eine Kassette mit den neuen Songs vorzuspielen (noch nicht in der endgültigen Reihenfolge). Als Rosen fragte, ob der Gitarrist je mit dem gigantischen Erfolg des Debütalbums gerechnet hätte, sagte dieser: »Um Gottes willen, nein! Wer weiß«, lachte er, »vielleicht wird ja das nächste ein Totalflop!«

Van Halen II erschien am 23. März 1979, nur zwei Tage bevor die Band vor 7333 Zuschauern in der ausverkauften Selland Arena von Fresno, Kalifornien – wo sie vor einem halben Jahr noch als Support von Black Sabbath gespielt hatte – ihre *World Vacation*-Tour startete. Das Album stieg auf Platz 46 in die *Billboard*-Charts ein und wurde bereits am 3. März mit Gold ausgezeichnet (für fünfhunderttausend verkaufte Exemplare). Seine höchste Position erreichte es mit Platz 6 dann am 19. Mai, eine Woche nach dem Durchbrechen der Eine-Million-Schallmauer.

Ohne den Bewohnern von Redding, Central Point, Missoula, Caldwell, Logan, Tacoma, San Rafael und San José zu nahe treten zu wollen – im Grunde begann Van Halens erste Headliner-Welttournee so richtig am 8. April beim zweiten Abend des California World Music Festival im Memorial Coliseum von Los Angeles, wo die Band Co-Headliner von Aerosmith war und von UFO, den Boomtown Rats, Eddie

Money und April Wine supportet wurde. Aerosmith waren immer noch unterwegs, um ihr durchwachsenes 1977er Album *Draw the Line* zu bewerben, und »America's Greatest Rock'n'Roll Band« hatte echte Probleme. »Wir waren Junkies, die nebenbei Musik machten, und nicht anders herum«, meinte Gitarrist Joe Perry trocken, während der andere »Toxic Twin« Steven Tyler dem Autor des vorliegenden Buches gestand, die Band aus Boston hätte sich selbst »in die Vergessenheit getourt« – was den ehrgeizigen Kaliforniern Gelegenheit bot, ihre vormaligen Idole zu übertrumpfen.

In Erinnerung an den erfolgreichen Fallschirm-Stunt vom September 1978 in Anaheim wollten Van Halen auch jetzt einen ersten Eindruck machen, der den fünfundsechzigtausend Zuschauern für immer im Gedächtnis bleiben würde. Zu diesem Zweck arbeiteten sie für das Festival-Wochenende eine ausgefeilte Inszenierung aus: Noch vor Beginn sollte jemand aus dem VH-Team einen gelben VW Käfer so auf dem Gelände abstellen, dass er vom Publikum gut gesehen werden konnte. Während des ganzen Nachmittags und frühen Abends würde immer wieder über die PA durchgesagt werden, dass »jemand aus dem Aerosmith-Team doch bitte das Auto umparken« solle. Nach dieser Vorarbeit war dann geplant, mit Erlöschen der Stadionbeleuchtung Van Halens Auftritt anzukündigen. Ein Spot sollte die vier Bandmitglieder dabei erfassen, wie sie auf einem Sherman-Panzer aus dem Zweiten Weltkrieg anrollten. In einer Art symbolischem Schwanzvergleich würde der VH-Panzer den Käfer plattwalzen, worauf die vier Musiker nach vollendeter Tat herunterspringen und Richtung Bühne rennen sollten.

Das wäre definitiv ein so dreister wie origineller Auftritt gewesen, nur verzichtete man auf diesen Streich, nachdem im VH-Lager gemunkelt wurde, Aerosmith hätten von der Sache Wind bekommen und als metaphorischen Schuss vor den Bug geplant, direkt vor dem Auftritt der hinterlistigen Kalifornier einen Film zu zeigen, in dem Flugzeuge Panzer bombardierten. »Wir wollten vermeiden, dass uns jemand bei der Kunst, eine Nasenlänge voraus zu sein, eine Nasenlänge voraus war«, gab Roth später zu, und zwar umso mehr, als an diesem Tag der *Rolling Stone* seinen Autor Terry Atkinson losgeschickt hatte, um eine erste Titelgeschichte über die Band zu schreiben. Da aber die Sonne über einer aufgeheizten, VH-begeisterten Menge unterging und eine ganze Reihe leicht zugänglicher, stadiontauglicher neuer Songs vorhanden war, hatten es Van Halen gar nicht nötig, auf ausgemusterte Militärfahrzeuge oder raffinierte Showeinlagen zurückzugreifen, um so einzuschlagen, wie Atkinson es dann in seinem Beitrag berichtete.

»Ihr Set explodiert vor Energie und bewegt sich rasant vorwärts«, schrieb er. »Alex und Michael sorgen für soliden Rhythmus. Roth, der immer noch wie eine Kreuzung aus Black Oaks Jim Dandy, Black Sabbaths Ozzy Osbourne und Led Zeppelins Robert Plant wirkt, entwickelt langsam seinen eigenen Charakter und Gesangsstil. Und wie immer ist er ein vollendeter Showman …«

»Nur ist es natürlich Eddies Gitarre, die den glühenden Kern des Van-Halen-Sounds bildet«, fuhr Atkinson fort. »Er gehört ganz klar in dieselbe Liga wie Hendrix, Beck, Page, der junge Clapton, Blackmore und alle anderen Mitglieder der Mal-sehen-was-ein-bisschen-mehr-Feedback-bringt-Tradition.«

Im Publikum war an diesem Abend auch der dreizehnjährige Aerosmith-Fan Saul Hudson, heute besser bekannt als Guns-N'-Roses-Gitarrist Slash.

»Sie waren ziemlich kraftvoll und lebendig«, erzählte Slash. »Als sie auf die Bühne kamen, war im Publikum ein richtiger Adrenalinkick zu spüren. Eddie live zu sehen war echt unglaublich. Es war laut und aggressiv, melodisch, rhythmisch und flüssig, gepaart mit echtem Charisma und größtem Unterhaltungswert.«

Beim Backstage-Interview mit Atkinson wirkte Eddie sehr zurückhaltend, bescheiden und voller Zuneigung für das Publikum, das wegen Van Halen da war.

»Hey, ich bin einfach genau so ein Typ wie alle, die heute hergekommen sind«, sagte er. »Noch vor Kurzem war ich selbst da draußen und habe mir Aerosmith angehört. Ich mag laute Gitarren und dreh auf der Bühne ebenfalls gern auf. Ich spiel einfach das, was ich selbst gern hören würde. Manchmal gelingt mir das nicht komplett, aber zumindest versuch ich's.«

Als Atkinsons Beitrag mit der Überschrift »Van Halen's Big Rock« im *Rolling Stone* vom 14. Juni 1979 erschien, befand sich die Gruppe schon wieder in Europa, genauer gesagt in Belgien, um eine Headlinertour mit zwölf Gigs durch fünf Länder zu beginnen, die mit zwei Auftritten vor jeweils zweitausendachthundert Zuschauern im Londoner Rainbow Theatre enden sollte. In UK, wo *Van Halen II* bis auf Platz 23 der Charts vorrückte, also elf Positionen höher als der Vorgänger, wurden Van Halen immer bekannter, also schickten sowohl *Sounds* als auch der *NME* Mitarbeiter los, um die kalifornischen Newcomer zu porträtieren. Der *Sounds*-Autor David Hepworth, der die Band vor ihrem Konzert in der City Hall von Newcastle traf, berichtete voller Ehrfurcht und Entsetzen über die geleckten, professionellen Invasoren aus Amerika.

»Das ist kein Rock'n'Roll mehr«, schrieb er, »sondern eine Mischung aus multinationaler Marketing-Aktion und Militäreinsatz – eine gewaltige Metal-Maschine, gut geschmiert und perfekt kontrolliert, mit gigantischen, furchterregenden Trucks, die bei Nacht über die Autobahnen rollen.

Was Kraft und Energie betrifft«, gestand Hepworth zähneknirschend ein, »könnten Van Halen praktisch jede Band von Led Zeppelin bis zu den Skids (und definitiv solche Lahmärsche wie Judas Priest) zu allerfeinstem Staub zermahlen.« Er gab jedoch zu bedenken: »Rock'n'Roll diesen Ausmaßes ist pure Macht, in Klang verwandelter Egoismus und emotionaler Terror.«

David Lee Roth erinnerte den Autor daran, dass sich die Band ihren Status hart erkämpft hatte, und wies auf die frühen Konzerte in Clubs hin, in denen man die Zuschauer an einer Hand abzählen konnte, wobei »drei davon die Kellnerinnen waren und einer der Besitzer des Ladens. Aber wir haben uns nie entmutigen lassen«, meinte Roth. »Klar gibt es immer Rückschläge, aber die darf man sich nicht zu Herzen nehmen. Bei uns gibt es immer den Glauben, den Spirit. Weil wir auf Tour gehen, Platten machen und in die Zeitschriften kommen wollten, die wir selbst immer gelesen haben. Van Halen, das ist definitiv Eskapismus«, fasste der Sänger zusammen. »Eine positive Einstellung. Immer nach oben, Nummer eins, FEUER FREI! Es ist keine Politik der Verzweiflung, sondern immer WOW! JETZT! Was immer dich auch quält, dein Boss, deine Frau, deine Freundin, dein Lehrer, dein Bewährungshelfer … das ist alles nur vorübergehend. Wir treiben sie schon aus, die bösen Geister.«

Hatte Roth schon mit dem grüblerischen Hepworth ordentlich zu kämpfen, musste dann jedoch auch noch den letzten Rest positiver mentaler Energie zusammenkratzen, als in London ein Treffen mit dem selbst ernannten Punkrock-Gewissen Nick Kent vom *NME* anstand. Kent war zehn Minuten lang Mitglied der Sex Pistols gewesen, außerdem ein Freund von Led Zeppelin und den Rolling Stones sowie vermutlich der einzige britische Journalist, der glaubwürdig schwarze Lederhose, Motorradjacke und Eyeliner mit maßlosem Heroinkonsum kombinieren konnte. Seine düstere Vorliebe für den »Dark Stuff« war genauso ausgeprägt wie Diamond Daves gnadenlose Zurschaustellung eines unverblümten Hedonismus. Kents Auftraggeber beim *NME* hegten zweifellos die Hoffnung, die komplett verschiedenen Ansätze dieser beiden Männer würden für ein denkwürdiges Streitgespräch sorgen.

Kents Beschreibung von Van Halen als »Yank Zep clones« war etwas unter seinem Niveau, schließlich galt er als einer der scharfsinnigsten Musikjournalisten seiner Generation. Zumal er für sein Fazit offenbar nur seine Augen, nicht aber seine Ohren bemüht hatte. Dieser Eindruck wurde noch dadurch verstärkt, dass er Eddie als »einen matten, uneleganten Abklatsch von Jimmy Page« bezeichnete und das musikalische Können des Gitarristen so reduzierte: »Sämtliche Finger erzeugen mit einer Million Meilen pro Stunde Krach, haben aber nicht das Geringste zu sagen.« Auch wenn seine Sätze vor unverhohlener Ablehnung nur so trieften, lieferte seine Beschreibung der chaotischen Szenerie im Rainbow eine derartig lebendige Momentaufnahme, dass man die Hitze, den tosenden Lärm und den Geruch von schalem Lagerbier, Zigarettenrauch und ungewaschenen Körpern fast schon spüren konnte.

»Zwei Abende lang ist das Rainbow bis zum Anschlag mit tollwütigen Heavy-Metal-Fanatikern gefüllt, die nichts anderes wollen, als sich von diesem Ami-Wasserwerfertrupp ihre Schädeldecken in mikroskopisch kleine Teile zerlegen zu lassen«, schrieb Kent. »Die Zuschauer hier sehen mehr oder weniger gleich aus: in erster Linie männlich, die Haare durchgängig mehr als schulterlang, während das auffälligste Merkmal ihre Jacken sind – manchmal aus Leder, meist aber aus Jeans und mit abgetrennten Ärmeln –, auf denen mit Filzstift oder unzähligen Patches die Namen von Van Halens spirituellen Brüdern angebracht wurden, vornehmlich die von ›Rush‹, ›Kiss‹, ›Quo‹, ›Zep‹ und ›Ted‹, außerdem eher obskure Beispiele wie ›Angel‹ oder ›Godz‹. Diese Jungs nehmen ihre Musik sehr ernst …

Als die Saalbeleuchtung ausgeht, drehe ich mich um und sehe, dass alle Sitze demoliert sind und die Menge blitzkriegartig nach vorne stürmt. Ich muss buchstäblich zur Seite hechten, um von dieser geifernden Horde nicht niedergetrampelt zu werden – massenhaft Arme, Beine und Schuppen, die den Kamikaze-Knochenbrecher-Walzer tanzen.

Sie sind durchgeknallt, weggetreten, völlig außer sich in ihrer Zurschaustellung des vollkommenen Wahnsinns, der ein wahrhaftes Rock'n'Roll-Demenz-Szenario sein könnte, gäbe es nicht diesen winzigen Knackpunkt. Van Halen, das Objekt dieses Deliriums, haben ihr Auftreten zu einer patentierten Präsentation von ironisiertem Pseudowahnsinn gemacht, die als kalkulierte Hysterieerzeugung in Reinform bezeichnet werden muss.«

Für Kent, einen fast schon militanten Verteidiger der Rock'n'Roll-Authentizität, waren Van Halen wegen ihrer Professionalität und ihres Gehabes nichts als Poseure und Hochstapler, ein hollywoodmäßiger Abklatsch von »echtem« Rock, zynisch fabrizierte Schauspieler. Es muss also an Eddies natürlichem Charme gelegen haben, dass Kent dem Gitarristen backstage vergleichbare Anschuldigungen nicht auch direkt ins »entspannte, tendenziell schüchterne und auf liebenswürdige Art fast schon ängstliche« Gesicht sagen konnte. Vielleicht hätte er größere Lust gehabt, sich ein Wortgefecht mit Roth zu liefern, nur holte der wortgewandte, überaus gesprächige Sänger in Gegenwart des Journalisten kein einziges Mal Luft: »Ein offenkundigerer Exhibitionist dürfte sich kaum finden lassen, weder im Rock'n'Roll noch unter Gebrauchtwagenhändlern«, schrieb Kent im Anschluss.

»Unsere Mission ist es, zurück zu den Wurzeln des hochenergetischen, harten, heavy Rock'n'Roll zu gehen«, predigte Roth. »Wir haben vor, Van Halen als *die* wichtigste, *die* energischste und *die* zuverlässigste Rock'n'Roll-Band auf diesem Planeten zu etablieren. Wir haben uns die Ärsche wund geschuftet, haben in Bikerclubs und Surferclubs gespielt ... Mann, als wir anfingen, gab es in L. A. nur Punkrock, aber wir haben uns trotzdem durchgeboxt.

Rock'n'Roll ist nichts anderes als pure Energie«, verkündete der unaufhaltsame Sänger. »Es gibt einfach kein größeres High, als wenn Band und Zuschauer zusammenkommen und abgehen. Komplett abgehen und komplett die Sau rauslassen. Und genau das ist Van Halen, Mann, denn nur darum geht's.«

Im vollen Bewusstsein, dass Kent gekommen war, um die Band zu beerdigen, und nicht, um sie zu loben, gab Roth dem Autor abschließend noch einen augenzwinkernden Rat: »Hey, falls du was Gutes über uns schreibst, dann mach es richtig gut«, sagte er. »Aber wenn es schlecht ist, dann schreib was *richtig* Schlechtes. Einen echten Totalverriss, okay?«

Wie der *NME*-Starautor selbst zugeben musste, war er durch den Roth-Effekt »kurzzeitig verwirrt«. Bei Abfassung seines Beitrags erinnerte er sich dann wieder daran, »wie entsetzlich, welch überdimensionierte Clownerie, was für ein hirnloser Aufschrei des vollendeten Unsinns Van Halen waren«. Formulierungen, die den Bandmitgliedern größte Freude bereiteten, als sie irgendwann ihre UK-Pressemappe mit all den vernichtenden Kritiken in die Finger bekamen.

»Total geil, Mann«, sagte Eddie später lachend zu Dave DiMartino von [der Musikzeitschrift] *Creem*. »Das sind wahre Sammlerstücke ...«

Wieder zurück auf heimatlichem Boden, und damit vor freundlicheren Gesichtern, beendeten Van Halen ihre *World*

Vacation-Tour am 7. Oktober 1979 mit einem Auftritt im Forum von Inglewood, Kalifornien. Also genau dort, wo Alex und Eddie acht Jahre zuvor begeistert Led Zeppelin gelauscht hatten. Da auch die stolzen Eltern Jan und Eugenia im Publikum saßen, hätte der Abend für die Brüder triumphal verlaufen können, denn wie Eddie sagte, wurde für ihn damit »ein Traum wahr«. Nur erhielt dieser Triumph einen Riss, als die Familie dann heimkehrte und feststellen musste, dass während des Konzerts in 1881 Las Lunas eingebrochen worden war und etwa zwanzig Gold- und Platinplatten fehlten.

»Es war ein fantastischer Konzertabend«, erzählte Eddie Jas Obrecht, »und dann komm ich heim, die Hintertür ist eingetreten, und alle Platten sind weg. Das ist derart beschissen … Ich steh überhaupt nicht auf diesen Superstar-Bullshit. Sie haben uns auf Knien gebeten, noch ein Konzert im Forum zu geben – das erste war nach eineinhalb Stunden ausverkauft –, aber wir sagten: auf keinen Fall. All diese Veranstalter denken nur in Dollarscheinen. Aber man muss auch für ein bisschen Mystik sorgen. Man muss dafür sorgen, dass die Leute hungrig bleiben.«

Während die Van-Halen-Familie überprüfte, was sonst noch alles fehlte, konnten Eddie und Alex auf ein weiteres erstaunliches Jahr zurückblicken. In den USA hatte es ihnen ihr erstes Top-10-Album sowie die erste Top-20-Single gebracht (»Dance the Night Away«, das Mitte Juli Platz 15 der *Billboard* Hot 100 erreichte), und während die zweite Singleauskopplung »Beautiful Girls« nicht ganz wie erwartet abschnitt (der Song blieb im Oktober auf Platz 84 stecken), waren am Ende der *World Vacation*-Tour immer noch beide Longplayer in den Top 100. Man kann sich also gut vorstellen, dass Eddie sein Foto auf dem Oktober-Cover von *Creem* eher schmunzelnd betrachtete, wo er eingezwängt zwischen Freddie Mercury von Queen und dem Boston-Gitarristen

Tom Scholz zu sehen war, unter der fetten Überschrift: »Ist Heavy Metal tot?«

Das Timing war irgendwie merkwürdig. Led Zeppelin, die ebenfalls auf dem Cover prangten, hatten mit *In Through the Out Door* im August ein Nummer-eins-Album veröffentlicht, das sich bis Ende September drei Millionen Mal verkaufte. Queen, UFO und Judas Priest hatten mit ihren jeweiligen Liveplatten *Live Killers, Strangers in the Night* und *Unleashed in the East* ihren hervorragenden Ruf gefestigt. AC/DC war mit *Highway to Hell* ihr bislang erfolgreichstes Album gelungen. Ted Nugent konnte mit *State of Shock* eine Goldene Schallplatte einfahren. Und die kompromisslosen Motörhead hatten nicht nur mit einem, sondern gleich zwei großartigen Alben, nämlich *Overkill* und *Bomber,* deutlich gemacht, dass in Großbritannien gerade eine eigene bodenständige Metalszene entstand. Okay, die Fans des amerikanischen Mainstream-Hardrock mussten damit klarkommen, dass Joe Perry die schwächelnden Aerosmith verließ, und fragten sich vielleicht auch, warum Kiss mit »I Was Made For Lovin' You« auf Disco setzten, aber dass »America's Only Rock'n'Roll Magazine« ein Totenlied für den Metal anstimmte, war besorgniserregend und defätistisch.

Außerdem hätte *Creem* gar nicht noch weiter danebenliegen können. Denn schon 1980, im vermutlich bedeutendsten Jahr der Hardrock-Geschichte, erschienen *British Steel, Back in Black, Iron Maiden, Heaven and Hell, Ace of Spades, Blizzard of Ozz, Wheels of Steel, Permanent Waves, Animal Magnetism, On Through the Night* sowie – made in Pasadena, Kalifornien – *Women and Children First.*

»Heavy Metal: Auferstanden von den Toten«, prangte dann auf dem Cover der *Creem*-Ausgabe vom Oktober 1980, dazu ein Foto von Judas Priests Nieten-und-Leder-Frontmann Rob Halford.

Während *Creem* also eilig die eigenen Prognosen revidierte, druckte der *Rolling Stone* einen besonneneren Bericht zur Lage der Nation: »Die Fans sagen, er war nie weg. Die Kritiker wünschten, es wäre so. Doch Heavy Metal, der streitlustige Bastard von amerikanischem Blues und englischem Macho-Rockstar-Gehabe, ist zweifellos wieder da«, schrieb der geschätzte David Fricke in der Ausgabe vom 26. Juni 1980. »Er ist außerdem größer, lauter und – so unglaublich das scheint – besser als je zuvor, und fordert den Punkrock heraus, indem er die alten Riffs um neue Risiken erweitert.«

In einer Sammelbesprechung von Van Halens drittem Album – das in den USA seit dem Erscheinen am 26. März eine Million Mal verkauft worden war und damit Platinstatus erreicht hatte –, *On Through the Night,* dem vielversprechenden Debüt der New-Wave-of-British-Heavy-Metal-Junghelden Def Leppard, sowie *Animal Magnetism,* dem siebten Studioalbum der deutschen Hardrock-Veteranen Scorpions, stellte Fricke die Fähigkeit der Kalifornier heraus, rifflastigen, hochbrennbaren Zündstoff zu liefern, ohne sich um die Heavy-Metal-Orthodoxie zu scheren.

»Van Halen schleudern Melodien – gepaart mit Raffinesse und guten Manieren – direkt zur Kneipentür raus«, schrieb Fricke. »Ihre Spezialität sind Dezibel und ultraselbstbewusstes Auftreten. Im Grunde beweisen sie damit: Kraft hat immer recht, und ihre dritte LP *Women and Children First* ist ein ziemlich überzeugendes Beispiel dafür. ›Romeo Delight‹, ›Everybody Wants Some!!‹ und der Hochgeschwindigkeitswahn von ›Loss of Control‹ sind Werke allerhöchster Lärmkunst. In jedem Stück gibt es jaulende Gitarren, Drums direkt aus der Hölle, hedonistische Ekstaseschreie von David Lee Roth und dazu mehrstimmigen Gesang, der klingt, als würden die Byrds in der Kanalisation ein Ständchen geben –

und das alles kämpft in einem explosiven Soundmix um die Aufmerksamkeit des Hörers.

Doch diese lärmige Dreistigkeit kann nicht darüber hinwegtäuschen, dass Roth und seine Gang außergewöhnliche Musiker sind«, fuhr Fricke fort. »Das gilt speziell für den Gitarristen Eddie Van Halen, der mit Feedback fast so gut umgeht wie Jimi Hendrix und in seinen Soli immensen Einfallsreichtum und noch immensere Geschwindigkeit zeigt. Was David Lee Roth und seine große Klappe betrifft – er heult den Mond mit größerem Spirit und witzigerem Elan an als der Großteil der Konkurrenz. Größenwahn dieser Art ist nicht jedermanns Sache, aber da *Women and Children First* derartig schnell die Top 10 erreicht hat, steckt wohl in jedem von uns ein bisschen Van Halen.«

Die Band selbst fand keineswegs, dass *Women and Children First* ein Heavy-Metal-Album sei. Im Gespräch mit der Zeitschrift *Rock Stars* beschrieb David Lee Roth den Sound in mittlerweile gewohnter Manier als »energisch vorgetragene Folk Music«, fügte allerdings hinzu: »*Women and Children First* lässt die ersten beiden Platten etwas mickrig wirken. Mit unserem Debüt gingen wir ganz vorn an den Rand und schauten hinab. Mit dem zweiten wurde das nicht weiter diskutiert. Und mit dem dritten sind Van Halen dann abgesprungen.«

»Ich finde, die Platte ist unsere beste bislang, weil sie sehr vielfältig ist«, sagte Eddie. »Sie ist nicht *zu* gitarrenlastig … Es gibt akustische Gitarre, Klavier, den rüpelhaften Rock. Die Scheibe hat einfach alles.«

Die Arbeit an *Women and Children First* begann im Dezember 1979. Um nicht mit der Routine zu brechen, entschied sich die Gruppe erneut für das Sunset Sound, und erneut wurden Ted Templeman und Donn Landee damit betraut, Magie in der Flasche einzufangen. Laut Eddie dauerte die Produktion nicht länger als eineinhalb Wochen. »Vier Tage haben wir für die Instrumente gebraucht, und dann noch mal rund sechs weitere für die Stimmen«, schätzte er rückblickend. »Bei manchen Songs war es gleich der erste Take. Wir wollen nicht Perfektion, sondern Spirit.«

Auch wenn der Gitarrist Jas Obrecht gegenüber behauptete, dass alle neun Stücke auf der Platte Neukompositionen seien, entsprach das erneut nicht der Wahrheit. »Take Your Whiskey Home« und »In a Simple Rhyme« fanden sich bereits auf dem Demoband, das 1974 mit Mark Stone in den Cherokee Studios entstanden war und das Michael Anthony vor seinem ersten Auftritt mit der Band erhalten hatte, während eine frühe Version von »Fools« unter dem Titel »I Live With Fools« schon 1977 zur Setlist gehörte. Aber die Band hatte auch Gelegenheit, Neues auszuprobieren: Auf dem Eröffnungsstück »And the Cradle Will Rock …« spielte Eddie erstmals Keyboard, ein Wurlitzer E-Piano, dessen Stakkato-Riff durch den Marshall-Amp des Gitarristen gejagt wurde, während er auf der charmanten Retronummer »Could This Be Magic?« Bottleneck spielte und Roths Akustikgitarre mit Blues-Licks begleitete.

»Das war einer der ersten Songs, die ich auf der Gitarre komponiert hatte«, erzählte der Sänger James McNair von *Classic Rock*. »Meine erste Akustische habe ich beim Pfandleiher Crown City gekauft. Hat glaube ich hundertdreißig Dollar gekostet. Ich hab sofort mit offener Stimmung gespielt, weil das viel leichter geht, und angefangen, meine ›Schwarze Wut‹ rauszulassen. *(lacht)* Wenn man zu den Wurzeln zurückgeht, findet man dort die größten Schätze. Ich glaube ja, dass man erst durch die Erfahrung von Traumata zum Menschen wird. Was hast du alles durchgemacht? Das alles bringt erst den Glanz auf die Schuhe. Eine Bluesgitarre klingt erst dann richtig, wenn sie mindestens einmal beim Pfandleiher war, James – genau wie dein Herz oder deine Stimme.«

»Unsere Musik sorgt dafür, dass du als Zuhörer permanent am Anschlag bist«, sagte Eddie dem *Guitar Player*. »Da wird Spannung aufgebaut. Und ob es dir gefällt oder nicht, sie schlägt dich frontal ins Gesicht. Man wartet quasi darauf, dass wir's versemmeln. Es ist so, als würde man etwas aufziehen und dann darauf warten, dass es kaputtgeht. Einfach ein Ausdruck von Gefühlen.«

»In Japan gibt es den großartigen Begriff *Wabi-Sabi*«, ergänzte Roth. »Er bezeichnet die Wertschätzung von etwas Unperfektem. Man kann aus einem Holzbalken alle Risse entfernen, aber das ist einfach nicht mein Stil. Bei Van Halen wird man direkt reingezogen, weil alles so schön unperfekt ist.«

Wegen einer unvorgesehenen Änderung in Ted Templemans Terminplan steckte der Produzent in Paris fest, also musste das Quartett für die letzten Gesangsoverdubs im Januar 1980 in die französische Hauptstadt reisen. Abends stürzten sich die fünf Männer ins legendäre Pariser Nachtleben, und zwar laut Templeman »ziemlich heftig«.

»Wir gingen in die größten und angesagtesten Läden«, erzählte er seinem Biografen Greg Renoff, »aber anders als in den Staaten wusste dort niemand, wer wir waren, niemand erkannte die Jungs. Diese Nächte waren absolut surreal und haben irre Spaß gemacht.«

Als Ende März weltweit die ersten Exemplare von *Women and Children First* über die Ladentische gingen, erwartete die Käufer eine Überraschung: Neben der 12-Inch-Vinylscheibe gab es ein geschmackvolles Erotic-Art-Poster von Roth, der mit nacktem Oberkörper an einen Drahtzaun gekettet war. Geschossen hatte es auf Wunsch des Sängers der berühmte deutsche Fotograf Helmut Newton.

»Wir haben das Poster gemacht, weil es die Leute aufregt«, erzählte der Sänger im Interview mit *Creem*. »Es ist verstörend. Eine wunderbare Sache: Im Grunde ist nichts Anstößiges zu sehen, aber man benutzt automatisch seine schmutzige kleine Fantasie. Das ist immer besser, als alles ganz direkt zu zeigen. Helmut Newton erzeugt gern Spannung, wo immer er kann. Und genau darum geht's beim Rock'n'Roll. Jede Menge Spannung.«

Insgeheim fragten sich Eddie und Alex, ob hinter Roths plötzlichem Interesse an Erotic Art aus Europa vielleicht mehr stecken könnte, behielten solche Überlegungen aber erst mal für sich.

Van Halens *World Invasion*-Tour zur Promotion von *Women and Children First* begann vier Tage vor der Veröffentlichung am 22. März in Eugene, Oregon. Der Titel, den die Band intern verwendete, war »Party 'Til You Die«-Tour, und ihr Appetit auf Selbstzerstörung sorgte für einige sehr unterhaltsame Auftritte, wenn auch von stark unterschiedlicher Qualität. Geoff Barton, *Sounds*-Autor und früher Bewunderer der Band, besuchte am 17. Juni das Konzert in der Newcastle City Hall und nannte es »ein absolutes Trümmerfeld«.

»Während die meisten Bands stoppelig beginnen und irgendwann glatt rasiert sind, läuft das bei Van Halen offenbar andersrum«, schrieb er. »Dieses Konzert drohte ständig aus den Nähten zu platzen. Noch zerschlissener als die Knie von Joey Ramones Jeans, rissen Van Halen ›Runnin' with the Devil‹, ›And the Cradle Will Rock ...‹, ›Dance the Night Away‹ usw. mit fast schon Faces-mäßiger Mir-doch-scheißegal-Besoffenheit runter.«

Für Barton machte jedoch gerade diese schlampige Performance aus dem Gig »ein spontanes Freudenfest«.

»Das war nicht wie daheim vor dem Plattenspieler«, folgerte er, »sondern eben ein *Livekonzert*. Es war ein einziges

Durcheinander. Oft unsauber. Runtergerotzt. Unorganisiert. Ein besonderer, chaotischer Klassiker seiner Art.«

Das Publikum im Glasgower Apollo am nächsten Abend war weniger verständnisvoll.

»Roth war derartig blau, dass er nicht viel mehr auf die Reihe bekam, als an seinen zahllosen Weinflaschen zu nuckeln«, erinnerte sich der damalige Besucher Duncan Nicol. »Statt seine Songs zu singen, hat er ständig von all den ›Chicks‹ erzählt, die er gevögelt hat, seitdem er ein Star war. Das war das einzige Konzert meines Lebens, bei dem alle auf ihren Sitzen geblieben sind und die Band am Schluss von der Bühne gebuht haben.«

»Meiner Ansicht nach hatte noch keine andere Band so viel Spaß wie Van Halen«, sagte Noel Monk. »Damals war das eine einzige, komplett aus dem Ruder gelaufene Party. Es gab pausenlos Sex, die Groupies standen Schlange.«

»Jeder hielt sie für die Bad Boys des Rock'n'Roll«, sagt Neil Zlozower. »Und unter uns: Was ich da miterlebt habe, war komplett abartig. Wir hatten die heißesten Mädels, die du dir vorstellen kannst. Led Zeppelin waren gegangen, und Van Halen übernahmen.

Im Hotelzimmer waren teilweise bis zu fünfundsiebzig Mädchen. Es war ein reines Fuck-Fest. Das war noch vor Aids, niemand benutzte Kondome, es war eine einzige Vögelei, und zwar Tag für Tag. Sogar ich als Fotograf habe jeden Abend zwei, drei Mädels abgekriegt.

Ich wusste allerdings auch, wann ich die Kamera weglegen muss, und da haben sie mir vertraut. Außerdem wollte ich die Partys ja nicht dokumentieren, sondern miterleben. Wer will denn nackte Mädels fotografieren, wenn er mit ihnen rummachen kann?

Alle waren voll dabei – ob mit Koks, Alkohol oder den Chicks –, und alle hatten ihre eigenen Dämonen. Aber ich habe nie mitgekriegt, dass Eddie irgendwie schlappgemacht hätte. Tatsächlich war keiner aus der Band jemals so im Arsch, dass er nicht auftreten konnte.«

Dass die Band viel fokussierter war, als ihr lockeres Verhalten abseits der Bühne vermuten ließ, machte sich erstmals bei der *World Invasion*-Tour bemerkbar. In den Verträgen mit den Veranstaltern forderten Van Halen jetzt für die Garderobe außer Kartoffelchips, Nüssen, Salzbrezeln, zwölf Schälchen Reese's-Erdnussbutter und zwölf speziellen Danone-Joghurts auch noch M&M's, allerdings mit dem Zusatz »(WARNUNG: AUF KEINEN FALL BRAUNE)«. Anfangs hielt man diese Klausel für einen blöden Insiderwitz oder eine vorsätzlich absurde Forderung, die die Band einfach erheiterte. Tatsächlich war sie eingefügt, um zu sehen, ob der Veranstalter den komplizierten Papierkram vor einem Konzert tatsächlich auch gelesen, verstanden und umgesetzt hatte.

»Van Halen waren die Ersten, die mit 850er-Parabolstrahlern – riesigen Kannen – auf Tour gegangen sind«, erklärte Roth. »Eine aufwendigere Bühnenausstattung hatte es noch nie gegeben. Wären auf dem Cateringtisch braune M&M's gewesen, dann hätte mir das gezeigt, dass der Veranstalter den Vertragszusatz nicht gelesen hatte und wir einen ernsthaften Anlagen-Check machen mussten.«

Wie effizient dieses in Zucker gehüllte Frühwarnsystem war, zeigte sich, kurz nachdem die Gruppe den ersten Abschnitt ihrer Nordamerika-Tour begonnen hatte.

»Ich habe im Lauf der Jahre diverse Gigs mit Van Halen gemacht, 1980 zum Beispiel drei Shows in Colorado«, erinnerte sich 2011 der legendäre Konzertveranstalter Barry Fey aus Denver in seiner Autobiografie *Backstage Past*. »Der erste fand am 30. März an der University of Southern Colorado in Pueblo statt und sollte eine Art Aufwärmgig sein, bevor die *World Invasion*-Tour dann durch Nordamerika und schließlich Europa zog.

Das mit den braunen M&M's habe ich tatsächlich erstmals beim Pueblo-Gig mitgekriegt«, gestand Fey. »Wenn es braune M&M's gab, hatte derjenige, der den Vertrag lesen sollte, das offenbar nicht getan und deshalb vermutlich auch andere wichtige Details übersehen. In Pueblo entdeckte die Band jedenfalls diese braunen M&M's, und die Jungs, die schon längst bewiesen hatten, dass sie auch ohne besonderen Anlass Hotelzimmer zerlegen würden, machten an diesem College ihre Garderobe zu Kleinholz. Und zwar so heftig, dass die Universität nicht nur Van Halen Hausverbot erteilte, sondern von da an überhaupt keine Rockkonzerte mehr zuließ.«

»Ich kam backstage«, erzählte Roth, »und fand da braune M&M's, also wurde mir ganz shakespearemäßig zumute: ›Was ist das hier vor mir?‹ Du weißt schon, die Nummer mit dem Schädel in der Hand. Dann hab ich spontan die Garderobe zerlegt. Hab das Büfett umgeschmissen, ein Loch in die Tür getreten, einfach Spaß im Wert von zwölftausend Dollar.

Der Bühnenaufbau ist dort in den Boden eingesunken. Keiner hatte sich unsere Vorgaben zu Belastbarkeit und solchen Dingen angesehen, und jetzt versank unser Zeug in ihrem schönen neuen Arenaboden und verursachte Schäden im Wert von achtzigtausend Dollar. In der Presse stand dann, ich hätte braune M&M's entdeckt und im Backstagebereich für achtzigtausend Dollar Schaden angerichtet.

Aber ich bin ja nicht so blöd, dass ich ein gutes Gerücht zunichtemache.«

Mit der landesweiten Berichterstattung über die Garderobenverwüstung an der University of South Colorado wurden Van Halens M&M's legendär. Und zwar so sehr, dass vor dem Konzert in Shreveport, Louisiana, am 29. August ein örtlicher Radio-DJ den beiden Van-Halen-Fans David und Patrick Bertinelli Tickets und Backstagepässe für den Gig im Hirsch Memorial Coliseum versprach, wenn sie ihre berühmte Schwester dazu bringen würden, den vier Bandmitgliedern im Backstagebereich jeweils ein Tütchen M&M's zu überreichen. Valerie Bertinelli war ein Star, seit sie in der erfolgreichen CBS-Sitcom *One Day at a Time* das Teenagermädchen Barbara Cooper gespielt hatte, und wusste ziemlich genau, dass ihre Brüder sie hier gnadenlos ausnutzten. Aber da die Serie gerade pausierte, hatte die zwanzigjährige Schauspielerin Zeit, und dachte, sie könnte ihren stets hilfsbereiten Brüdern jetzt auch mal etwas Gutes tun. Als Vorbereitung auf das Konzert kaufte sich Bertinelli *Women and Children First* und merkte gleich, dass sie die tobende Samenstau-Hymne »Everybody Wants Some!!« bereits aus dem Radio kannte.

»Ich sag dir, was mir daran wirklich gefallen hat«, meinte sie zu ihrem Bruder Patrick, der ihr gerade die Bedeutung des Quartetts für die zeitgenössische Kultur erklären wollte. »Der Typ an der Gitarre, dieser Eddie. Gott, ist der süß!«

Nachdem sie ihren Teil der Vereinbarung eingehalten hatte, sah Bertinelli vom Bühnenrand aus zu, wie die Headliner ihre Heimatstadt rockten.

»Ich war ganz nah an der Stelle, wo Eddies Gitarren standen«, schrieb die Schauspielerin 2008 in ihrem Bestseller *Losing It*. »Immer wenn er rüberkam, um seine Gitarre zu wechseln, hat er mich angelächelt. Es hat ihm nichts ausgemacht, vor fünfzehntausend Zuschauern mit mir zu flirten. Er hatte einfach Spaß ... Ich konnte gut verstehen, warum Mädchen so auf Rockstars abfuhren. Während die ganze Arena ›Ed-die! Ed-die!‹ schrie, hat er mich einfach weiter angelächelt. Das war ein irres Erlebnis. Ich hatte Schmetterlinge im Bauch und wollte mehr.«

In einer besonders abfälligen und gemeinen Anekdote aus *Crazy From the Heat*, die mehr über sein fragiles Ego als über das Objekt seiner Gehässigkeit aussagt, erzählt David Lee Roth, wie er Bertinelli bei diesem Konzert backstage kennenlernte.

»Ich hatte keine Ahnung, wer sie war«, schrieb er. »Ich hatte kein Interesse an ihr, deshalb schielte sie ständig zur Tür von Eddies Garderobe. Irgendwann sind die beiden backstage verschwunden, und von da an waren sie zusammen.«

»Nachdem Edward sich abgetrocknet und umgezogen hatte, habe ich ihm Valerie vorgestellt«, erinnert sich Noel Monk. »Es war echt süß, sie zusammen zu sehen – beide waren sehr nervös und zurückhaltend. Das hat mir gezeigt, dass die Chemie stimmt. Er war ein Typ, der jeden Abend raus auf die Bühne ging und wie ein Magier vor Tausenden von verzückten Fans seine Show abzog. Aber bei dieser jungen Frau schmolz der Rockstar einfach dahin. Er fand sie ganz offensichtlich toll, war aber zu schüchtern und wohl auch zu ängstlich, um die Dinge in die Hand zu nehmen.«

Auch wenn er behauptete, nie ein Frauentyp gewesen zu sein, hatte Eddie dank seines jungenhaften Aussehens und perfekten Lächelns keinen Mangel an weiblicher Aufmerksamkeit. Doch wer sich für ihn interessierte, musste im Gegenzug *seine* Aufmerksamkeit gewinnen, denn schon seit jungen Jahren widmete er seine ganze Hingabe und Zuneigung der Gitarre.

»Das ist definitiv meine erste große Liebe«, gab er zu. »Früher hatte ich deswegen mal Streit mit einer Freundin. Ich ging immer zu ihr rüber und spielte in ihrem Zimmer Gitarre, bis sie irgendwann meinte: ›Du liebst deine Gitarre mehr als mich.‹ Und ich sagte: ›Da hast du recht! Hey, tut mir leid – die ist eben einfach ein Teil von mir.‹«

Eddie war noch ein Teenager, als seine erste feste Freundin schwanger wurde. Nach einer Beratung bei Planned Parenthood beschloss sie, abzutreiben. »Wir hatten tierisch Schiss, dass unsere Eltern das mitkriegen«, erzählte Eddie der Zeitschrift *TeenAge*. »Irgendwann haben ihre Eltern dann doch Wind davon gekriegt, und ihre Reaktion hat uns überrascht. Sie haben gefragt: ›Warum seid ihr nicht zu uns gekommen, damit wir euch helfen?‹ Ich hätte gedacht, die reißen uns den Kopf ab.«

Es ist durchaus verständlich, dass der schüchterne und sensible Schüler einen Rückzug ins eigene Zimmer, wo nur seine Gitarre auf ihn wartete, für eine bessere Option hielt.

»Für Edward gab es nichts als Musik«, sagte Pete Angelus. »Er war nicht so gesellig wie die anderen in der Band, weil er seinen Gedanken nachhing, seine Ideen verfolgte. Er spielte überall Gitarre, im Hotelzimmer, im Tourbus, in seiner Schlafkoje. Er hat die Gitarre praktisch nie weggelegt.«

»Das mit den Groupies hat mir anfangs gut gefallen, trotzdem war ich irgendwie schüchtern«, meinte Eddie. »Dave hat diese ganzen Mädels backstage geholt, und die meisten davon hat Alex sich geschnappt. Wir beide hatten meist ein Zimmer zusammen, also habe ich das alles mitgekriegt. Einmal hat er die ganze Nacht dieses Mädchen gevögelt, während ich schlief, und dann wollte er, dass sie mich aufweckte, indem sie sich auf mein Gesicht setzte.«

In ihrer Autobiografie *Kicking & Dreaming: A Story of Heart, Soul and Rock & Roll*, die Nancy Wilson 2013 gemeinsam mit ihrer Schwester Ann verfasste, berichtete die Heart-Gitarristin, wie die beiden 1979 in einer Hotelbar recht plump von den Van-Halen-Brüdern angemacht wurden. »Eddie und Alex ließen uns wissen, sie hätten überhaupt nichts dagegen, wenn Ann und ich mit ihnen schlafen wollten«, schrieb sie. »Die Idee war: zwei Brüder mit zwei Schwestern … nur dass sie uns in ein und demselben Bett wollten. Diesen Vorschlag hatte man uns auch vorher schon gemacht, und einmal mehr lehnten wir ab.«

Im Jahr darauf warb Eddie etwas charmanter um Valerie Bertinellis Gunst, und nach zweieinhalb Wochen, am 15. September, schliefen sie dann auch erstmals miteinander. Viel »geschlafen« wurde in dieser aufregenden ersten Zeit allerdings nicht.

»Wir waren wie betrunken vor Liebe«, schrieb Bertinelli. »Und dazu auch noch richtig betrunken. Wir tranken Southern Comfort und Wodka Tonic. Eddie trank außerdem noch Schlitz Malt Liquor … Er war ein totaler Nachtmensch, und wenn ich nicht aufgeblieben wäre, um mit ihm zu trinken und zu koksen, hätten wir einen komplett unterschiedlichen Tagesablauf gehabt. Ich hab meinem Körper einiges zugemutet, um mit ihm zusammen sein zu können.«

Am 8. Dezember, also an dem Tag, als John Lennon in New York ermordet wurde, machte Eddie Valerie einen Heiratsantrag, den die junge Schauspielerin annahm. Die beiden waren seit fünfzehn Wochen ein Paar und hatten den Großteil dieser Zeit in Hotelzimmern und Tourbus-Kojen verbracht. Die Geschwindigkeit, mit der sich ihre Beziehung entwickelte, beunruhigte viele im Van-Halen-Lager, und speziell Roth bat Eddie wiederholt, seinen Entschluss noch einmal zu überdenken. Wie Bertinelli berichtete, hörte Eddie den Sänger einmal sagen: »Dieser verdammte kleine Scheißer, jetzt kriegt er nicht nur alle Gitarrenpreise, sondern heiratet auch noch als Erster einen Filmstar.«

»Die Jungs wollten nicht, dass er heiratet«, bestätigte Ted Templeman. »Er fragte mich um Rat, und ich sagte ihm: ›Scheiß auf diese Typen! Sie können dir gar nichts vorschreiben. Wenn du auf der Stelle alles hinschmeißen willst, dann komm ich gern mit.‹ Abends traf ich dann Valerie, und sie sagte nur: ›Ach, Ted, ich danke dir sehr!‹ Es war fast so, als würde die Band entscheiden, ob er heiratet oder nicht. Ich fand aber: Ist doch dein Leben. Scheiß auf die Band.«

»In gewisser Hinsicht wurde Valerie wie Yoko Ono behandelt«, erzählte Neil Zlozower. »Diese heiße, junge, sexy Biene war plötzlich mit Ed zusammen, und er war bis über beide Ohren verliebt. Eddie hatte vor Valerie immer viel Spaß gehabt, bei Van-Halen-Konzerten gab's hinter der Bühne nie Mangel an Mädchen, nur lagen die Dinge jetzt offenbar anders.«

Das Paar setzte den 11. April 1981 als Hochzeitstermin fest und buchte dafür die katholische Kirche St. Paul the Apostle in Westwood, Kalifornien. Vierhundert Einladungen wurden verschickt, Neil Zlozower bot seine Dienste als Hochzeitsfotograf an, und das Liebespaar ließ fünfunddreißigtausend Dollar springen, um in der Villa in Beverly Hills zu feiern, die auch als Drehort des Remakes von *A Star is Born* mit Barbra Streisand und Kris Kristofferson gedient hatte. Wie bei allen Hochzeiten gab es auch hier im Vorfeld Probleme – David Lee Roth hatte keine Lust, als Eddies Trauzeuge zu fungieren, schenkte dem Bräutigam aber einen schicken weißen Smoking; Valerie zerbrach sich den Kopf über ihre eigene Trauzeugin, bevor sie sich dann für Nicolette Larson entschied, auf deren 1978 von Ted Templeman produziertem Debütalbum Eddie Gitarre gespielt hatte –, und mehr als nur einmal dachte das Paar daran, einfach zu kneifen und niemandem von seinen Plänen zu erzählen. Hinzu kam als kleinere Unannehmlichkeit, dass eine von Eddies beiläufigen Eroberungen ihn beschuldigte, Vater ihres Kindes zu sein. »Ich schwöre bei Gott, dass ich sie nie gevögelt habe!«, beschwerte sich der Gitarrist empört bei Noel Monk. »Und von 'nem Blowjob kann sie ja nicht schwanger werden, oder?«

»Ich raufe mir heute noch die Haare, wenn ich daran denke, wie wir uns vorbereitet haben«, gestand Valerie in *Losing It*. »Der Pfarrer, der uns trauen sollte, hat uns Fragebögen gegeben, um uns besser kennenzulernen und etwas Persönliches über uns sagen zu können. Als wir die zu Hause ausfüllten, hatte jeder ein Fläschchen Koks in der Hand. So wie das Leute eben tun, die wichtige Entscheidungen für den Rest ihres Lebens treffen.«

Schlussendlich verlief die Trauung ohne Zwischenfälle – »Ed sah in seinem Smoking einfach fantastisch aus«, erinnerte sich Valerie –, und Brautpaar, Familien und Gäste gingen zur Feier, die sich, wie Neil Zlozower berichtet, schnell zu »einer ordentlichen Rock'n'Roll-Party entwickelte«. Roth erzählte, er und der Bräutigam hätten auf der Toilette fette Klumpen Krell gezogen und sich gegenseitig an der Hüfte festgehalten, »damit wir beim Trockenkotzen nicht kopfüber in der Schüssel landeten«.

Kurz vor dem Essen bemerkte Noel Monk, dass die Jungvermählten nicht da waren, also machte er sich auf die Suche und fand die beiden in einer Toilette.

»Valerie sah in ihrem wunderschönen weißen Hochzeitskleid wie ein Engel aus – abgesehen von den Tränen, die ihr über die Wangen liefen«, erzählte er. »Ihr Gatte beugte sich über die Kloschüssel, und sie strich ihm die Haare zurück, damit er sie nicht versehentlich vollkotzte.«

»Tut mir leid«, murmelte Eddie. »Tut mir wahnsinnig leid.«

5
Loss of Control

Während die vier von Van Halen Noel Monk lauschten, der genau erklärte, wie, wo und warum man ihr Geld ausgeben würde, konnte niemand die kalte und harte Tatsache ignorieren, dass das, was hier zur Beratung stand, dem Gesetz nach illegal war. Die sogenannte »Payola«-Praxis, nach der man einflussreichen Personen bei Radiosendern Geld, Geschenke, Reisen, Drogen oder sexuelle Gefälligkeiten anbot, um dafür ins Programm genommen zu werden, war vielleicht so fest etabliert wie die Musikindustrie selbst, nur war sie deshalb nicht weniger fragwürdig. Als *Variety* den Begriff 1916 erstmals in einem Leitartikel benutzte und die Praxis verurteilte, war die dafür verwendete Formulierung »mutwillige Bestechung« ziemlich unmissverständlich.

Wie Monk jetzt lang und breit erklärte, war Warner Bros. nach reiflicher Überlegung zu dem Schluss gekommen, die einzige Möglichkeit, um die Verkäufe der neuen Platte von Gold auf Platin zu schrauben, bestünde darin, ausgesuchten Radiostationen für garantiertes Airplay Geld anzubieten. Die Entscheidung, die jetzt für Van Halen anstand, war schnell gefallen. Wie Monk berichtete, war es David Lee Roth, der die Strategie im Namen der Gruppe genehmigte. Mehr als alle anderen verstand der geborene Showman, dass es im Musikbusiness nur darum ging, wahrgenommen zu werden. Die Industrie verlangte eine permanente Aufwärtsbewegung – bessere Chartpositionen, mehr verkaufte Tickets, zunehmende Radioeinsätze, den Sprung auf die Titelseiten –, und der Gedanke, Van Halen könnten nach nur drei Jahren im Rampenlicht bereits auf dem absteigenden Ast sein, war erschreckend und am besten sofort zu verdrängen.

»Kurz gesagt: Wir können es uns nicht leisten, nur noch eine Gold-Band zu sein«, verkündete Roth. »Also tu einfach, was zu tun ist. Wir vertrauen dir, Noel. Zieh's durch.«

Das Bandmeeting war nach einem schwierigen Gespräch einberufen worden, das Noel Monk mit Carl Scott, A&R-Chef bei Warner, geführt hatte. Während *Women and Children First* und der Vorgänger *Van Halen II* drei Monate nach Auslieferung an die Plattenläden in den USA die Eine-Million-Marke hatten knacken können, hatte sich *Fair Warning*, das vierte Album der Band, das am 29. April 1981 erschienen war, bis zur Mitte des Sommers nur etwa fünfhunderttausendmal verkauft. Vom ersten Tag an waren sie es gewohnt gewesen, wegen Ted Templemans Engagement von der Plattenfirma als Vorzugsprojekt betrachtet und auch so behandelt zu werden, doch jetzt sah es für Van Halen so aus, als würden sie in die zweite Reihe gestellt. In seiner Autobiografie *Runnin' with the Devil* schrieb Monk, dass er Scott fragte: »Können wir gar nichts dagegen tun?« Die Antwort: »Doch, schon. Aber billig wird das nicht.«

Obwohl Monk, wie er selbst zugab, die etwas schattigeren Seiten des Business sehr wohl kannte, war er ganz naiv davon ausgegangen, Payola hätte mit Beginn der Achtzigerjahre dasselbe Schicksal erlitten wie Klavierwalzen und 78er-Schallplatten. An diesem Nachmittag erhielt er aber vom PR-Chef der Plattenfirma einen Crashkurs in Sachen Schwarze Kunst.

Garantierte Radioeinsätze bei den wichtigsten Sendern von New York, Los Angeles, Boston und Chicago wurden derzeit mit fünftausend Dollar veranschlagt; ein vergleichbares Vorzugsverfahren bei zweitrangigen, aber dennoch wichtigen Radiosendern kostete dreitausend Dollar. Kleinere Stationen konnte man bereits mit einem schnöden Tausender schmieren.

»Unser Promotiontyp bekam von mir also einen Scheck über mehr als zweihundert Riesen«, berichtete Monk. »Den hat er dann an die Payola-Broker weitergegeben, die wiederum kleinere Beträge – als Scheck oder gleich cash – an Unmengen von Radiostationen ausbezahlt haben. Und was soll ich sagen? *Fair Warning* bekam von da an ordentlich Airplay. Sogar Songs, die gar nicht als Single vorgesehen waren, wurden regelmäßig gespielt. So war das eben.

Das Album erreichte am 18. November Platinstatus«, schreibt er weiter, »und jeder von uns stieß einen Seufzer der Erleichterung aus.«

Ironischerweise war *Fair Warning* insgesamt ein viel besseres Album als seine zwei Vorgänger. Nur klang es eben düsterer und komplexer, hatte keine Hitsingle und war teilweise regelrecht anstrengend. Außerdem war es unbestreitbar Eddie Van Halens Album, vom frappierenden Intro des Openers »Mean Street« bis zum dreckigen Synthie-Gedröhne der Abschlussnummer »One Foot Out the Door«, geschrieben in den stressigen Wintermonaten vor der geplanten Hochzeit, einer Phase seines Lebens, die Eddie rückblickend als »dunkle Periode« bezeichnete.

»Ich war wütend, frustriert und unsicher«, gab er zu. »Wir fingen an, die Dinge so zu machen, wie ich sie wollte, und gerieten ständig aneinander – ich gegen alle anderen.«

»*Women and Children First* war eine total spontane Angelegenheit«, erinnerte sich der Tontechniker Gene Meros.

»Wir gingen ins Studio und hatten es nach vier Tagen im Kasten. Alles lief total dynamisch und schnell. Bei *Fair Warning* war es erheblich zäher. Es gab mehr Experimente. Auch wurde im Studio mehr Zeit für Arrangements aufgewendet, für den richtigen Sound und das Aufnehmen der Instrumente. Edward hat sich damals immer mehr in die Studiotechnik eingearbeitet, während sie vorher einfach reinkamen und die Dinger rausknallten, ohne sich groß um den Aufnahmeprozess zu kümmern.«

»Ich hab mir den Arsch wund geschuftet«, erzählte Eddie Steven Rosen. »Alles, was auf dem Album zu hören ist, hab ich innerhalb von zwei Wochen entwickelt. Ich wog nur noch knapp über sechzig Kilo. Ich hatte stark abgenommen und kaum gepennt, weil ich wusste, das Ding musste fertig werden.«

»Ed hielt sich die ganze Nacht im hinteren Schlafzimmer auf, wo er sein Equipment aufgebaut hatte, oder in einem Studio in Hollywood«, erinnerte sich Valerie Bertinelli, die es bereits damals bedauerte, dass ihr Mann so wenig Zeit für sie hatte. »Er saß mit seinem Tontechniker da und tüftelte an Ideen herum, bis es genau so klang, wie er sich das vorstellte. Oder bis kein Schnaps, kein Kokain, keine Kraft, keine Inspiration mehr da war – oder alles zusammen.«

»Im Grunde bin ich ein ziemlicher Einzelgänger«, sagte Eddie zu Jas Obrecht. »Ich komme nicht besonders gut mit Menschen klar. Sie verstehen mich nicht … und ich hab auch eigentlich nichts zu sagen. Ich verbringe die meiste Zeit allein und spiele Gitarre. Das ist einfach befriedigender für mich.

Um neues Material zu entwickeln … muss ich Ruhe haben und zwei, drei Stunden ungestört vor mich hindudeln können. Das ist fast wie Meditieren. Ich gerate dabei in einen Zustand, in dem ich nicht mehr bewusst daran denke, neue Sachen zu komponieren.«

»Er hat sich in puncto Kreativität stark unter Druck gesetzt, und die Band sorgte für noch mehr Stress«, sagte Valerie. »Obwohl er wie eine Maschine komponierte, war er ständig der Meinung, er müsse *noch* einen Song schreiben: etwas Besseres, Eingängigeres, etwas, das Dave gefiel, das jeder – von der Band bis zu den Labelchefs – für einen Hit halten würde.«

Fest entschlossen, die Band immer weiter voranzubringen und sich selbst als Komponist und Musiker herauszufordern, wollte der Gitarrist nicht auf die bereits existierenden Demos zurückgreifen. Einzige Ausnahme war »Mean Street«, für das er sich bei den unveröffentlichten Stücken »Voodoo Queen« und »She's the Woman« bediente.

Dies hatte zur Folge, dass *Fair Warning* aufregend ungewohnt klang. »Push Comes to Shove« etwa enthielt Dub-Reggae, brodelnden Funk und eins der ausgefallensten Solos seiner gesamten Karriere, eine Jazz-Fusion-Improvisation im Stil von Allan Holdsworth. An der Oberfläche locker und fröhlich, zeigte »So This is Love?« seine dunkle Seite in Roths verbittertem Text (»The grass is never greener, and there's plenty around«). »Dirty Movies« behandelte das Thema »Prom-Queen wird zu Porno-Queen« und schmierte dreckigen Boogie mit futuristischen New-Wave-Synthie-Sounds zu. Und das sumpfige, bedrückend schwere Instrumentalstück »Sunday Afternoon in the Park«, gespielt auf einem Electro-Harmonix Mini-Synthesizer, klang wie der Soundtrack eines italienischen Horrorstreifens aus den Siebzigern. Eddie meinte zu seiner Verlobten, die Inspiration dafür sei sie gewesen: »Das sind wir beide im Dauerstreit«, sagte er.

Die Soundexperimente und die Vielfältigkeit des Albums machten die »traditionelleren« Stücke umso stärker. Mit seinem Mörder-Riff, den virtuosen Chören und dem Text, der die Befreiung und ein Leben voller endloser Möglichkeiten feiert, ist »Unchained« vielleicht *der* ultimative Van-Halen-Rocker – in Eddies Augen aber auf jeden Fall ein »Brecher«. »Ich liebe diesen Song«, sagte er. »Es passiert nur selten, dass ich mir mein eigenes Zeug anhöre und dabei Gänsehaut kriege, aber hier ist das so.« Die Nummer ist außerdem berühmt dafür, dass David Lee Roth hier die vierte Wand einreißt und dem erschöpft klingenden Ted Templeman, der ihn bittet: »Come on, Dave, gimme a break …« (Komm schon, Dave, lass gut sein), mit einem dreckigen Lachen zuruft: »One break, coming up!« (Einmal gut sein, hier bitte schön!)

»Eine meiner wichtigsten Aufgaben als Regisseur war es, darauf zu achten, dass die besten Fehler im Film blieben«, erklärte Roth dann später. »Hier bloß nicht flicken! Weiter bluten lassen! Lass es einfach da liegen, und wir tanzen drum herum! Der Augenblick, in dem Ted vom Abhörraum aus mit mir redet, war fester Bestandteil dieses Ansatzes. Alles drinlassen, das den Moment wahrhaftig macht.«

Roths Texte auf dem Album waren eine Offenbarung – sie klangen enttäuscht, zynisch und waren voller Wut. Wenn das fröhliche Debütalbum vom Thema »Life's a beach!« durchzogen war, veränderte sich der Ton hier zu »Life's a bitch!«. Und zwar nirgendwo stärker als im Opener »Mean Street« mit seinem aufgedrehten Protagonisten, der eine »stinkin' street« entlanggeht, den »crazies« des Viertels ausweicht und die Schnauze voll hat von »the same old faces … that same old talk«. Das einzige Problem war allerdings die Glaubwürdigkeit: Während Roths frühere Erzählungen vom sorglosen Leben auf dem Sunset Strip zu seiner Bühnenfigur passten wie ein diamantbesetzter Genitalschutz, wollte man ihm die neue Abgeklärtheit und Frustration nicht so ganz abnehmen.

Stellenweise gelang es ihm jedoch, in seinen Texten wahres Leben und Fantasie kongenial miteinander zu verschmelzen.

Oberflächlich betrachtet handelt »One Foot Out the Door« vom bitteren Ende einer Liebesaffäre, inklusive Schuldzuweisungen und tiefem Bedauern. »And now I'm gonna lose it«, faucht Roth, »'cause that son-of-a-bitch got me singin' that same old song.« Im Rückblick betrachtet besitzt der Text jedoch eine zusätzliche Bedeutung, die damals vielleicht noch nicht so offensichtlich war. Wenngleich Roth später abstritt, seine Texte für das Album seien Ausdruck zunehmender Spannungen innerhalb der Band gewesen, und eine andere, äußerst bizarre und vielleicht sogar ironische Erklärung dafür bot.

»Ich hatte mir einen Papagei zugelegt«, erzählte er James McNair von *Classic Rock*, »einen großen roten Amazonaspapagei namens Ricky. Der war vielleicht drauf, Mann! Hat mehr Lärm gemacht als ein verdammter Priester im Stripschuppen. Damals hatte ich ein kleines Apartment in North Hollywood, und sobald ich näher als zwei Meter an den Käfig rankam, hat dieses Vieh gekreischt, als wolle es den Teufel und seinen Saufkumpan wecken. Damit musste ich mich also herumschlagen, als ich mich hinsetzte und die Texte für das Album schrieb.«

»Um ganz ehrlich zu sein: Ich finde, dass er nicht so gut sang, wie ich Gitarre spielte«, meinte Eddie freimütig im *Guitar World*-Interview mit Steven Rosen, bevor er ganz untypisch noch einen drauflegte und dem Bild von Van Halen als verschworene Gemeinschaft einen ordentlichen Knacks verpasste.

»Aber immerhin trägt Dave seinen Teil der Last«, meinte der Gitarrist. »Mike [Anthony] hingegen nicht. Er tut gar nichts, bringt einfach nichts ein, Punkt. Von der Kohle, die er mit uns verdient hat, konnte er immerhin sein Haus renovieren und sich einen Porsche Carrera kaufen, oder was weiß ich.«

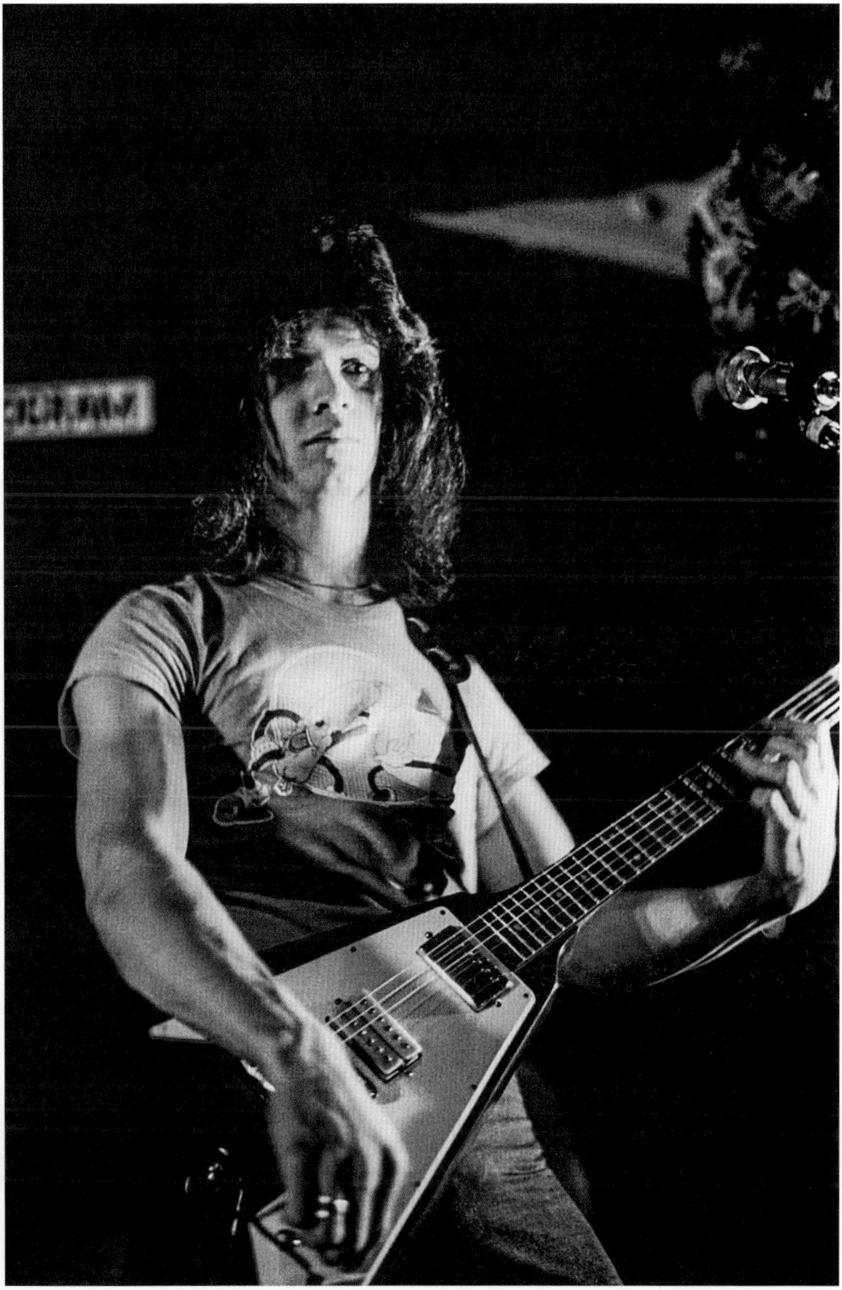

Eine bislang unveröffentlichte Aufnahme von Eddie Van Halen auf der Bühne, 1975 (1)

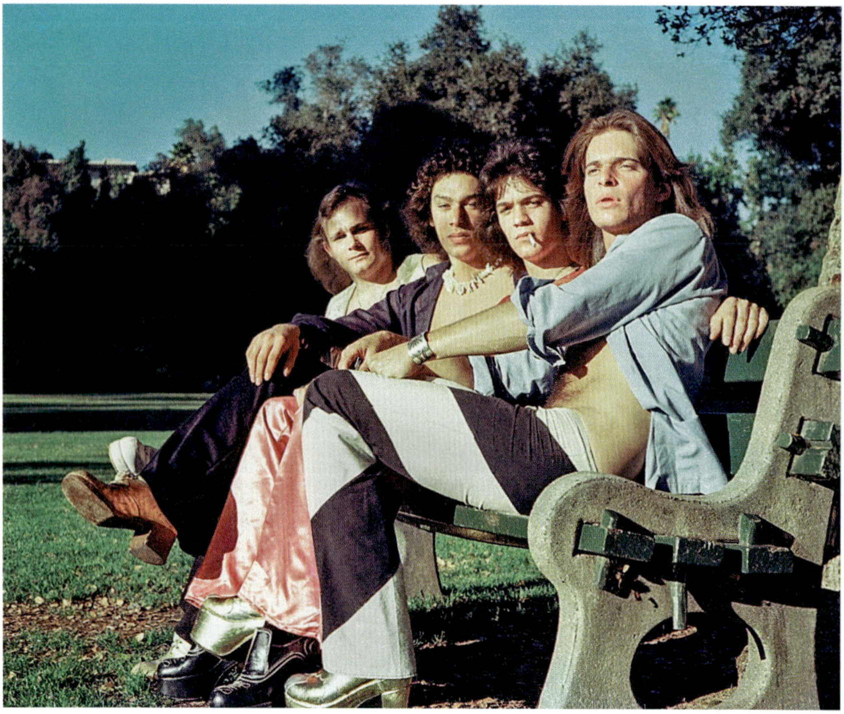

(von links) Michael Anthony, Alex Van Halen, Eddie Van Halen und David Lee Roth in Pasadena, Kalifornien, Frühjahr 1975 (2)

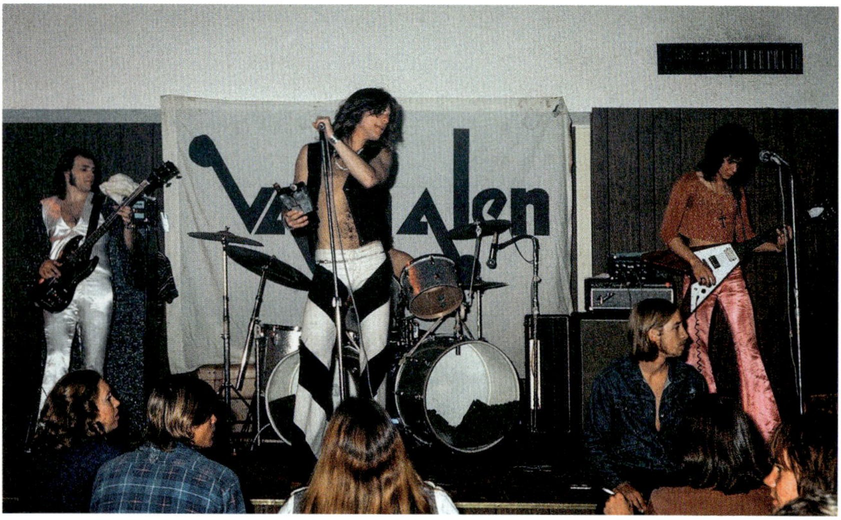

Van Halen auf der Bühne im Van Nuys Teen Center, Kalifornien, Frühjahr 1975 (3)

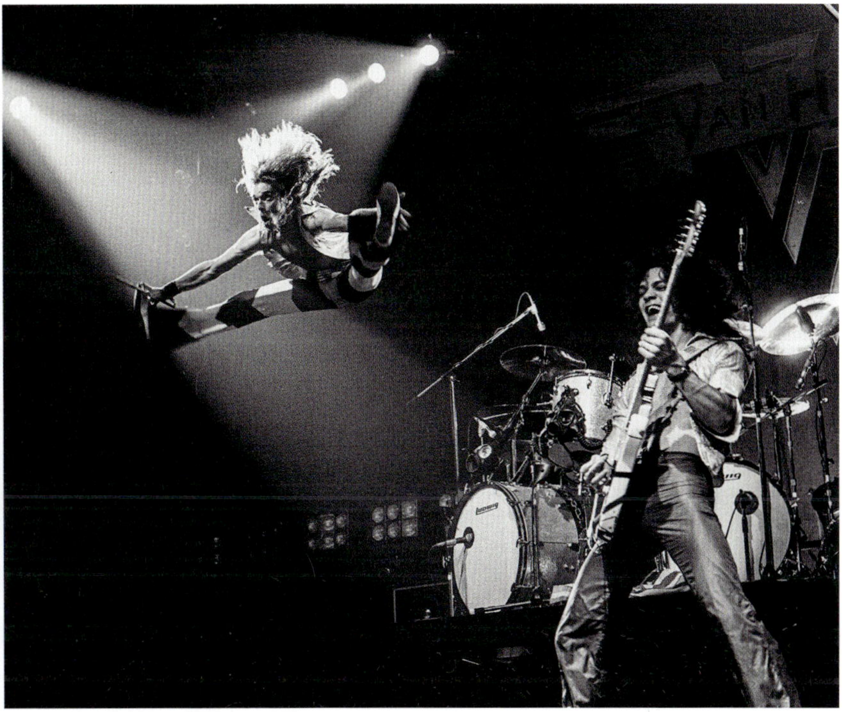

Van Halen auf der Bühne des Rainbow Theatre, London, 22. Oktober 1978 (4)

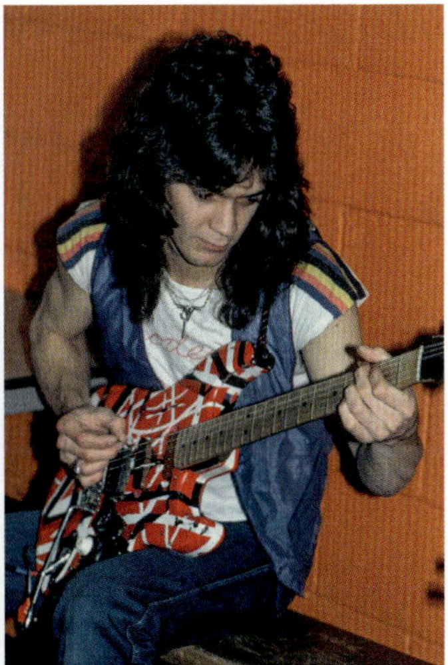

Eddie Van Halen und seine selbstgebaute »Frankenstrat«-Gitarre, 1979 (5)

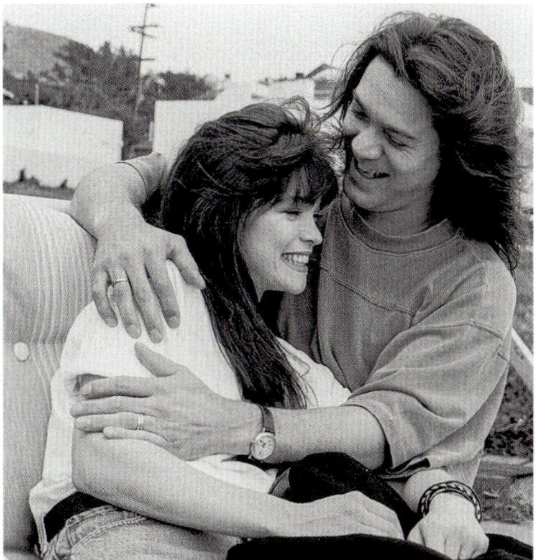

Eddie und Valerie Bertinelli gemeinsam am Strand, Los Angeles, Kalifornien, April 1990 (6)

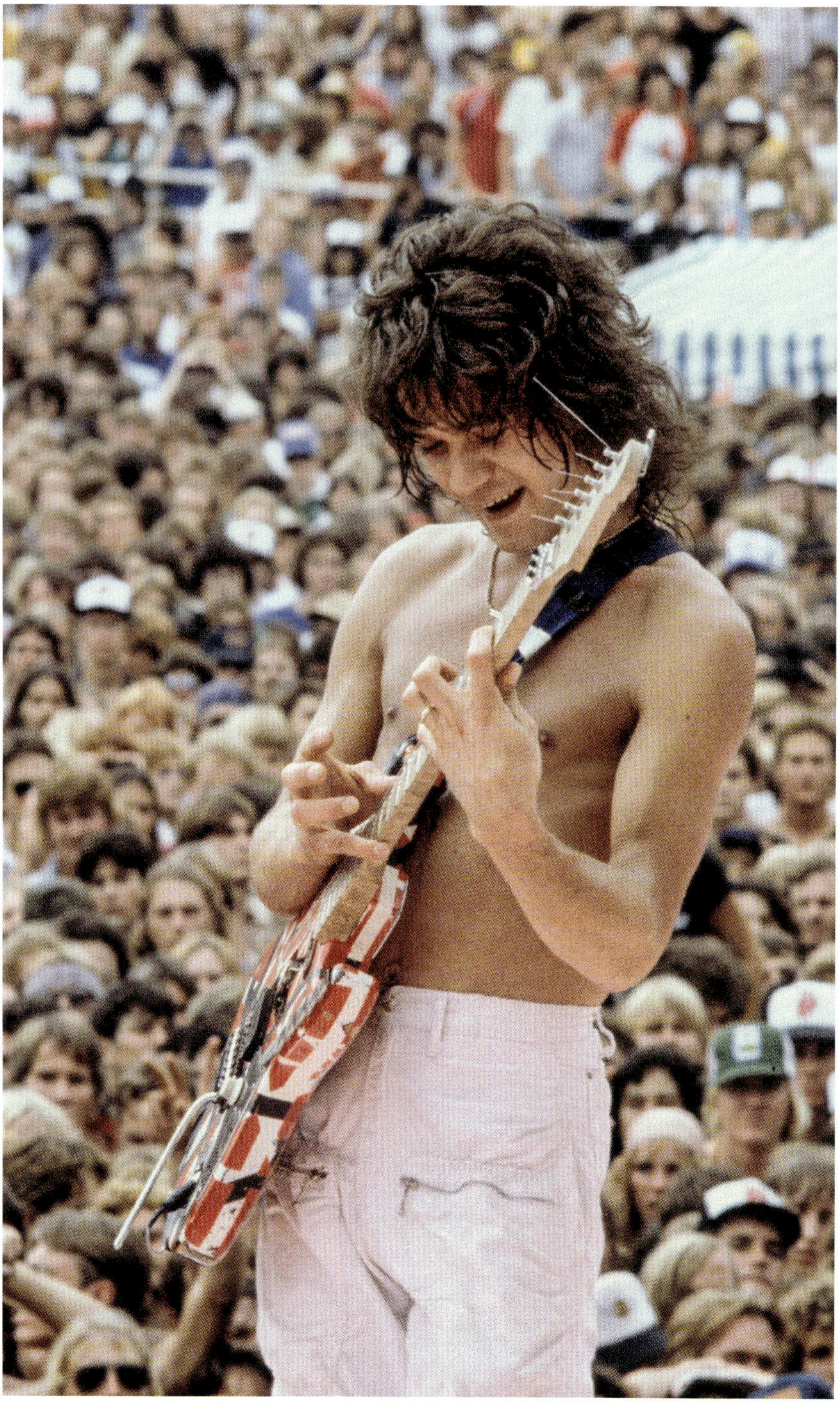

Eddie Van Halen live auf der Bühne bei der US-Tour 1984 (7)

Eddie Van Halen und Sammy Hagar, backstage beim Farm Aid, Champaign, Illinois, 22. September 1985 (8)

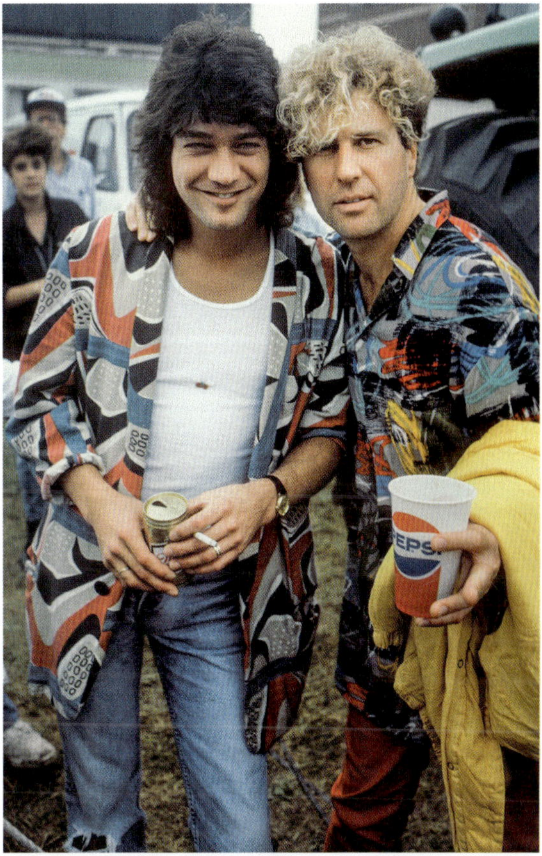

»Van Hagar« auf der Bühne im Rosemont Horizon, Rosemont, Illinois, 22. April 1986 (9)

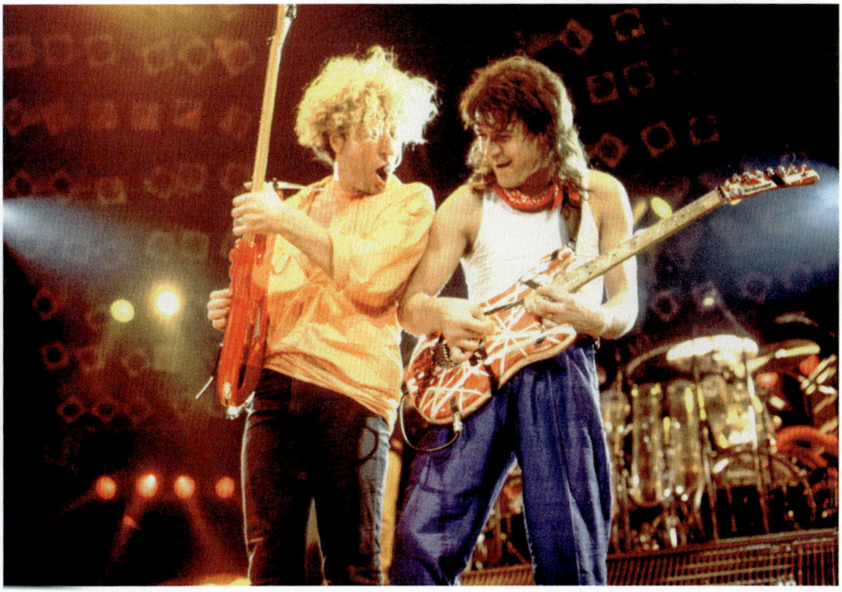

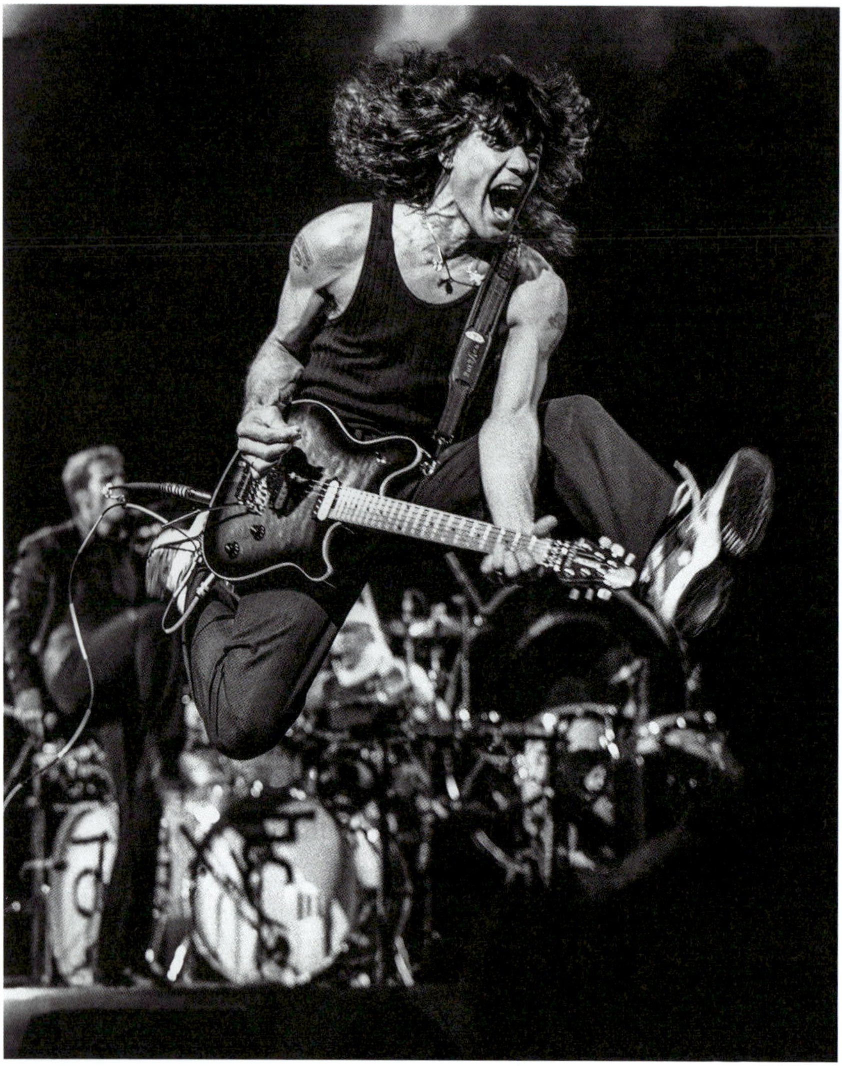

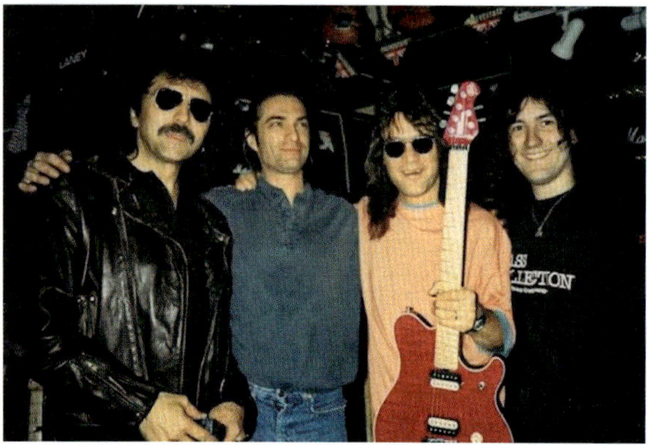

Gary Cherone und Eddie Van Halen auf der Bühne im Fleet Center, Boston, 21. Mai 1998 (10)

Tony Iommi und Eddie Van Halen mit Gary Morris und Ian Danter von Musical Exchanges, Birmingham, Juni 1995 (11)

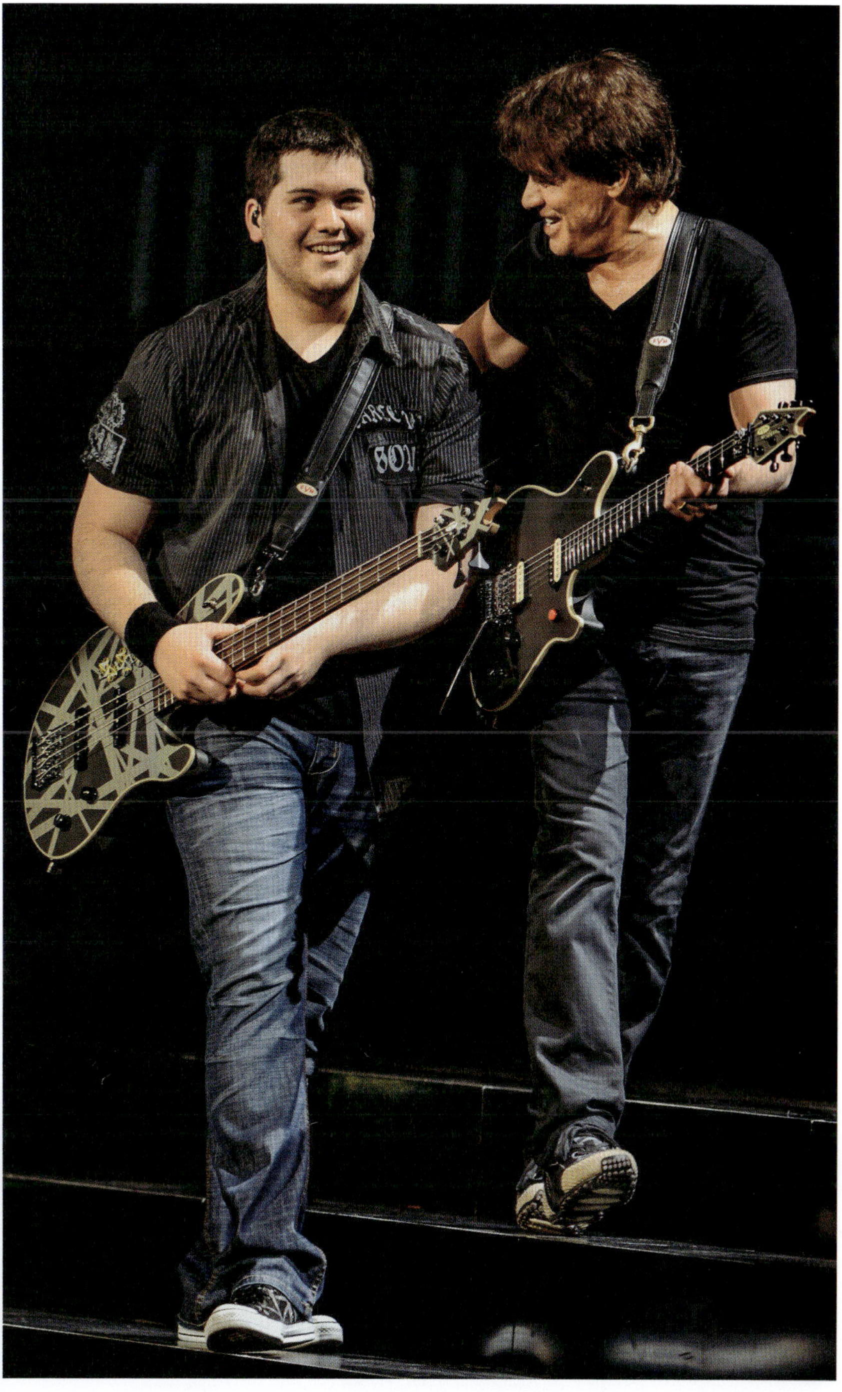

Wolfgang und Eddie Van Halen auf der Bühne in Sunrise, Florida, 10. April 2012 (12)

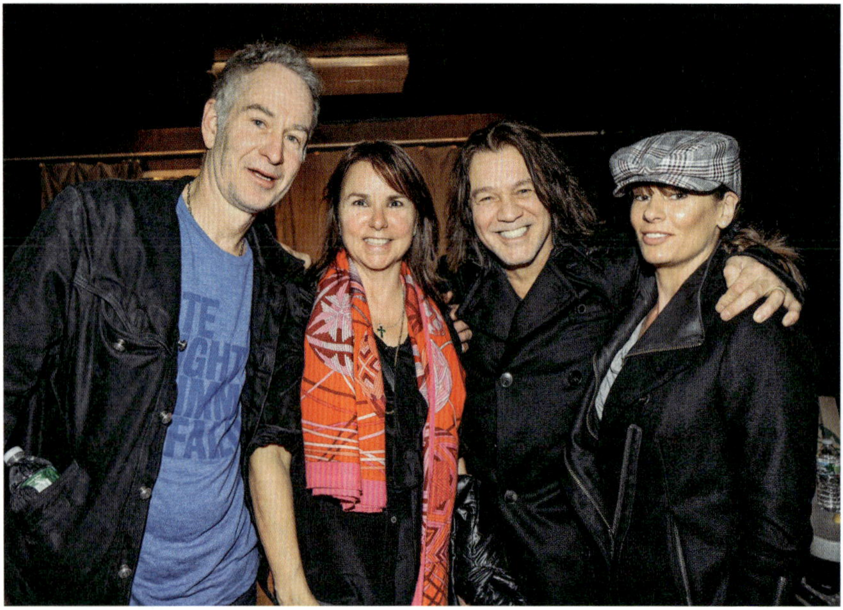

(von links) John McEnroe, Patty Smyth, Eddie und Janie Van Halen, im Musik-Klub Café Wha?, New York, 5. Januar 2012 (13)

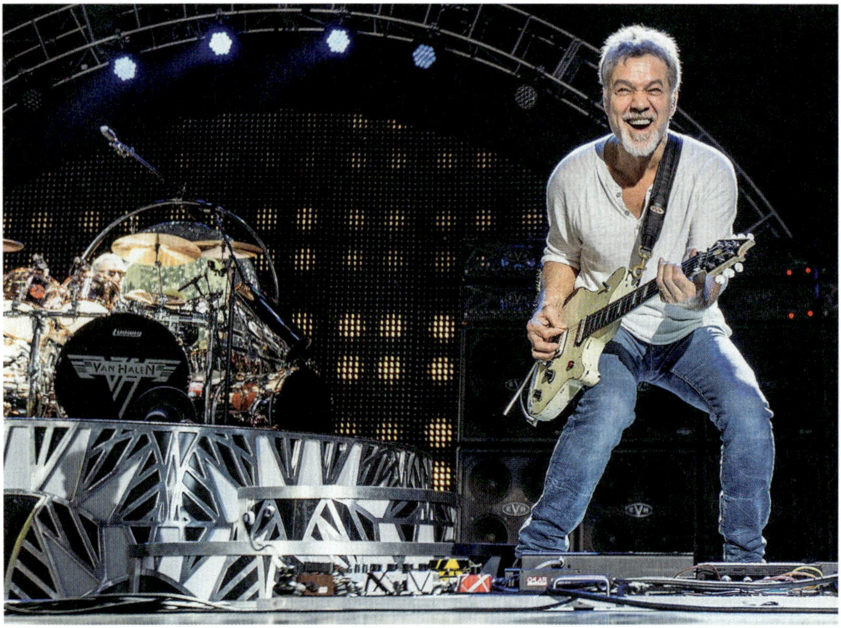

Alex, hinter dem Drum-Kit, und Eddie Van Halen auf der Bühne in Chula Vista, Kalifornien, 30. September 2015 (14)

Dann ließ Eddie noch tiefer blicken: »Ich war nicht sehr glücklich darüber, wie die Leute diese Aufnahmen angingen. Teilweise bin ich um vier Uhr morgens noch mal mit Donn Landee ins Studio gegangen, um die Soli und Overdubs genau so aufzunehmen, wie ich sie haben wollte. Das Beschissene an der Sache war, dass das keine Sau bemerkt hat. So unbeteiligt waren alle auf musikalischer Ebene.«

Wie sehr der Gitarrist den Prozess steuerte und kontrollierte, blieb jedoch nicht völlig unbemerkt. Die scharfsinnigste und einfühlsamste Plattenrezension, geschrieben von J.D. Considine, erschien in der Oktoberausgabe der Zeitschrift *Musician*.

»Vom Eröffnungsblitz aus brutal verzerrten Obertönen an dominiert Gitarrist Eddie Van Halen das Album«, schrieb Considine. »Die Struktur von Heavy-Metal-Songs ist meist so vorhersehbar wie festgelegt. Riffs wirken unerträglich symmetrisch, die Vers-Refrain-Abfolge gilt fast schon als Dogma, und sobald die Tonart festgelegt ist, fungiert sie als Klebstoff (es sei denn, die letzte Strophe wird einen Ton höher gespielt). Der Großteil von *Fair Warning* zeigt hingegen eine erstaunliche Flexibilität in Sachen Struktur. Sobald Van Halen (die Gruppe) ein Riff etabliert hat, kommt Van Halen (der Gitarrist) oft genug mit einer komplett neuen Idee. Noch auffälliger ist, dass die Instrumente das Sagen haben und David Lee Roths Vocals fast schon wie ein Kommentar dazu wirken. Bei Stücken mit konservativer Songstruktur, etwa ›So This is Love?‹ oder ›Push Comes to Shove‹, ist das Ergebnis recht vorhersehbar; aber überall dort, wo Gitarre und Stimme unterschiedliche Richtungen einschlagen, etwa bei ›Mean Street‹, ›Unchained‹ oder dem erstaunlichen ›Dirty Movies‹, ist die Wirkung fast schon schockierend.

Bauten die früheren Alben eher auf Muskeln als auf Hirnschmalz, enthält *Fair Warning* eine beeindruckende Kombination aus Melodienreichtum und Lärmexzess. Wer progressive Eleganz will, sollte sich eine Tasse Tee aufgießen und Genesis hören. Wer aber mehr auf Hardrock steht, der seine Hörer für schlauer als ein durchschnittliches Schoßhündchen hält, hat mit diesem Album genau das Richtige in der Hand.«

»Man kann uns kein Etikett verpassen«, meinte der frisch bestärkte Gitarrist zu Steven Rosen. »Wir spielen keinen Heavy Metal, auch keinen Progressive Rock und schon gar keine Popmusik … Wir machen genau das, was wir wollen, und fertig. Friss oder stirb.

Wenn's dir nicht gefällt, dann gefällt's dir nicht. Wenn doch, dann doch. Aber so oder so machen wir, was wir wollen. Ende der Durchsage.«

Trotz der Anspannung, der Mühen und der Unsicherheit, die das ganze Projekt begleiteten, hatte die Werbekampagne für *Fair Warning* einen spektakulären Höhepunkt. Die Tour endete am 24. und 25. Oktober 1981 mit zwei gigantischen Konzerten in der Tangerine Bowl von Orlando, Florida. Hier spielten Van Halen vor jeweils 60.500 Musikfans als Support der Rolling Stones, die kurz vor ihrem zwanzigjährigen Jubiläum immer noch die größte Rockband der Welt waren. Auch wenn Van Halen in den vergangenen zwölf Monaten ihre Unschuld längst verloren hatten, waren sie trotzdem nicht so abgebrüht, dass dies für sie ein stinknormaler Wochenendgig gewesen wäre. Als Amerikas lauteste und aufmüpfigste Band nach dem Soundcheck in das leere Stadion blickte und Mick Jagger näherkommen sah, wurden alle ganz still und senkten ehrfürchtig die Köpfe. »Das war, als sei Gott persönlich in unsere Mitte getreten«, erinnerte sich Noel Monk.

Sobald Eddie wieder aufblickte, waren Jaggers Augen auf ihn gerichtet. »Weißt du, Edward«, sagte er, »du bist einfach ein verdammt *brillanter* Gitarrist.«

Spätestens als ein paar Kleinwüchsige Magic Mushrooms an Band und Team verteilten, wusste Pete Angelus, dass der Videodreh zu Van Halens Coverversion von Roy Orbisons »(Oh) Pretty Woman« außer Kontrolle geraten war. Der Chef-Lichttechniker und Creative Consultant des Quartetts hatte der Plattenfirma ein Fantasy-Szenario vorgeschlagen, bei dem die Gruppe eine junge Frau aus den Fängen übler Bösewichte befreit. Ein derartig überdrehtes, ironisches und bewusst kitschiges Video, so lautete seine überzeugende Argumentation, würde Van Halens Image als anzügliche, aber im Grunde sympathische Rockgötter von nebenan weiter festigen.

Wie so viele Hardrockbands konnten auch Van Halen die Bedeutung von Videoclips zunächst nicht recht erkennen. Vor dem Start von MTV am 1. August 1981 hielten die meisten Rockbands derartige Promofilme für Zeit-, Geld- und Energieverschwendung, auch wenn ihre Helden – etwa die Beatles, die Rolling Stones, The Who oder Queen – sich bereits ernsthaft damit beschäftigt hatten. Zwar gab Warner Bros. als Teil der Vermarktung von Van Halens Debütalbum Videos für »Runnin' With the Devil«, »Jamie's Cryin'« und »You Really Got Me« in Auftrag, doch diese waren an einem einzigen Tag im Whisky a Go Go gedreht worden, und aufgrund des riesigen Erfolgs der Platte hielt man sie nicht für besonders wichtig – die Promotion funktionierte ja wie gehabt über das Radio und die Mundpropaganda in Bezug auf die spektakulären Konzerte. Aber da »(Oh) Pretty Woman« als Stand-Alone-Single geplant war, als Lückenfüller nach den sechs Monaten, in denen das Quartett mit *Fair Warning* getourt war, schien es geboten, dem Video etwas mehr Zeit, Kreativität und Fantasie zu widmen. Nicht zuletzt, weil sich der Einfluss von MTV auf die Plattenverkäufe immer mehr bemerkbar machte. Also erhielt Pete Angelus' Entwurf eine gründliche Van-Halenisierung und wurde um eine Reihe anzüglicher Details erweitert.

Aus Gründen, die nur der Band selbst bekannt waren, verkleideten sich die Mitglieder ganz unterschiedlich: Roth war Napoleon Bonaparte, Eddie ein Cowboy, Alex trat im Tarzankostüm auf, und Michael Anthony entschied sich für das Outfit eines Samuraikriegers. Außerdem beschloss man, als Nebendarsteller zwei Kleinwüchsige, einen Buckligen und den Transgender-Entertainer International Chrysis auftreten zu lassen. Um die Nerven zu beruhigen und allen die Hemmungen zu nehmen, bestand das Catering weitgehend aus Bier, Gras, Jack Daniels und Kokain; die halluzinogenen Pilze kamen noch dazu. Abgesehen von den zwei Kameramännern, die wegen zu heftiger Dröhnung das Set verlassen mussten, hatten alle großen Spaß, bis dann Pete Angelus seine Kleinwüchsigen nicht mehr fand.

»Ich stand am Set und fragte: ›Ernsthaft, Leute, wo sind diese kleinen Kerle?‹«, erzählte Angelus in *I Want My MTV*, Rob Tannenbaums und Craig Marks' erhellendem Buch über den Musikvideosender. »Nachdem ich zwanzig Minuten lang nach ihnen gesucht hatte, dachte ich, ich ziehe mal los und sehe mich etwas gründlicher um. Ich kam zur Garderobe des Transvestiten und machte die Tür auf ... Da stand der Kleine mit einem schwarzen Cape. Er hielt den Penis des Transvestiten, der halbwegs steif war, und tat, als sei das ein Mikrofon. Er sang ›Satisfaction‹ von den Stones und imitierte dabei Mick Jagger. Ich dachte, das läuft jetzt irgendwie nicht ganz nach Plan.«

Schuld war wieder mal Roth. Als bei ihm Ende 1981 die Entzugserscheinungen nach der Tournee einsetzten und er vor Nervosität nicht stillsitzen konnte, bedrängte er die Band, eine Coverversion rauszubringen und Van Halen damit auch während der geplanten Pause eine gewisse Präsenz am Markt zu sichern. Sein Vorschlag war »Dancing in the Street« von Martha Reeves and the Vandellas aus dem Jahr 1964, aber Eddie entschied sich stattdessen für den Song von Roy Orbison, der sich im selben Jahr sieben Millionen Mal verkauft hatte. Das Quartett ging mit Ted Templeman ins Sunset Sound und nahm innerhalb eines einzigen Tages drei Stücke auf: die A-Seite der Single, den erprobten Live-Favoriten »Happy Trails«, von Roy Rogers mit seiner Frau Dale Evans verfasst und als Titelmusik ihrer langlebigen Radio/TV-Sendung nur allzu bekannt, sowie das kompakte Instrumentalstück »Intruder«. Sobald das Video im Kasten und der Song veröffentlicht war, sollte sich die Band für eine gewisse Zeit zurückziehen und eine wohlverdiente Pause einlegen.

Aber Gott lacht nur über die Pläne der Menschen. MTV hielt das Video trotz aller Überdrehtheit für politisch äußerst unkorrekt und nahm es nach Tausenden Beschwerden aus dem Programm. Dafür stürzten sich die Radiosender auf das quirlige, modern aufgepeppte Orbison-Cover, und die Single kletterte in den *Billboard* Hot 100 nach oben, wo sie schließlich später, im April 1982, mit Platz 12 ihre Höchstplatzierung erreichen würde. Als Ergebnis dieses Höhenflugs kontaktierten Mo Ostin und Lenny Waronker von Warner Bros. Ted Templeman und verlangten ein neues Van-Halen-Album, das innerhalb weniger Wochen produziert werden sollte – also genau das, was die Band *nicht* wollte.

Mit größtem Widerwillen beugte sich das Quartett diesem Druck, handelte jedoch mit seinen Geldgebern einen Kompromiss aus: Van Halen würden einen kompletten Longplayer abliefern, der aber aufgrund des Zeitmangels – neue Songs konnten nicht geschrieben werden, und auf bislang unveröffentlichtes älteres Material wollte man nur ungern zurückgreifen – stark auf Coverversionen setzen und sich dabei an der rohen Energie der überraschenden Hitsingle orientieren würde. Weil das Sunset Sound belegt war, verfrachtete Warner Bros. Van Halen in die Amigo Studios, die dem Label gehörten, wo Templeman und Landee das Album in gerade mal zwölf Tagen aufnahmen.

Diver Down erschien am 14. April 1982, genau in der Woche, in der »(Oh) Pretty Woman« seinen Höchststand in den Billboard-Charts erreichte. Drei der insgesamt zwölf Tracks auf dem Album waren Instrumentalstücke von unter zwei Minuten Länge (»Cathedral«, »Intruder« und »Little Guitars (Intro)«), bei nicht weniger als fünf Songs handelte es sich um Coverversionen: Außer dem Roy-Orbison-Remake waren die Kinks-Nummer »Where Have All the Good Times Gone«, das vormals übergangene »Dancing in the Street«, die Milton-Ager/Jack-Yellen-Komposition »Big Bad Bill (Is Sweet William Now)« aus dem Jahr 1924 sowie das bereits erwähnte »Happy Trails« zu hören. Von den Eigenkompositionen stammte »Secrets« noch aus den *Fair Warning*-Sessions, während »Hang 'Em High« eine Bearbeitung des Demotracks »Last Night« aus dem Jahr 1977 war, »Little Guitars« laut Roth einen »Song für Señoritas« darstellte und das Album-Highlight »The Full Bug« Roth in lasziver Potenz-Pose zeigte, der laut prahlte, er wolle einer gewissen jungen Dame den »besten Teil eines Mannes« schenken.

Mit seiner Spielzeit von gerade mal gut einunddreißig Minuten reizte das Album die Definition des Begriffs »Longplayer« ziemlich aus, was den Kritikern sehr wohl auffiel.

»Dieses Album ist nicht nur eine Beleidigung für den Konsumenten, der dafür zehn Dollar und mehr hinblättern muss«, schrieb Jeffrey Morgan in *Creem*, »sondern auch ein außergewöhnlich brutaler Schlag ins Gesicht der Van-Halen-Fans in aller Welt. Der Fans, die – durch den Kauf ihrer Platten, den Besuch ihrer Konzerte und das Tragen ihrer Merch-Artikel –

David Lee Roth, Alex Van Halen, Eddie Van Halen und Michael Anthony zu Millionären gemacht haben.«

Im *Rolling Stone* bezeichnete Parke Puterbaugh das Album als »klares Beispiel für Konsumentenbetrug«. Er sah den Mangel an Eigenkompositionen als Beleg dafür an, dass der Band »die Ideen ausgehen«, und schloss in seiner Zwei-Sterne-Besprechung pointiert: »Wie die Band gern sagt, steckt in jedem von uns ein bisschen Van Halen, aber *Diver Down* enthält einfach zu wenig davon.« Nicht dass sich die Hardcore-Fans groß daran gestört hätten, zumindest am Anfang: Nach nur zehn Wochen knackte *Diver Down* die Eine-Million-Marke und stieg bis auf Platz 3 der *Billboard* 200, also noch mal zwei Plätze höher als der Vorgänger aus dem Jahr 1981.

Roth war immer bereit, eine weitere Flasche Schlangenöl zu entkorken, und damit auch in der Lage, der hastig zusammengestellten Platte etwa Positives abzugewinnen. Mit Bezug auf das minimalistische Coverdesign, eine »Diver down«-Flagge, die auf einen Taucher unter Wasser hinweist, erklärte der Sänger der *Sounds*-Autorin Sylvie Simmons: »Da passiert etwas unter Oberfläche, das man mit bloßem Auge nicht sehen kann …

Eine Menge Leute nähern sich Van Halen wie einem tiefen Abgrund«, meinte er. »Man kann einfach nicht auf den ersten Blick erkennen, was da unten abgeht.«

Roth beherrschte den Umgang mit der Vierten Gewalt ziemlich gut, deshalb war dieser zarte Hinweis auf Spannungen innerhalb der Band sicher keine beiläufige oder gar versehentliche Offenbarung. Für einen Fan klang es immer noch so, als würde die Band an einem Strang ziehen – schließlich kicherten sich die Jungs gut gelaunt durch den vierstimmigen A-cappella-Gesang von »Happy Trails« und Eddies und Alex' Vater Jan dudelte auf Roths Einladung hin bei »Big Bad Bill …« fröhlich auf der Klarinette. Doch der Eindruck täuschte. Und ein entnervter Eddie war nicht mehr bereit, die Dinge schönzureden.

Im Gespräch über sein neuestes Solostück »Cathedral« erzählte er seinem Vertrauten Jas Obrecht, er habe die Nummer bereits auf einem früheren Album unterbringen wollen, sei jedoch von Roth überstimmt worden, der ganz direkt sagte: »Vergiss es, Mann. Keine verdammten Gitarrensolos mehr.«

»Der fährt einfach einen Egotrip«, meinte Eddie. »Hat er eigentlich immer schon getan. Ted kannte Daves Einstellung nicht. Als Dave eines Tages nicht im Studio war, hab ich Ted erst ›Little Guitars‹ vorgespielt, also dieses Flamenco-Intro, und dann ›Cathedral‹, und Ted meinte: ›Fuck! Warum bist du damit nicht früher zu mir gekommen?‹ Also erklärte ich ihm Daves Haltung: ›Scheiß auf diese Gitarrenheld-Nummer, wir sind eine *Band*!‹ Und Ted sagte: ›Scheiß auf Dave.‹ Also haben wir's trotzdem mit auf die Platte genommen.«

Auch wenn er nicht mit ähnlicher Deutlichkeit über Templeman sprach, hegte er doch einen gewissen Groll gegen ihn, denn der Produzent hatte ein Keyboardriff, das Eddie eigentlich zu einem Song im Stil von Peter Gabriel ausbauen wollte, bei »Dancing in the Street« eingesetzt und dadurch in den Augen des Gitarristen »verschwendet«. Eddie war noch nie auf Konfrontation aus gewesen und schmollte auch diesmal lieber, als offen ein Veto einzulegen, doch der Vorfall nagte an ihm.

»Ich habe jede Minute der Produktion von *Diver Down* gehasst«, sagte der Gitarrist später klar und deutlich. »David meinte, einen erfolgreichen Song zu covern sei schon die halbe Miete. Ich bitte dich … Van Halen spielen ›Dancing in the Street‹? Das war vollkommen idiotisch. Ich wollte lieber mit meinen eigenen Sachen untergehen, als mit der Musik anderer Leute erfolgreich sein.

Klar hat der kommerzielle Misserfolg von *Fair Warning* zu *Diver Down* geführt«, gab er zu. »Aber *Fair Warning* entsprach viel mehr dem, was ich bin und was letztendlich auch Van Halen sind. Wir sind eine Hardrockband und gleichzeitig eine Albumband. Dass wir überhaupt in die Charts gekommen sind, war riesiges Glück.«

Bald offenbarte dann auch Roth, wie er sich wirklich fühlte und wie seine und Eddies Zusammenarbeit tatsächlich aussah.

»Eddie und ich streiten eigentlich nur«, erzählte er *Creem*. »Wir haben völlig verschiedene Backgrounds, was Herkunft, Musik, Lebenseinstellung und Hobbys betrifft. Ich versteh nur selten, warum er tut, was er tut. Klar gibt es Berührungspunkte. Aber letztendlich nicht in Sachen Musik. Wir streiten. Manchmal finden wir einen Kompromiss. Aber glücklich ist dabei niemand außer dem Publikum.«

Die amüsant betitelte *Hide Your Sheep*-Tour (auch bekannt als »Kicking Ass and Taking Names«-Tour), die am 14. Juli in Augusta, Georgia startete und auf achtzig Konzerte ausgelegt war, sollte die Risse überdecken, die sich im Fundament der Band bildeten. Doch leider verstärkte sie die Spannungen zwischen dem Frontmann und dem musikalischen Kopf von Van Halen nur. Als die Karawane im September Kalifornien erreichte, verließ Eddie eine Zeit lang die Treibhausatmosphäre und besuchte seine Freunde von Kiss, die gerade in den Record Plant Studios ihr später *Creatures of the Night* benanntes Album aufnahmen (als Trio, nachdem der Gitarrist Ace Frehley ausgestiegen war). Was genau an diesem Herbstnachmittag gesprochen wurde, ist nicht bekannt, doch Gene Simmons schwörte Stein und Bein, Eddie hätte von der Zusammenarbeit mit David Lee Roth derart die Schnauze voll gehabt, dass er anbot, seine Band zu verlassen und stattdessen als Gitarrist bei Kiss einzusteigen.

»Er war so unglücklich darüber, wie es zwischen ihm und Roth lief – oder eben nicht lief«, erzählte Simmons. »Er konnte ihn nicht mehr ertragen. Die vielen Drogen waren ein weiteres Thema. Wir gingen zum Essen in ein Diner gleich neben dem Record Plant. Dort sagte er: ›Ich steig bei Kiss ein. Hab keinen Bock mehr auf die Kämpfe mit Roth. Ich hab die Schnauze gestrichen voll.‹ Doch ich sagte ihm: ›Eddie, bei Kiss gibt es nicht genug Platz für dich. Du brauchst eine Band, in der du musikalisch den Ton angibst. Bei Kiss wirst du nicht glücklich werden.‹ Ich hab ihm das also ausgeredet. Hat einfach nicht gepasst.«

Als der Autor des vorliegendes Buches mit Paul Stanley über dieses Gerücht sprach, bestätigte dieser zwar Eddies Besuch im Studio – »Ich weiß noch, wie er sich das Solo von ›Creatures of the Night‹ anhörte und es großartig fand« –, konnte sich aber nicht daran erinnern, dass der Gitarrist oder auch sein eigener großmäuliger Bassist Eddies Einstieg in die New Yorker Band thematisiert hätten. Auch nach der Rückkehr von seinem Mittagessen, so Stanley, hätte Simmons nichts in dieser Richtung erwähnt. »Zieh einfach deine eigenen Schlüsse daraus«, fügte er diplomatisch an.

»Das kaufe ich Simmons niemals ab«, meinte Jas Obrecht, der mit dem Gitarristen damals in regelmäßigem Kontakt stand. »Und weißt du, warum? Nie im Leben hätte Eddie Alex verlassen. Völlig unmöglich, so etwas wäre niemals passiert. Eddie ist unglaublich loyal gegenüber seiner Familie und hätte so etwas nie gemacht, unter keinen Umständen. Die Story ist totaler Unsinn.«

Nur den engsten und vertrautesten Freunden war jedoch bekannt, dass Alex seinen Bruder gerade mal ein Jahr vorher davon abgehalten hatte, die Band zu verlassen.

»1981, als Ed und Valerie heirateten, lief alles etwas aus dem Ruder«, erzählte der Drummer. »In der Zeitung standen

Dinge, die ihm nicht gepasst haben, und alles wurde immer unerträglicher. Ed dachte ans Aufhören. Ich habe ihm gesagt: ›Schau mal, wir haben da viel zu viel Zeit reingesteckt, um jetzt alles hinzuschmeißen. Die Texte und das Image sind vielleicht nicht perfekt, aber die Leute können immerhin deine Musik hören.‹ Ich hab gesagt: ›Hey, wir spielen! Das ist es doch, was jeder Musiker tun will.‹«

Was auch immer an der Geschichte wirklich dran ist, es führte jedenfalls nicht zu einer Gefährdung der *Hide Your Sheep*-Tour. Allerdings mussten drei Oktober-Termine in New Jersey abgesagt werden, nachdem der Gitarrist vor lauter Wut mit der Faust gegen die Wand geschlagen und sich dabei das Handgelenk angebrochen hatte.

Als er dann völlig hergestellt war, nahm sich Eddie noch im gleichen Monat die Zeit, etwas zu Michael Jacksons Album *Thriller* beizutragen. Auf Wunsch von Produzent Quincy Jones spielte er in den Westlake Recording Studios in Los Angeles das Solo für »Beat It« ein.

Jackson hatte »Beat It« als Rocksong geschrieben, der auf einem treibenden Riff des Toto-Gitarristen Steve Lukather basierte, ein alter Freund der Van-Halen-Brüder. Als Eddie ins Westlake kam, meinte Jones, er solle nach Belieben über Lukathers Thema improvisieren.

»Michael ging rüber in ein anderes Studio, um irgendwelche Sprachaufnahmen für eine Kinderplatte zu machen«, erinnerte sich Eddie. »Ich glaube, das war *E. T.* oder so. Also fragte ich Quincy: ›Was soll ich machen?‹ Und er antwortete: ›Was immer du willst.‹ Darauf ich: ›Pass auf, was du sagst! Wenn du auch nur das Geringste über mich weißt, musst du mit solchen Aussagen aufpassen!‹

›Ich werde dir ganz bestimmt nicht sagen, was du spielen sollst‹, meinte Jones. ›Du bist hier, weil du selber ganz genau weißt, was du spielen sollst.‹

Ich hörte mir also den Song an und sagte sofort: ›Kann ich ein paar Sachen ändern?‹«, erzählte Eddie. »Dann sagte ich zum Toningenieur: ›Okay, beim Mittelstück machst du den Teil hier rein, dann kommt der hier, dann Pre-Chorus, Refrain, und fertig.‹ Der brauchte dann etwa zehn Minuten, um alles zusammenzustellen, und ich musste nur noch zwei Solos dazu improvisieren.«

Bei seinem zweiten Solo war Van Halen zu sehr in die Musik versunken, um zu bemerken, dass Michael Jackson wieder in den Abhörraum kam.

»Ich hab ihm dann gesagt: ›Hey, in der Mitte deines Songs hab ich ein bisschen was verändert‹«, erzählte Eddie. »Mir war klar, dass er mich entweder von seinen Bodyguards verprügeln lassen oder es mögen würde. Er hörte es sich also an und sagte zu mir: ›Wow! Danke, dass du nicht einfach nur dein Solo runterreißt, sondern dir den Song zu Herzen nimmst und ihn auch noch verbessert hast.‹«

Eddie verließ dieses Treffen mit dem King of Pop, ohne einen Credit auf der Platte oder gar ein Honorar zu verlangen. Zudem verzichtete er nicht nur darauf, seine Bandkollegen, seinen Manager sowie seine Plattenfirma über diesen Gastbeitrag zu informieren, sondern dachte auch keine Sekunde lang darüber nach, ob so etwas vielleicht angebracht sein könnte.

»Ich hab mir gesagt: ›Erfährt doch keiner, dass ich auf der Platte dieses Jungspunds gespielt habe, oder? Das kriegt doch keiner mit.‹ Falsch! Megafalsch!«

Noch verschwiegener war der Gitarrist bezüglich einer Aufnahmesession im Jahr 1982, bei der er für Frank Zappas zwölfjährigen Sohn Dweezil eine Single mit zwei Songs koproduzierte (gemeinsam mit Donn Landee, wobei die beiden als »The Vards« firmierten). Die A-Seite, »My Mother is a Space Cadet«, geschrieben von Steve Vai, Gitarrist bei Zappa senior, und Dweezils vierzehnjähriger Schwester Moon Unit, enthielt ein nicht zu verkennendes Gitarrenintro von Eddie und einen Refrain, der stark an The Police erinnerte. »Das knallt!«, sagte Eddie zu Jas Obrecht. »Da geht echt die Post ab! Diese verdammte Band bestand aus Zwölfjährigen! Spielen konnten sie zwar nicht, aber wenn du es hörst, bläst es dich weg.«

Als Dweezils Band – zu der auch der spätere Adele- und Foo-Fighters-Produzent Greg Kurstin gehörte – an einem Highschool-Talentwettbewerb teilnahm, kam der Rockstar-Mentor zur Unterstützung vorbei und schenkte dem Jungen eine brandneue Kramer Explorer. Nach dem Auftritt traf der Gitarrist seine jungen Freunde hinter der Schule, um eine zu rauchen.

»Ich weiß noch, dass eine Lehrerin ankam und sah, wie wir da abhingen«, erzählte Scott Marshall, der Bassist der Band. »Sie fragte: ›Was macht ihr denn hier hinten?‹ Eddie stieg aus seinem Porsche 930 Turbo und sagte grinsend: ›Einen durchziehen!‹ Sie hat den Schock ihres Lebens gekriegt und ist weggerannt. Ohne den Witz zu verstehen, denke ich.«

6
Jump

Tausend Meter über den ausgedörrten Wüsten und Berghängen des San Bernardino County konnte Valerie Bertinelli beobachten, wie ihr Mann unruhig auf seinem Sitz hin und her rutschte und schweigend aus dem Fenster des Hubschraubers sah. Es war der Nachmittag des 29. Mai 1983, und auf dem Flug zum Glen Helen Regional Park in Devore, wo seine Band bei einem der größten und ambitioniertesten Musikfestivals der USA als Headliner auftreten sollte, machte sich Eddie Van Halens Nervosität bemerkbar.

Bertinelli konnte nicht anders, als beim Anblick des angespannten, ängstlichen Musikers an den relaxten, verspielten Liebhaber zu denken, der erst vor einem Monat mit ihr Hand in Hand durch die Grachten von Amsterdam geschippert war. Die beiden waren in die niederländische Hauptstadt gereist, um ihren zweiten Hochzeitstag zu feiern, und zu Eddies sorgfältig ausgearbeitetem Ferienprogramm gehörten ein Besuch des Anne-Frank-Hauses, ein Konzert mit Sinfonien von Chopin und Bartók sowie ein abendlicher Bummel über die belebten Märkte der Stadt. Auf diesem Kurztrip nach Europa hatte Bertinelli die unverstellten, sympathischen, letztendlich ganz einfachen Seiten des Mannes erlebt, den sie liebte. Heute hingegen ging es aber nur um Ego und Status, um eine öffentliche Demonstration, wie weit es der schwer arbeitende Einwanderersohn gebracht hatte.

Das US Festival (»Unite Us in Song«) war ein ehrgeiziges Projekt des Apple-Mitbegründers Steve Wozniak, der ein »neues Festival für ein neues Zeitalter« etablieren und zu einem jährlich stattfindenden »Super Bowl des Rock« machen wollte. Es war erstmals vom 3. bis zum 5. September 1982 mit den Headlinern The Police, Tom Petty and the Heartbreakers und Fleetwood Mac über die Bühne gegangen. Am Ende blieb Wozniak auf Verlusten zwischen fünf und zwölf Millionen Dollar sitzen, was den Unternehmer aber nicht sonderlich juckte. Kaum war die Festivalbühne wieder abgebaut, verkündete »Woz« bereits, dass sein Baby im Jahr 1983 zurückkehren würde, jetzt aber noch größer und noch gewagter. Diese zweite Runde, versprach er, sollte am Memorial-Day-Wochenende vom 28. bis 30. Mai stattfinden und Bands aus den Bereichen New Wave, Heavy Metal und Rock präsentieren. Der in San José geborene Geschäftsmann hatte für den ersten Abend die Londoner Punks The Clash vorgesehen, deren 1982er Album *Combat Rock* in den USA sehr erfolgreich war, wollte für den Festivalabschluss David Bowie verpflichten und plante, Van Halen aus dem Studio zu holen, um die Lücke zwischen den beiden englischen Acts mit einem kernigen, rein amerikanischen Beitrag zu schließen.

»Ihr werdet Teil von etwas so Großem und Einzigartigem sein, dass in der Geschichte der Rockkonzerte ein komplett neues Kapitel dafür geschrieben werden muss«, verkündete Wozniak während der Promotion für das lange Wochenende, dem außerdem noch ein Country Day mit Headliner Willie Nelson angefügt wurde, angesetzt für den 4. Juni. »Gemeinsam werden wir das Ende der ›Ich‹-Dekade und den Beginn des ›Wir‹-Jahrzehnts feiern.«

Diese hehren Absichten wurden im Vorfeld durch erbittert geführte Vertragsverhandlungen ein wenig unterlaufen. Nachdem The Clash für den Headliner-Auftritt am ersten Abend ursprünglich eine Gage von fünfhunderttausend Dollar akzeptiert hatten, waren sie ziemlich empört über die Information, dass Van Halen am Abend darauf das Doppelte erhalten sollten – dieses Ungleichgewicht wurde später sogar noch verstärkt.

Wozniaks Liebling David Bowie befand sich von Mitte Mai bis Anfang Juli auf seiner *Serious Moonlight*-Tour durch Europa, um das Erfolgsalbum *Let's Dance* zu bewerben, also war er wenig begeistert davon, ein Konzert auf der anderen Seite des Atlantiks zu geben, für das seine ganze Anlage nach Kalifornien geschafft werden musste. Doch nur achtundvierzig Stunden bevor Wozniak im Rahmen einer großen Werbeaktion sein Festivalprogramm verkündete, sagte Bowie doch noch zu, forderte jedoch für die Atlantiküberquerung eine Boeing 747 und eine Million Dollar Gage. Das stellte nun den Veranstalter Barry Fey vor Probleme, denn eine Meistbegünstigten-Klausel im Vertrag mit Van Halen besagte, dass keiner der auftretenden Acts mehr Geld als Eddie & Co. bekommen dürfe. Wohl wissend, dass den Festivalorganisatoren wenig Verhandlungsspielraum blieb, forderte Van Halens Booking-Agentur Primary Talent also weitere fünfhunderttausend Dollar Gage für den Auftritt. The Clash, die ohnehin schon verärgert waren, schäumten vor Wut, als sie davon erfuhren, und Joe Strummer drohte noch kurz vor Festivalbeginn, mit seiner Band nach England zurückzukehren. Irgendwie gelang es aber, die verletzten Egos zu beruhigen und die Briten zum Bleiben zu überreden.

»Die Leute da draußen wollen, dass wir spielen«, erklärte The-Clash-Manager Bernie Rhodes der Presse bei dem Versuch, das zickige Verhalten seiner Band in ein positives Licht zu rücken. »Außerdem: Wenn wir nicht auftreten, werden Van Halen uns als Kommunisten beschimpfen.«

Natürlich überließ David Lee Roth diesen englischen Punks nicht das letzte Wort.

»The Clash verstehen einfach nicht, dass man das Leben nicht so verdammt ernst nehmen darf«, spottete er. »Keiner von uns kommt hier lebend raus. Wir und The Clash unterscheiden uns nur in puncto Frisuren und Schuhe ... Ansonsten machen wir genau das Gleiche: Arbeit mit Vergnügen verwechseln.

Das Spiel des Lebens«, erläuterte Roth weiter, »spielst du mit vollem Einsatz. Dabei kommt's nicht darauf an, ob du gewinnst oder verlierst, sondern nur darauf, wie gut du dabei ausgesehen hast.«

Letztendlich entschieden aber die Fans diese alberne Auseinandersetzung. Anhand der Ticketverkäufe machten sie deutlich, welche Band sie als »People's Champions« sahen. Von den insgesamt sechshundertsiebzigtausend Karten zu je zwanzig Dollar wurden dreihundertfünfundsiebzigtausend für den Heavy Metal Day erworben, an dem neben Van Halen noch die kalifornischen Quiet Riot aus L. A., die Nachwuchskrawallmacher vom Sunset Strip Mötley Crüe, Van Halens alter Freund und früherer Tourkollege Ozzy Osbourne, die nieten- und lederbestückten Metal-Götter Judas Priest, das kanadische Progressive-Rock-Trio Triumph sowie die teutonischen Hardrocker Scorpions auftraten. Vince Neil, der wasserstoffblonde, von David Lee Roth inspirierte Frontmann von Mötley Crüe, verkündete später mit bewundernswertem Tiefgang und großer Wahrhaftigkeit: »Das war der Tag, an dem die New Wave starb und der Rock'n'Roll die Sache in die Hand nahm.«

Es sah also ganz so aus, als würde das Wochenende Van Halen gehören. Barry Fey erlaubte sich vor dem Auftritt den

Scherz, in der Bandgarderobe eine Schüssel mit braunen M&M's zu platzieren, schließlich hatte er alles getan, um der Band einen denkwürdigen Abend zu bescheren. Tatsächlich entlockte dies den Van-Halen-Brüdern ein Lachen, das ihnen jedoch im Lauf des Abends gleich wieder vergehen sollte.

»Für mich und die Band war das kein besonders guter Tag«, gab Noel Monk später zu. »Vor mehreren Hunderttausend Leuten und der größten Medienmeute, die es je bei einem Konzert gegeben hatte, gingen Van Halen auf die Bühne und machten sich fast in die Hose.«

Das Problem war, kurz gesagt, David Lee Roth. Vor dem Headliner-Auftritt seiner Band zeigte man den Zuschauern im Glen Helen Regional Park auf riesigen Fernsehmonitoren heiße Partyszenen – eine vermeintliche Live-Übertragung aus dem starbesetzten Backstagebereich. Models mit Bodypainting stolzierten herum und trugen nichts als High Heels und ein Lächeln, während Kleinwüchsige in Cowboy-Outfits auf gesattelten Schafen ritten und das Luxusbüfett stürmten. Eine besonders alberne Sequenz zeigte einen Kameramann, der einen abgesperrten Bereich betrat und hinter dicken schwarzen Vorhängen auf Roth traf, der eine Leopardenunterhose trug und gerade im Begriff war, auf einem Piano seine Gefährtin im Bikini zu »schtuppen«, um einen Begriff aus dem eigentümlichen Vokabular des Sängers zu benutzen. Dieser vermeintlich spontane bacchantische Exzess war natürlich bereits Wochen vorher gefilmt und geschnitten worden. Am Tag des Konzerts hielt Roth in einem großen Gästebereich Hof, zu dem ein Schild mit der Aufschrift »Van-Halen-Wanderweg: Für Jungfrauen, Journey-Fans und Schafe verboten« führte. Er wirkte fest entschlossen, eine One-Man-Show seiner schlimmsten Exzesse zu inszenieren. Bereits am Nachmittag war der Sänger derart zugedröhnt, dass er kaum noch aufrecht stehen konnte. Beim Interview mit

MTV-Moderator Mark Goodman grabschte ein schwankender, sichtbar zugekokster Roth unkoordiniert nach der Kamera und lachte wie ein Irrer über seine halb gelallten Witze, die außer ihm aber niemand lustig fand. Inmitten dieser vulgären Vaudeville-Nummer entlockte Goodman ihm aber auch eine Neuigkeit, als Roth auf die Frage, wie es um das nächste Album stünde, offenbarte, das Quartett hätte bereits Aufnahmen gemacht, die gleich mehrere Singles abgeben könnten.

»Edward hat ja dieses Studio«, sagte er. »Und wir haben uns den Arsch wund gearbeitet.«

Wenige Stunden später stolperte Roth mit einer Flasche Jack Daniels in der Hand über die Bühne und vergaß seine Songtexte. Er war komplett im Eimer. Schon beim ersten Stück, dem brachialen »Romeo Delight« von *Women and Children First*, war klar, wie die Dinge laufen würden, als Roth nach dem ersten Refrain schrie: »Ich hab den beschissenen Text vergessen!« Der Großteil des Publikums, fest entschlossen, gemeinsam mit Kaliforniens Partykönigen abzufeiern, war zu betrunken oder zu high, um sich groß darum zu scheren. Nach drei Songs improvisierte Roth für die zweite Hälfte von »The Full Bug« einen komplett neuen Text und steuerte noch ein Mundharmonikasolo bei, das vom Timing und von der Stimmung her so sehr danebenlag, dass man es fast schon als Performance Art bezeichnen konnte. In der Mitte des Sets, während »Somebody Get Me a Doctor«, erlaubte sich Eddie den Spaß und baute einen Schnipsel aus »I'm So Glad« von Cream sowie Elemente des neuen, noch unveröffentlichten Songs »Girl Gone Bad« zu einem ausgedehnten Solo aus. Michael Anthony riss versehentlich sein Kabel aus dem Bass und erhielt den vermutlich lautesten Beifall des Abends, als er daraufhin sein Instrument in die Luft schleuderte und auf die Bühne knallen ließ – so ein Abend war das. Bei der Zugabe, die diese zweistündige Wackel-Performance nicht wirklich verdient hatte, kam Roth in gesäßfreien Cowboy-Überhosen für seine Performance von »You Really Got Me« auf die Bühne. Die ernsten Mienen auf den Gesichtern der Van-Halen-Brüder schien er gar nicht zu bemerken.

»Das war Van Halens Publikum«, kommentierte Sylvie Simmons unter dem geistreichen Pseudonym »Laura Canyon« für *Kerrang!*. »David Lee Roth hatte die Menge in der Hand und ließ sie zwischen seinen Fingern hin und her gleiten … Van Halen waren so over the top wie eh und je, vermutlich sogar noch mehr als sonst, und wussten, dass sie da oben alles machen konnten. Erwartungsgemäß spielten Eddie und Alex Van Halen meisterhaft – schon im zweiten Song hatte jeder ein halbes Dutzend Soli abgeliefert –, während David bei Klassikern wie ›Dancing in the Street‹, ›Jamie's Cryin'‹ und ›Runnin' with the Devil‹ herumstolzierte, sich mit den Händen auf den Hüften in Pose warf und mit offenem Mund in die tobende Menge blickte.«

»Heute Abend sind mehr Leute verhaftet worden als letztes Mal beim gesamten Festival«, schrie Roth irgendwann und erntete frenetischen Jubel. »Ihr seid echt ein Haufen übler Motherfucker.«

So überdreht Roth auch war, hatte er mit dieser Aussage durchaus nicht unrecht. Im Verlauf des Wochenendes kam es zu hundertdreißig Verhaftungen, jemand wurde auf dem Parkplatz mit einem Wagenheber erschlagen, ein anderer starb an einer Überdosis, und zahllose blutende oder zerschundene Körper lagen im Staub, als der Festivalabend mit »Happy Trails« zu Ende ging. Beim Verlassen des Geländes rammten ein paar überglückliche Fans mit ihren Autos die Polizeiwagen: »Sogar ein Pferd wurde angefahren«, berichtete ein verständnisloser Polizist. Während seine Leute den Dreck vom Parkgelände abkratzten, erklärte der Sheriff des San Bernardino County Floyd Tidwell der versammelten Presse: »Es gibt ein paar Leute, die ich in diesem County liebend gern nie wieder sehen würde – zum Beispiel Van Halen.«

Als Steve Wozniaks Buchhalter nach dem Großereignis ihre Taschenrechner zückten, kam heraus, dass das Wochenende den Computer-Guru 13 Millionen Dollar gekostet hatte. Er versuchte nie wieder, ein Musikfestival zu organisieren. Zumindest blieb ihm ein gemeinsames Foto mit Valerie Bertinelli, das noch Jahre nach dem Event sein Büro schmückte – es war also nicht *alles* schlecht gewesen.

So chaotisch die ganze Sache auch war, machte die überregionale Berichterstattung in Radio und Fernsehen den schmollmündigen, breit grinsenden Zeremonienmeister David Lee Roth dennoch landesweit zum neuen Posterboy für maßlosen Rock'n'Roll-Exzess. Während der nächsten sechs Monate waren Roths Gesichtszüge und seine kunstvoll toupierte Mähne Dauergast in den amerikanischen Musikzeitschriften, gleichzeitig nahm die Medienpräsenz von Hardrock und Heavy Metal vor allem durch den Einfluss von MTV erheblich zu. Falls Eddie Van Halen durch die zunehmende Selbstbesessenheit und Angeberei seines Sängers peinlich berührt oder auch verärgert gewesen sein sollte, und das war er tatsächlich, dann tröstete er sich wohl mit der Hoffnung, die Kontrolle über seine Band bald zurückgewinnen zu können.

Den Gutachtern des Stadtbauamtes von Los Angeles kamen die Pläne, die Mr. Edward Van Halen für ein Racquetball-Feld auf seinem Grundstück im Coldwater Canyon eingereicht hatte, ziemlich extravagant vor. Natürlich konnte der erfolgreiche Musiker sein Geld für alles ausgeben, was er wollte, aber waren bei diesem Vorhaben wirklich Betonziegel von einem halben Meter Durchmesser nötig?, wollten die Herren beim Ortstermin wissen.

»Wenn wir spielen, dann spielen wir *richtig*«, erklärte der freundliche, bescheidene Rockstar lächelnd. »Aber wir wollen nicht so viel Lärm dabei machen, damit sich die Nachbarn nicht beschweren.«

Antrag stattgegeben.

Donn Landee war derjenige, der sich den Namen für Eddies geheimes Aufnahmestudio ausdachte. Als er einmal illegalerweise den L. A.-Polizeifunk abhörte, erfuhr der Toningenieur, dass die Kennziffer »5150« eine psychisch instabile Person bezeichnete, die aus dem Gewahrsam entflohen ist und eine potenzielle Gefahr für sich selbst und/oder andere darstellt. Und da Landee wusste, dass viele aus dem Van-Halen-Lager Eddies Wunsch nach einem eigenen Studio für Wahnsinn hielten, teilte er seine Entdeckung mit dem Gitarristen, woraufhin die beiden dem Bauvorhaben genau diese Ehrenbezeichnung verliehen. In Wahrheit war Eddies Entscheidung für das Projekt natürlich nur logisch und ganz pragmatisch: Mit einem Studio, das ihm rund um die Uhr zur Verfügung stand, so dachte der obsessive Workaholic, müsste er seine eigene Produktivität nicht mehr mit den Terminen anderer koordinieren und auch nicht mehr mitten in der Nacht Ted Templeman, Landee oder seine Bandkollegen anrufen, wenn er sich inspiriert fühlte. Der Bau von 5150 war seine persönliche Unabhängigkeitserklärung.

Donn Landee erwies sich als eifriger und begeisterter Gehilfe bei der Realisierung von Eddies Plan, und wie der Gitarrist später erklärte, hatten sie eine »gemeinsame Vision«. Landee trieb ein ausgemustertes Universal-Audio-Mischpult auf, das Eddie sofort für sechstausend Dollar erwarb. Landee staubte es ab, reparierte und erweckte es zu neuem Leben. Im Interview mit *Guitar World* bezeichnete Van Halen seinen neuen besten Freund als »kindliches Genie am Rand des Wahnsinns«. Eine Beschreibung, die für viele aus dem Van-Halen-Umfeld auch auf den neunundzwanzigjährigen Gitarristen zutraf.

Im April 1983 informierte Eddie Ted Templeman, dass er das nächste Van-Halen-Album in seinem noch unfertigen Studio aufnehmen wollte. Templeman reagierte eher verhalten, stimmte dann aber doch zu. Schließlich war der Gitarrist völlig begeistert von der Aussicht, und notfalls könnte Templeman die Sache später immer noch im Sunset Sound oder Amigo geradebiegen.

Der erste Song, den Eddie dem Produzenten präsentierte, war ein keyboardlastiges, melodiöses Instrumentalstück, an dem er seit über einem Jahr in seinem Schlafzimmer herumgebastelt hatte, zunächst auf einem Sequential Prophet 10, dann auf einem Oberheim OB-Xa. Templeman war wenig begeistert.

»Moment mal«, meinte er. »Ich habe eigentlich eine Heavy-Metal-Band unter Vertrag genommen.«

Sicher ein merkwürdiger Kommentar von einem kommerziell denkenden Produzenten und Label-Mitarbeiter, der die Band zur Aufnahme von »You Really Got Me« ermutigt hatte, aktiv an der musikalischen Entwicklung von »Dance the Night Away« beteiligt gewesen war und erst zwölf Monate vorher »(Oh) Pretty Woman«, »Dancing in the Street« und »Where Have All the Good Times Gone« produziert und zur Veröffentlichung freigegeben hatte. Im Grunde hatte Templeman auch nichts gegen Keyboards, doch deren Einsatz in Songs wie »And the Cradle Will Rock ...« und »Sunday Afternoon in the Park« fand er gewagter, aufregender und »markentreuer«. Diese neue Idee klang seiner Meinung nach viel zu sehr nach dem billigen Gedudel, das einem bei Baseballspielen oder auf dem Rummelplatz vorgesetzt wurde. Eddie sagte dem Produzenten, dass er damit falsch lag und dass er ihm das auch beweisen würde. Worauf die beiden erst einmal ohne Einigung auseinandergingen.

Weit nach Mitternacht rief der Gitarrist seinen Mentor dann vom 5150 aus an: »Ted, das musst du dir anhören«, schwärmte er. »Ich hol dich ab.«

»Er kam um drei Uhr morgens runter nach Century City und fuhr mich in seinem Porsche zum Studio«, erzählte Templeman. »›Hör dir das an‹, sagte er. Dann spielte er mir ›Jump‹ vor. Er hatte mit Donn daran gearbeitet. Und der Song funktionierte tatsächlich. Was sag ich, er klang fantastisch. Also meinte ich: ›Yeah, OK.‹ Am nächsten Tag sagte ich dann zu Dave: ›Schreib einen Text dazu.‹«

Roth war nicht besonders beeindruckt von dem ersten Demo und artikulierte seine Meinung deutlich. »Dave meinte, dass ich als Gitarrengott diesen Keyboardscheiß lassen sollte«, erzählte Eddie. »Ich hab ihm dann gesagt, dass ich auch Tuba oder bayerische Spielzeugflöte spielen würde, wenn ich Lust darauf hätte.« Trotzdem vertraute der Sänger auf Templemans kommerziellen Riecher. Nach einer Stunde, die er damit verbracht hatte, auf dem Rücksitz seines 1951er Mercury Lowrider Ideen auf ein Blatt Papier zu kritzeln, kam Roth wieder ins Studio und präsentierte seinen Text. Er basierte auf einem Ausdruck, den er sich notiert hatte, als er eines Abends eine dramatische Nachrichtensendung im TV ansah. Ironischerweise hatte einer der lebensbejahendsten Songs des Jahrzehnts seinen Ursprung in einem Bericht über einen potenziellen Selbstmord.

»Ich sah mir die Fünf-Uhr-Nachrichten an, und da stand ein Typ auf dem Dach der Arco Towers in Los Angeles, der vorzeitig auschecken wollte. Er stand also da und hatte vor, sich die dreiunddreißig Stockwerke runterzustürzen, und unten auf dem Parkplatz schrien die Leute: ›Don't jump, don't jump – nicht springen!‹ Während ich nur dachte: ›Jump – spring doch‹«, erzählte Roth der Journalistin Lisa Robinson im Interview für die Zeitschrift *Rock Video.* »Auf der Platte bekommt es dann diese positive ›Mach's einfach‹-Bedeutung.«

Nach diesem sehr ermutigenden Start glitt die Produktion des sechsten Studioalbums von Van Halen ins Chaos ab. Angetrieben von einem endlosen Nachschub an Kokain und Alkohol zogen sich Eddie und Donn Landee tagelang in ihren Privatclub zurück, wo sie auf Schlaf verzichteten und Templeman und Roth oft wortwörtlich von den Sessions ausschlossen. Einmal rief Valerie Bertinelli Noel Monk an und bat ihn unter Tränen, ihren Ehemann aus dem Studio zu holen. Als Monk dort anrief, hörte er im Hintergrund, wie Eddie fluchte und teures Studioequipment zerstörte, während der offensichtlich zugedröhnte Donn Landee ihm versicherte, dass alles bestens lief. »Nach einer gewissen Zeit«, meinte Templeman, »frisst einen dieses Zombie-Dasein von innen auf.«

»Wir waren ständig unterschiedlicher Meinung«, sagte Roth. »Dauernd stritten wir darüber, wie man die Dinge am besten macht. Aber es war genau diese kritische, streitlustige, auf Konfrontation ausgerichtete Chemie, die am Ende zu unserer Musik geführt hat. Es ist nicht unbedingt hilfreich, wenn alle nur rumsitzen und sagen: ›Du bist fantastisch! Und findest du mich auch fantastisch? Ehrlich? Super!‹ Da fliegen keine Funken. Es gibt keine Herausforderung.«

»Alle hatten Schiss, dass Donn und ich die Kontrolle übernehmen«, sagte Eddie. »Okay … das haben wir! Ich wollte die Dinge einfach nicht so machen, wie Ted das vorhatte. Nichts gegen *Diver Down,* das ist eine gute Platte, aber eben nicht die, die ich gern gemacht hätte. Bei *1984* habe ich Ted gezeigt, wie man eine Van-Halen-Platte macht.«

Lange bevor die Arbeit im 5150 beendet war, beschloss die Marketingabteilung von Warner Bros., das neue Album an Silvester um Mitternacht zu veröffentlichen und damit das Jahr 1984 einzuläuten. Ted Templeman erhielt von der Plattenfirma die Anweisung, das fertig gemischte und gemasterte Album Ende Oktober abzuliefern. Angesichts der chaotischen Szenerie im Coldwater Canyon war sich Templeman nicht sicher, ob diese Deadline wirklich zu halten sei, zumal niemand, der an der Produktion beteiligt war, übermäßigen Eifer an den Tag legte. Am allerwenigsten Eddie selbst, der sich nach Belieben anderen Musikprojekten widmete, ohne seine zunehmend genervten Bandkollegen darüber zu informieren. Die Sorge des Produzenten nahm noch zu, als er beim Abmischen regelmäßig von Eddie, Alex und Donn Landee überstimmt wurde, sich im Hinblick auf innerbetriebliche Harmonie aber der Mehrheit beugte. Ende Oktober war der Mix dann tatsächlich fertig, also beauftragte Templeman Landee damit, das Mastern der Bänder anzugehen. Doch Eddie war immer noch nicht zufrieden und bastelte weiter am »fertigen« Mix herum. Erst als Templeman von den Leuten im Amigo erfuhr, dass Donn die Bänder noch nicht vorbeigebracht hatte, wurde ihm klar, dass Gitarrist und Toningenieur immer noch an den Aufnahmen arbeiteten … und schlimmer noch, sich hartnäckig weigerten, sie an die Plattenfirma zu übergeben, bevor sie nicht vollständig zufrieden waren.

»Alle waren sauer auf Donn und mich«, gestand Eddie Chris Gill von *Guitar World*. »Sie dachten, wir hätten den Verstand verloren. Ted befürchtete, Donn sei durchgeknallt und würde damit drohen, die Bänder zu verbrennen. Das war natürlich reiner Bullshit. Alles, was wir wollten, war eine weitere Woche, damit auch wirklich alles so klang, wie wir uns das wünschten.

Ted hat die Dinge einfach anders gesehen als ich. Das war für mich ja der Grund gewesen, das Studio einzurichten. Ich wollte eine von Anfang bis Ende komplette Platte machen, nicht nur diesen einen Hit. Sobald ›Junp‹ im Kasten war, betrachtete er den Rest des Albums lediglich als Füllmaterial. Für mich war es eben weit mehr als das.«

Während Ted Templeman dem Album den, wie er dachte, letzten Schliff gab, veröffentlichte der Queen-Gitarrist Brian May die Mini-LP *Star Fleet Project*, die er am 21. und 22. April gemeinsam mit Eddie Van Halen, Bassist Phil Chen, Queen-Keyboarder Fred Mandel und Drummer Alan Gratzer in den Record Plant Studios in Los Angeles aufgenommen hatte. Die 12-Inch-Vinylplatte, die an Halloween unter dem Projektnamen Brian May + Friends erschien, enthielt nur drei Stücke: »Star Fleet«, Mays Hardrockversion der Titelmusik zur gleichnamigen japanischen Science-Fiction-Anime-Serie (komponiert von dem englischen Musiker Paul Bliss und genau wie »Jump« ursprünglich auf einem Oberheim OB-Xa gespielt), Mays Eigenkomposition »Let Me Out« sowie »Blues Breaker (Dedicated to E. C.)«, einen atemberaubenden Blues-Jam, inspiriert von Mays und Eddies Liebe für das Album *Blues Breakers with Eric Clapton* von John Mayall aus dem Jahr 1966.

»*Star Fleet* war eine japanische Animationsserie für Kinder, die damals samstagmorgens im Fernsehen kam«, erzählte May dem Autor dieses Buches im Jahr 2013. »Die habe ich immer mit meinem Sohn Jimmy angeschaut. Wir sind dafür ganz früh aufgestanden. Im Grunde war es Jimmys Idee, den Song aufzunehmen. Er sagte: ›Spiel du das doch mal, Dad.‹ Damals lebte ich in Los Angeles, Jimmy ging dort in den Kindergarten, und als ich eines Tages nichts zu tun hatte, was selten genug der Fall war, dachte ich: Eigentlich wäre das doch eine faszinierende Idee. Also habe ich ein paar Freunde in L.A. angerufen – Ed, den ich über meinen Freund Tony Iommi kannte, Alan Gratzer, der in der Nachbarschaft wohnte, und Phil Chen, einen großartigen Bassisten, der damals mit Rod Stewart spielte. Wir sprachen im Vorfeld ein paar Dinge ab, aber im Grunde sind wir einfach ins Studio gegangen und haben es laufen lassen.«

»Ich hatte eine kleine akustische Demoversion von ›Star Fleet‹ aufgenommen. Die hatte ich allen geschickt, und dann sind Ed und Phil zu mir nach Hause gekommen, um die Nummer auszuarbeiten«, berichtete May im Interview mit *Total Guitar*. »Das Arrangement war nicht ganz unkompliziert … Es gab jede Menge Akkordwechsel, auf die dann ein großer Soloteil folgen sollte, und natürlich wollte ich, dass Eddie dieses Solo spielte. Wir sind die Sache ein paarmal durchgegangen, und dann sagte Eddie: ›Okay, so machen wir's.‹

Wir hatten noch nie zusammengespielt, und trotzdem stimmte die Chemie. Bei ›Blues Breaker‹ haben wir nicht einfach vor uns hin gedudelt, sondern einander zugehört und aufeinander reagiert, genau wie der Rest der Band. Alan war absolut auf unserer Linie, und Phil lieferte eine perfekte Basis, während Fred Mandel genau die richtigen Sachen auf dem Keyboard spielte. Eddie sagte zu mir: ›Ich bin froh, dass wir das hier machen. Damit bringst du mich zurück zu meinen Wurzeln. Ich spiele wahnsinnig gern Blues, und es ist großartig, mal nicht die Eddie-Van-Halen-Nummer abziehen zu müssen. Kein Tapping, kein Feuerwerk. Es ist fantastisch, nur mit der Seele zu spielen.‹«

»Es war wirklich berauschend, wir folgten einfach nur unserem Bauchgefühl«, erzählte mir May. »Das waren lauter exzellente Musiker, und alles hat sich beim Spielen wie von selbst entwickelt. Ich liebe es, in unterschiedlichen Konstellationen gefordert zu sein, und ich denke, Eddie war ebenfalls glücklich. Diese Platte ist das Resultat eines Nachmittags voll reiner, spontaner, empathischer Musikalität.«

Van Halens sechstes Album erschien dann doch nicht am 31. Dezember 1983. Eine knackig formulierte Anzeige auf dem Cover der *Billboard*-Ausgabe vom 7. Januar 1984 bereitete aber sowohl Fans als auch Branchenleute darauf vor, dass von der prominentesten Rockband bei Warner Bros. neue Musik zu erwarten war. Der Text lautete: »Van Halen *1984* is here. It's big, brother.«

In der nächsten Ausgabe, eine Woche später, war dann zu lesen, dass die Vorabsingle des Albums »Jump« auf Platz 47 in die Hot 100 eingestiegen war, zwischen dem Kenny-Rogers/Dolly-Parton-Duett »Islands in the Stream« und Bonnie Tylers »Take me Back«. Am 21. Januar erschien in dem renommierten Branchenblatt dann eine der ersten Besprechungen des Albums.

»Das Platin-Quartett aus Pasadena schlägt wieder zu – in einem Markt, der für den ungestümen Hardrock der Band reifer denn je ist. Unterhaltsamer und vielfältiger als die meisten ihrer Metal-Genossen, baut die Band auch moderne Rock-Elemente ein – speziell Eddie Van Halens auffallende Verwendung von Synthesizern –, ohne den gewohnten Gitarren-Fokus der Band zu vernachlässigen. David Lee Roths gesangliche Darbietung ist so zotig wie eh und je, auch wenn ein überdrehter Coversong diesmal fehlt, und die Produktion ist ebenfalls von gewohnter Qualität. ›Jump‹ hat bereits einen guten Start hingelegt, und dem Album wird es sicher genauso ergehen.«

1984 erschien am 9. Januar und schoss in den *Billboard* 200 gleich auf Platz 18. Angesichts seiner chaotischen Entstehung ist es wirklich erstaunlich, wie einheitlich und selbstbewusst das Album mit seinen neun Stücken klingt. Auch wenn diese ziemlich unterschiedlich sind. Es gibt Synthie-Pop (»Jump« und »I'll Wait«, gemeinsam mit Michael McDonald von den Doobie Brothers geschrieben); Hardrock (der pubertär-laszive Turbo-Kracher »Hot for Teacher« und das von AC/DC inspirierte »Panama«, das eine Aufnahme von Eddies dröhnendem Lamborghini enthält und Roths augenzwinkernde Reaktion auf die Kritik darstellt, er würde immer nur über Frauen, Partymachen oder Autos schreiben – sein Text behandelt alle drei Themen gleichzeitig); Space-Age-Blues (»Top Jimmy« über die L. A.-Clublegende James Paul Koncek, Bandleader von Top Jimmy & The Rhythm Pigs) und stadionfreundliche Jazz-Fusion (»Drop Dead Legs«, von Eddie als »verjazzte AC/DC« bezeichnet und mit dem vermutlich atemberaubendsten Solo seiner gesamten Karriere). Obwohl Eddie den Löwenanteil leistete, Templeman in Schach hielt und beinhart seine eigene Vision umsetzte, war es doch die gesamte Band, die unter höchstem Druck wahre Glanzleistungen vollbrachte und *1984* (ironischerweise) klingen ließ, als sei hier ein vereintes, zusammengeschweißtes Kollektiv am Werk, das an sich glaubte und unaufhaltsam vorwärts strebte. »Van Halen sind definitiv keine reine Stadionrockband«, schrieb der *Rolling Stone* in seiner Vier-Sterne-Besprechung der Platte. »Und *1984* bringt alles, was sie draufhaben, wirklich zum Vorschein.«

Am 25. Februar verdrängte das hymnische »Jump« den Culture-Club-Song »Karma Chameleon« von der Spitzenposition der *Billbard* Hot 100. Fünf Wochen lang sollte es die meistverkaufte Single der USA bleiben. Das Album *1984* begann parallel dazu seinen fünfwöchigen Aufenthalt auf Platz zwei der *Billboard* 200 – von der Nummer eins wurde es, vielleicht unvermeidlicherweise, durch Michael Jacksons *Thriller* ferngehalten, das an insgesamt siebenunddreißig

Wochen zwischen dem 26. Februar 1983 und dem 14. April 1984 den Spitzenplatz innehatte. Räumen musste Jacksons Album seine Position zwischendurch nur kurzzeitig für The Police, Lionel Ritchie, den *Flashdance*-Soundtrack sowie die L. A.-Hardrocker Quiet Riot.

»Klar haben alle mir die Schuld dafür gegeben«, erzählte Eddie dem Sender CNN. »Sie haben gesagt: ›Hättest du nicht auf *Beat It* mitgespielt, wäre *Thriller* nicht auf Nummer eins.‹ Keine Ahnung, wer von uns dem anderen mehr geholfen hat. Ich weiß allerdings, dass meine Beteiligung an der Platte geholfen hat, ein ganz neues Publikum für Van Halen zu gewinnen.«

Roth behauptet, er hätte von dem Cameo-Auftritt seines Bandkollegen auf der dritten *Thriller*-Single erst erfahren, als auf dem Parkplatz eines 7-Eleven-Shops am Santa Monica Boulevard »Beat It« aus dem Pick-up-Truck einer jungen Mexikanerin dröhnte. »Ich höre das Gitarrensolo und denke mir: Na, das klingt ja mal bekannt«, erzählte er in *Crazy From the Heat*. »Da klaut jemand Eddie Van Halens Licks. Nur dass er es natürlich selbst war.«

Nach außen hin witzelte Roth über die Heimlichtuerei des Gitarristen: »Was hat Edward mit Michael Jackson gemacht? Er ist reingelatscht und hat das gleiche Solo hingelegt, das er in dieser Band seit zehn Jahren spielt. Gratuliere!« Doch insgeheim kochte er und war wütend über Eddies vermeintliche Unloyalität und Respektlosigkeit.

Im Rückblick auf seine damaligen Gefühle schrieb Roth in seiner Autobiografie: »Ich dachte: Hey, wie viele Soloprojekte macht er denn noch, während ich hier am Tor der Träume stehe, für die es sich zu sterben lohnt?« Sein Groll nahm sogar noch zu, als die Band wieder auf Tour ging.

Der Terminplan für die Nordamerika-Tournee war anspruchsvoll und umfasste gleich mehrere Auftritte in den größten Sportarenen sowie den meisten berühmten Konzerthallen: zwei Abende im legendären New Yorker Madison Square Garden (mit 19.500 Plätzen) am 30. und 31. März, Anfang April drei Abende in der Meadowland Arena von New Jersey (19.000 Plätze) und danach zwei Abende in der Detroiter Cobo Hall (12.000 Plätze). Es folgten sieben Konzerte in Kanada, dann zog die Karawane an die Westküste: drei Abende im Cow Palace von Daly City (16.500 Plätze) sowie zwei Abende im Forum von Inglewood, bevor es in den Mittleren Westen und die Südstaaten ging, mit den letzten sechs Konzerten in Texas, drei davon im Houston Summit (16.000 Plätze) und drei in der Reunion Arena von Dallas (17.000 Plätze). In geschäftlicher Hinsicht war die Annäherung der Band an den Mainstream durchaus sinnvoll, aber da die Risse im Lack bereits sichtbar wurden, muss jemand wie Noel Monk diesen langen, extrem fordernden Tourplan mit Sorge betrachtet und sich gefragt haben, ob die vier Männer, die er in Jacksonville, Florida am 18. Januar in ihren (separaten) Tourbussen durchzählte, nach dem letzten Konzert in Dallas am 16. Juli noch dieselben sein würden.

Auch Valerie Bertinelli machte sich Sorgen: »Der Spaß und die Kameradschaft waren verloren gegangen«, schrieb sie. »Die Partystimmung war verflogen.«

Noel Monk wusste nicht mehr, wann genau ihm auffiel, dass Eddie seinen persönlichen Drogendealer mit auf Tour genommen hatte. Wie ihm der Buchhalter der Band signalisierte, ließ sich Eddie regelmäßig große Vorschüsse auszahlen, was nach Monks Erfahrung entweder an finanziellen Schwierigkeiten oder einer kostspieligen Drogenabhängigkeit liegen musste. Kurz darauf bemerkte er, dass im Backstagebereich immer wieder jemand auftauchte, der nicht auf seiner Gehaltsliste stand, und wusste sofort, warum dieser Mann da war. Er beschloss, die Sache zu ignorieren, denn für ihn war es immer noch besser, wenn der Gitarrist hochwertiges Kokain aus sicherer Quelle bekam. So musste Eddie nicht vor den Konzerten losziehen, um in fremden Städten fremde Viertel nach »Ware« zu durchforsten, deren Reinheit dann eher bezweifelt werden musste.

Als Monk aber mitbekam, dass Crew-Mitglieder vor jedem Auftritt Eddies Verstärker mit dicken Koks-Lines präparierten, fragte er sich doch, wo das alles enden sollte. Mit Van Halen zu touren war immer eine Riesensause gewesen, nichts als eine einzige Party; aber jetzt war die Atmosphäre angespannt und stand immer kurz vor der Explosion, denn mit Ausnahme des gewohnt stoischen und zuverlässigen Michael Anthony kritisierten und beschimpften die Bandmitglieder einander ständig – und nahmen diese Spannungen auch mit auf die Bühne.

»Jeder in ihrem Umfeld wusste, dass die Jungs massive Probleme miteinander hatten«, sagte der Musikjournalist Malcolm Dome. »Im Mai '84 war ich gerade in Vancouver, um etwas über [die Schweizer Hardrockband] Krokus zu schreiben, und die Kollegen meinten: ›Heute spielen Van Halen, sollen wir hin?‹ Wir gingen also backstage [im Pacific Coliseum], und dort hatte Roth eine Riesenanlage, fast schon eine P.A., für seine Musik, während Eddie und Alex in der Ecke klebten und nicht besonders erfreut aussahen. Die beiden wirkten eher, als wären sie am liebsten ganz weit weg. Zwischen den Musikern und Dave, dem Party-Animal, bestand keinerlei Verbindung, sie machten den Eindruck, als seien sie rechtskräftig geschieden. Draußen stand für jedes Mitglied eine eigene Limo, und als die Band auf die Bühne ging, war es, als würde man sich David Lee Roth mit Begleitband ansehen. Man konnte die Spannungen richtig spüren, sie haben gar nicht erst versucht, das zu verbergen.«

»Ich habe die Band in Detroit und Houston fotografiert

und die zwei Konzerte im Forum von Los Angeles gesehen, und überall ging's nur um Edward«, erinnerte sich Fotograf Ross Halfin. »In der Anfangszeit stand ständig Roth im Mittelpunkt, weil er eben der dominante Frontmann war, aber mittlerweile bildete Eddies fünfzehnminütiges Gitarrensolo das Kernstück der Show. Im Grunde gab es jetzt zwei Lager: Auf der einen Seite Roth, und auf der anderen die Van-Halen-Brüder.«

Der *Rolling Stone* gesellte sich in Cincinnati zur Tour, und die Musikjournalistin Debby Miller lieferte einen so detaillierten wie scharfsinnigen Artikel für die Ausgabe vom 21. Juni. Er trug die Überschrift: »Van Halens gespaltene Persönlichkeit: Wie ein Tagträumer und ein Athlet das erfolgreichste Schrägsemble des Dumpfrock erschufen.«

»Die meisten Heavy-Metal-Bands«, schrieb sie, »haben so wenig Persönlichkeit, dass sie ihren Act nur über eine Masche verkaufen können. Bei Van Halen gibt es hingegen zwei ausgeprägte Charaktere. Dave ist derjenige, auf den sich MTV einschießt, weil er Charme besitzt, ständig Witze reißt und nach Eddies Ansicht irgendwann Johnny Carson ablösen wird ... Er ist sprunghaft und lässt seinem Temperament freien Lauf, oder wie jemand aus seinem Umfeld meint: ›Wir sind alle kindisch, aber Dave ist noch nicht einmal geboren.‹

Eddie hingegen ist so schüchtern, dass er noch nicht mal tanzen kann«, fuhr Miller fort. »Er macht einfach nur Musik, und manche Leute halten ihn sogar für den innovativsten Gitarristen seit Jimi Hendrix.

Eddie hat ein derart süßes Lächeln, dass es eigentlich auf eine Puppe gehört. Man hat das Gefühl, dass er mit diesem Lächeln und seiner Gitarre die Außenwelt auf Abstand halten will. Und trotzdem bedrängt sie ihn immer noch.«

Beim Interview entschuldigte sich Eddie dann dafür, dass er »nicht so gut im Reden« sei. Miller sagte ihm, er würde sich doch ganz gut ausdrücken, und wollte wissen, warum er dachte, da zu versagen.

»Vermutlich musste ich mir zu lange anhören, dass ich dumm bin«, erwiderte Eddie.

Nachdem der letzte Abschnitt der Nordamerika-Tournee in Dallas zu Ende gegangen war, hatten Van Halen einen Monat Pause, bevor sie dann nach Europa flogen, um als Support von AC/DC fünf Festivalauftritte bei den Monsters of Rock zu geben. Angesichts der Spannungen innerhalb der Band war Eddie sehr überrascht, als sich Roth in der Concorde-Lounge des New Yorker JFK-Flughafens neben ihn setzte. Noch überraschter war er aber, als der Sänger ein kleines Kassettengerät aus der Tasche zog, ihm ein paar Kopfhörer reichte und ihn bat, sich das Tape anzuhören. Als Roth auf Play drückte, konnte er sehen, wie sich der Gesichtsausdruck des Gitarristen von gespannter Erwartung in großes Unverständnis verwandelte, denn was er da hörte, waren die sonnigen Melodien von »California Girls«. Eddies erster Gedanke war, sein Sänger wolle mit Van Halen jetzt auch noch ein Beach-Boys-Cover aufnehmen, doch dann erzählte ihm Roth ganz aufgeregt, er werde den Song auf einer Solo-EP herausbringen und hätte dafür auch bereits den Segen von Warner Bros. Wie er sagte, sei ihm die Idee bei einem Strandurlaub in Mexiko gekommen, also hätte er zunächst das Okay von Larry Waronker eingeholt und dann Ted Templeman angerufen, um diesen und drei weitere Songs – »Easy Street« von der Edgar Winter Group, Louis Primas »Just a Gigolo«/»I Ain't Got Nogs« sowie »Coconut Grove« von Lovin' Spoonful – zusammen mit Edgar Winter und ein paar Jazz-Fusion-Cracks während einer zweitägigen Session in der New Yorker Power Station aufzunehmen. Da für Van Halen erst mal eine verdiente Pause anstand, wollte Warner die EP im Januar 1985 herausbringen. Sie würde die Band im Gespräch halten, erklärte der Sänger, und könnte gleichzeitig ein leicht verdaulicher Lückenfüller vor dem nächsten Studioalbum sein. Roth versicherte dem Gitarristen, dieses Projekt würde Van Halen nicht in die Quere kommen, sondern ihm nur dazu dienen, sich ein bisschen Erleichterung zu verschaffen und wieder mal mit der Musik zu beschäftigen, die ihm schon lange vor seiner Zeit bei Van Halen am Herzen lag: Motown, Stax, James Brown, Ohio Players, Marvin Gaye. Und natürlich hoffte er, dass Eddie das in Ordnung fand. Schweigend gab ihm der Gitarrist sein Kassettengerät zurück.

Das Monsters of Rock Festival, das jährlich im Donington Park in den East Midlands stattfand, hatte bei britischen Rock- und Metal-Fans geradezu mythischen Status erlangt. Die ersten Headliner waren 1980 Rainbow gewesen, und in den Folgejahren traten bei dem eintägigen Event Bands wie AC/DC, ZZ Top, Whitesnake, Slade oder Judas Priest auf. 1984 sollte es das bislang stärkste Aufgebot geben, denn es umfasste zum zweiten Mal AC/DC als Headliner, Ozzy Osbourne, der wieder mal in der Heimat war und dank seines Erfolgsalbums *Bark at the Moon* ganz oben schwamm, den in Belfast geborenen Gitarristen Gary Moore (nach seiner Mitwirkung bei Thin Lizzy jetzt solo unterwegs), die Rüpel vom Sunset Strip Mötley Crüe sowie die alten Van-Halen-Kumpels aus Clubtagen Y&T (vormals Yesterday & Today) aus San Francisco. Jeder ging davon aus, dass Van Halen bei ihrem ersten UK-Konzert seit 1980 allen die Show stehlen würden; doch einmal mehr waren sie der Situation nicht gewachsen.

»Donington war eine einzige Enttäuschung«, sagte Malcolm Dome. »Das sollte eigentlich *ihr* Tag sein, denn sie spielten nach vier Jahren erstmals wieder im UK und hatten das erfolgreichste Rockalbum des Jahres im Rücken. Aber sie haben es einfach nicht gebracht.

Vor ihrem Auftritt hat Dave versucht, im Backstagebereich einen Pressetermin von AC/DC zu sabotieren. Er kam aus seiner Garderobe, machte seinen fetten Ghettoblaster an und fing an, sich aufzuwärmen. Wahrscheinlich rechnete er fest damit, dass die Journalisten AC/DC ignorieren und sagen würden: ›Oh, da ist ja David Lee Roth!‹ In Wahrheit war es aber andersrum: Alle haben Dave ignoriert, und das mitanzusehen war ziemlich peinlich.

Als Van Halen auf die Bühne gingen, wurde es kaum besser. Daves Sprüche zogen nicht, und die Band wirkte ziemlich lustlos. Es lag nicht daran, dass das Publikum Van Halen für protzige Amis hielt und deshalb ablehnte – Mötley Crüe hatten ja vorher auch schon gespielt und waren gut angekommen –, sondern daran, dass sie die Erwartungen nicht erfüllten. Wobei man fairerweise sagen muss, dass sie wahrscheinlich auch viel zu groß waren, um sie überhaupt erfüllen zu können.«

Nach dem Auftritt wütete Eddie zugekokst und betrunken durch den Backstagebereich und beklagte sich laut über technische Probleme, die ihm den Auftritt ruiniert hätten. Wie Noel Monk erzählte, war Valerie Bertinelli über den Wutausbruch ihres Gatten so schockiert, dass sie um ihre Sicherheit fürchtete und fluchtartig die Garderobe verließ. Auch für einen berühmten Fotografen war das nicht der richtige Zeitpunkt, um einfach mal rüberzugehen und ein paar authentische Bilder zu schießen.

»Das war ein komischer Tag für Van Halen«, sagte Ross Halfin. »Ich weiß noch, wie ich sie auf der Bühne fotografiert habe, Eddie mich angelächelt hat und ich zurückgelächelt habe. Hinterher ging ich backstage, wo Eddie mit Neal Schon von Journey und John Entwistle von The Who zusammensaß, also habe ich ein paar Fotos gemacht. Dann sagte er: ›Hey, Schwuchtel, was ist dein verdammtes Problem?‹ Ich fragte: ›Wie bitte?‹ Und der Tourmanager meinte: ›Hey, lass ihn doch.‹ Aber er machte immer weiter … ›Was ist dein verdammtes Problem, Schwuchtel? Lächelst mich hier an wie eine verdammte Schwuchtel.‹ Er wurde einfach total ausfällig. Ich merkte, dass er betrunken war, und wenn er einen sitzen hatte, konnte er sich vom nettesten, charmantesten Typen in den entsetzlichsten Menschen der Welt verwandeln. Und er führte sich nur so auf, wenn ein Securitymann in der Nähe war und ihm niemand eine verpassen konnte.«

Die Tournee endete dann nicht mit einem Knall, sondern mit einem Winseln, denn die Band schaltete auf Autopilot, als die Monsters-of-Rock-Karawane Stockholm, Winterthur, Karlsruhe und am 2. September das gewaltige Zeppelinfeld in Nürnberg bespielte. Zum Abschluss der Tour gab es keine Feier, keine knallenden Sektkorken und keine Umarmungen, bevor alle nach Paris aufbrachen, um von dort aus den Heimflug anzutreten.

»Jeder hatte einfach die Schnauze voll«, sagte Noel Monk. »Wir waren müde vom ständigen Reisen, von den Auftritten, von uns gegenseitig.

Wenn es nach einer Tour nach Hause geht, ist man normalerweise in Feierlaune. Doch diesmal fühlte ich nur Resignation.«

7

Love Walks In

Es ist der 31. Dezember 1984, und MTV sendet live seinen vierten *New Year's Eve Rock'n'Roll Ball* aus New York City. Die ehemalige Runaways-Gitarristin Joan Jett soll in der vierstündigen Sendung ihr Fernsehdebüt mit den Blackhearts geben, zu den eingeladenen Studiogästen zählen Duran Duran, Frankie Goes to Hollywood, UB40 und Whoopi Goldberg, und neben der kleinen eloquenten Star-Moderatorin des Musiksenders Martha Quinn steht »Diamond« David Lee Roth, um der Welt erstmals das Video seiner Solo-Debüt-Single »California Girls« zu zeigen – genauer gesagt, einem Publikum aus geschätzt 42 Millionen »kreischenden, sabbernden Partymonstern mit glänzenden Augen und offenem Mund«.

»Ich überbringe euch hier eine Botschaft von Edward, Alex, Michael und dem Rest der fahrenden Zirkus-Tierschau namens Van Halen«, verkündet Roth, der einen schwarzen Smoking, eine weiße Fliege, rot-weiße Handschuhe sowie eine Brille mit weißem Gestell trägt, dem begeisterten Studiopublikum. »Heute ist für euch alle der beste Zeitpunkt, um eure Vorsätze fürs neue Jahr zu fassen ... Und schon bald dräut uns die Mitternacht ... Ihr wisst, liebe Rockfans, in der Welt da draußen beißt ein Hund den anderen, deshalb solltet ihr euch jetzt entscheiden, ob ihr ein Hot Dog sein wollt … oder ein kleines Wiener Würstchen.

Ich selbst habe beschlossen, ein Jahr lang ein kleines Wiener Würstchen zu sein«, verkündet Roth. »Also viel Spaß, Baby!«

Auf dieses Bonmot war Roth offenbar stolz, denn er wiederholte den Satz gleich noch einmal am 2. Januar als erster Studiogast des Jahres 1985 bei David Lettermans TV-Talkshow *Late Night with* … Nachdem Letterman einen Ausschnitt des Videos gezeigt und Roth gebeten hatte, ein paar wilde Geschichten aus der jüngst erschienenen, unautorisierten Van-Halen-Biografie zu bestätigen oder zu dementieren, fragte er beiläufig: »Sie arbeiten jetzt solo … Heißt das, dass die Band sich bald auflöst?«

»Nein, nein, nein …«, protestierte Roth.

»Na ja, so was passiert schon mal …«, meinte Letterman.

»Klar passiert so was«, gab Roth zu. »Zum Beispiel in *Spinal Tap*. Aber nein, ich habe nach wie vor einen starken Stammes-Instinkt, und wir werden Mitte des Monats wieder ins Studio gehen, um weiter zu streiten und irgendwann in diesem Jahr ein neues Album vorzulegen. Hoffentlich …«

In den *Billboard*-200-Charts der Woche, die am 5. Januar 1985 zu Ende ging, stand Van Halens *1984* nach fünfzig Wochen in dieser Hitliste auf Platz 39. Mit über fünf Millionen Exemplaren war es unter den am besten verkauften Alben des Jahres 1984 auf Platz sechs gelandet. Zwei Wochen später, am 19. Januar, stieg Roths Coverversion von »California Girls« auf Platz 43 in die *Billboard* Hot 100 ein, und am 2. März erreichte es mit Platz drei seine Spitzenposition, hinter »Can't Fight This Feeling« von REO Speedwagon und der Nummer-eins-Single »Careless Whisper« von Wham! featuring George Michael.

Roth war hocherfreut, wiegelte aber alle Vermutungen ab,

dieser Erfolg könne seinen Ausstieg aus der Band bedeuten, und meinte, er sei als Mitglied von Van Halen »vollkommen zufrieden«. Nur gäbe es »bei Van Halen einfach nicht genug Zeit, so viel zu singen und tanzen, wie ich will«, erklärte er. »Für mich war das eine Möglichkeit, meine Flügel in Richtungen auszustrecken, die Van Halen nie einschlagen werden.

Ich steige sicher nicht aus, sondern gehe mit den Jungs gern wieder ins Studio, um mir einmal mehr den Weg in die Top 10 zu erstreiten.«

Obwohl er diesen Satz augenzwinkernd und lächelnd vortrug, gestand Roth doch, dass sich die Beziehungen innerhalb der Band im Lauf der Zeit verändert hatten.

»Im wirklichen Leben treffen Edward und ich uns so gut wie nie«, erzählte er Ben Fong-Torres im Interview mit dem *San Francisco Chronicle.* »Ich rufe ihn nicht an, er ruft mich nicht an. Auf Tour kommen wir gut miteinander aus. Da haben wir auch ein gemeinsames Ding laufen. Im Studio ist es auch okay. Aber im Büro?« Roth zuckt mit den Schultern. »Na ja. Das sind geschäftliche Konflikte. Der Reichtum und die Macht, die wir besitzen, wirken sich bei jedem anders aus. Wenn wir mal nichts zu tun und genug Zeit zum Nachdenken haben, glaubt plötzlich jeder, der Größte zu sein, und fängt an, sich über alles zu beschweren.«

Es war vielleicht kein Zufall, dass Roth im Gespräch mit David Gans, der ihn etwa zur gleichen Zeit für die Zeitschrift *Record* interviewte, kein Blatt vor den Mund nahm und meinte, bei Van Halen ginge es längst nicht mehr um vier musikbesessene Jungs, die sich zusammentaten, um ordentlich Lärm und Party zu machen; Van Halen war mittlerweile vielmehr eine Marke, ein Unternehmen.

»Wir haben uns verpflichtet, mit unserer Rockband auf Jahre hinaus Rockmusik zu machen«, erläuterte er. »Das ist nur möglich, wenn wir regelmäßig und in festgelegten Abständen neue Musik vorlegen. Wir *müssen* also eine neue Platte machen – so einfach ist das.«

Die Songwriting-Sessions für das siebte Van-Halen-Album standen vom ersten Tag an unter einem schlechten Stern. »Die Chemie war vergiftet«, schrieb Roth in seiner Autobiografie. »Es gab ständig Verzögerungen und jede Menge Geschrei. Das klang wie ein Sack kranke Katzen. Die Streitereien wurden immer aggressiver, lauter und bösartiger, es gab Drohungen und geballte Fäuste.«

Was genau als Nächstes passierte, bleibt weiterhin ungeklärt. Roth behauptete, Eddies neue Sachen seien ihm viel zu melancholisch und trist gewesen. Eddie sagte, Roth hätte sie sich ohnehin nicht anhören wollen. Roth behauptete, die Van-Halen-Brüder wollten die Tourpläne herunterschrauben und das nächste Album nur mit wenigen Stadionauftritten bewerben. Doch Eddie konterte: »Er war derjenige, der *gar* keine Platte machen und nur bei den Sommerfestivals abkassieren wollte.« Roth behauptete, Eddie hätte zu ihm gesagt, die Produktion der Platte würde ein ganzes Jahr dauern. Das stritt der Gitarrist auch nicht ab, erläuterte aber, dass er damit das große Ganze im Blick hatte. Mit Songwriting, Aufnahmen, Abmischen und der Ausarbeitung von Artwork, Merchandising und Tourplan würde ein Jahr wie im Flug vergehen. »Er hat es aber so an die Presse weitergegeben, als wollte ich ein Jahr lang im Studio vor mich hin gammeln«, schnaubte der Gitarrist. Im April feuerten Eddie und Alex jedenfalls ihren Manager Noel Monk: Später meinte Eddie, Monk sei nichts als Roths »verdammte Marionette« gewesen.

Die Situation spitzte sich noch weiter zu, als Roth wegen der positiven Resonanz auf seine Regie bei dem »California Girls«-Video ein Drehbuch verfasste, das den Titel *Crazy From the Heat* trug und von einem Rockstar namens Dave handelte, sowie aktiv nach Geldgebern für die Verfilmung suchte. Die geplante Handlung von *Crazy From the Heat* – »ein Musical mit ziemlich abgedrehtem Plot« – breitete er in seiner gleichnamigen Autobiografie aus, und zwar mit einer Ernsthaftigkeit, die eines Francis Ford Coppola würdig gewesen wäre.

Wie immer die Story in seinem Kopf geklungen haben mag, auf dem Papier liest sie sich ziemlich anstrengend. Ganz grob geht es darum, dass Daves hinterhältige Manager den Rockstar um all seine Ersparnisse bringen wollen, was erst möglich ist, nachdem Dave am Ende einer Tour zur Erholung auf die fiktiven »Dongo-Inseln« verfrachtet wurde – »Dritte Welt unterster Kategorie« –, wo der unschuldige Ahnungslose und seine Kumpels das »Land der Kannibalen« betreten und Schlimmeres als den Tod zu befürchten haben. Irgendwie bekommen Daves ursprüngliche Manager, ehrenhafte Männer, die von den oben schon erwähnten bösen, skrupellosen Businesstypen ausgebootet wurden, Wind von der Sache und wollen ihn vor den Betrügern warnen. Doch dann treffen sie auf ein japanisches Verbrecherkartell, das ethisch untragbare und äußerst illegale Experimente finanziert, um ein Gehirnserum zu isolieren, das in synthetisiertem Zustand den langweiligen weißen Menschen die Gabe des Rhythmusgefühls schenkt. Hier kommt dann wieder Dave ins Spiel, denn die Verschwörer haben mittlerweile herausgefunden, dass es »Probleme bei der Kreuzung der Rassen gibt«, was sie auf den Gedanken bringt, einen weißen Mann mit Rhythmusgefühl zu benutzen, … »und dafür können sie sich keinen Besseren als Dave vorstellen«.

Erstaunlicherweise gab es bei CBS Pictures jemanden, der diese Idee toll fand und das Projekt mit einem Budget von 10 Millionen Dollar auf den Weg brachte, was einerseits für Roths Bekanntheit im Jahr 1985 sprach, andererseits aber auch für die Qualität des Kokains, das vom Medellín-Kartell Mitte der Achtziger nach Los Angeles importiert wurde. Roth fühlte sich durch die Unterstützung des Filmstudios jedenfalls bestärkt und verkündete den Van-Halen-Brüdern, er wolle ein einjähriges Sabbatical einlegen.

»Ich kann einfach nicht mehr mit euch zusammenarbeiten«, sagte er Eddies Bericht zufolge bei einem Showdown in seiner Villa in Pasadena. »Wenn der Film fertig ist, können wir's ja noch mal versuchen.«

»Darauf kannst du lange warten«, fauchte der Gitarrist zurück. »Mach's gut, und viel Glück!«

AM 3. JULI 1985 DACHTEN die Van-Halen-Fans, sie würden einen Ausschnitt aus dem siebten Album der Band hören, als Eddies typischer Gitarrensound in dem Film *Zurück in die Zukunft* auftauchte: In einer Szene schiebt Marty McFly, gespielt von Michael J. Fox, eine Kassette mit der Aufschrift »Edward Van Halen« in seinen Walkman und schreckt mit einem Megadezibel-Weckruf seinen Vater aus dem Schlaf hoch. Nerdige Debatten darüber, ob dieser »Haufen Lärm«, wie Eddie dazu sagte, ein neuer Van-Halen-Song sein könnte oder nicht, wurden im Keim erstickt, als am 4. Juli, dem amerikanischen Unabhängigkeitstag, der *Rolling Stone* berichtete: »Van Halen sind dauerhaft im Pausenmodus.«

»Eddie, der Gerüchten zufolge nach einem neuen Sänger sucht, schreibt Songs mit Patty Smyth und plant eine Zusammenarbeit mit Pete Townshend«, offenbarte der schockierende Artikel. »Was David Lee Roth betrifft, so plant er eine Vollzeitkarriere als Schauspieler und arbeitet an einem eigenen Filmprojekt.«

Von offizieller Seite wurde diese Meldung zunächst nicht bestätigt. Aber im August kam Eddie aus der Deckung und gestand dem *Rolling Stone*: »Die Band, wie ihr sie kennt, ist Geschichte.

Dave ist ausgestiegen, um Filmstar zu werden«, erklärte der Gitarrist. »Er hatte sogar die Eier, bei mir wegen der Filmmusik anzufragen. Jedenfalls suche ich jetzt einen neuen Sänger.

Total komisch, dass es vorbei ist«, sagte Eddie. »Zwölf Jahre meines Lebens hab ich mich mit seinem Bullshit rumgeschlagen.«

Ted Templeman arbeitete gerade an *Done With Mirrors*, dem Comeback-Album von Aerosmith, als die Auflösung von Van Halen bekannt gegeben wurde. Der Produzent ging davon aus, dass der Streit sicher bald wieder beigelegt sein würde – bis er erfuhr, wen Van Halen als neuen Sänger für ihre Band im Sinn hatten.

Als sich nach Roths Ausstieg die besorgten Musikerfreunde um Eddie scharten, war sein erster Impuls, den Schritt zurück ins Rampenlicht mit einer All-Star-Compilation zu wagen. Darauf sollten Künstler wie Joe Cocker, Phil Collins und Journey-Frontman Steve Perry seine Songs interpretieren. Alex Van Halen brachte seinen jüngeren Bruder aber davon ab und ermunterte ihn, doch lieber einen guten Sänger zu suchen, der die Balance und Harmonie innerhalb der Band wiederherstellen könnte. Auch die Pläne für eine Zusammenarbeit mit Pete Townshend lösten sich in Luft auf, weil der Who-Gitarrist in London arbeiten, Eddie aber unbedingt Alex und Michael Anthony dabeihaben wollte, und weil Eddie außerdem dessen Telefonnummer verlegt hatte. Stattdessen setzte Edward jetzt seine ganze Energie dafür ein, eine Freundin der Familie ins Boot zu holen.

Es war Valerie Bertinelli, die ihren Gatten auf Patty Smyth aufmerksam machte. Valerie hatte eine gewisse Leidenschaft für den 1984er Hit »The Warrior« der New Yorker Band

Scandal entwickelt, und als sie mitbekam, dass das Quartett am 7. November 1984 gemeinsam mit John Waite im Hollywood Palladium auftreten sollte, fragte sie Eddie, ob er mit ihr hingehen würde. Der Gitarrist legte dann sogar noch einen drauf und gesellte sich für ein Cover von Ike and Tina Turners »River Deep, Mountain High« und den Scandal-Song »Maybe We Went Too Far« zur Band auf die Bühne, bevor er Valerie in den Backstagebereich brachte und ihr dort deren Sängerin Patty Smyth vorstellte. Die drei verstanden sich so blendend, dass Eddie und Valerie in der Woche darauf nach Texas flogen, um zwei weitere Scandal-Konzerte zu besuchen, bei denen der Gitarrist wieder für die Zugaben auf die Bühne ging. Später besuchte Smyth die beiden mehrmals in Los Angeles und übernachtete sogar im Haus der Familie, wenn Valerie wegen Dreharbeiten nicht in der Stadt war.

Als Roth die Band verließ, fragte Eddie bei Smyth an, ob sie nicht probehalber bei seiner Band einsteigen wolle. Doch das Timing war schlecht, denn die mit dem New Yorker Punk-Pionier Richard Hell verheiratete Sängerin war schwanger. Nachdem er den Vorschlag von Warner, an einem Soloalbum zu arbeiten, zurückgewiesen hatte – »Wenn die glauben, ich mache irgendwelches Solozeug, bis Roth vielleicht zurückkommt, anstatt wirklich das zu tun, was ich will, dann sind die nicht ganz dicht«, schimpfte er –, warb er weiterhin um Smyth, bis er sie am 27. Juli 1985 einlud, mit ihm, Valerie, dem Bandleader Paul Shaffer und weiteren Musikerfreunden nach dem Auftritt des Paares in Lettermans Show essen zu gehen.

»Er sagte: ›Hör mal, ich muss das jetzt wissen. Ich brauche eine Antwort‹«, erinnerte sich Smyth. »Und ich habe gesagt: ›Ich kann nicht.‹ Er wollte unbedingt, dass ich es mache. Ein Jahr lang hat er immer wieder nachgefragt. Aber als er eine definitive Entscheidung wollte, da konnte ich mir einfach nicht vorstellen, mein gesamtes Leben nach Kalifornien zu verlagern. Ich wünschte, er hätte gesagt: ›Hey, lass uns 'ne Platte aufnehmen, in welcher Form auch immer.‹ Aber so, wie er gefragt hat, war das für mich, als müsste ich sofort nach Kalifornien übersiedeln. Und dazu war ich rein hormonell nicht in der Lage.

Eddie war mutig und klug, und das war eine besonders mutige Idee, weil es in der Welt des Rock'n'Roll im Grunde ziemlich sexistisch zugeht. Er meinte: ›Du bist hart im Nehmen, du kannst das.‹ Und ich hab gesagt: ›Ich weiß, dass ich das kann, aber ich bin im achten Monat schwanger!‹

Ich glaube, wir wären wie eine Bombe eingeschlagen. Die Fans hätten sicher positiv reagiert, weil sie Eddie vertrauten, ihn liebten und einfach davon ausgegangen wären, dass er weiß, was er tut. Die Presse wäre vielleicht etwas skeptisch gewesen, aber das hätte auch nichts geändert.«

Der eigentliche Beginn von Akt 2 der Van-Halen-Story fand dann ziemlich passend in einer Werkstatt für Edelschlitten statt. Der frühere Ferrari-Testfahrer Claudio Zampolli hatte sich im Stadtteil Van Nuys einen Namen als Händler für Luxusautos gemacht; außerdem kamen die ahnungslosen Valley-Millionäre zu ihm, wenn sie mit ihren teuren importierten PS-Monstern nicht mehr weiterwussten. Als Eddie bei Zampolli einmal seinen Lamborghini Countach durchchecken ließ, fiel sein Blick auf einen Ferrari 512, der in der Werkstatt stand.

»Netter Schlitten«, sagte er. »Wem gehört die Karre?«

»Sammy Hagar«, erwiderte Zampolli. »Du solltest ihn anrufen und in die Band holen.«

»Hast du seine Nummer?«, fragte Eddie.

Hagar hatte gerade seine Sommertour in Japan abgesagt, mit der er eigentlich das von Ted Templeman produzierte Soloalbum *VOA* bewerben sollte. Nun saß er gemütlich zu Hause und wartete bereits auf den Anruf.

»Als ich mit Ted an meinem Album arbeitete, hatte er mir erzählt, dass es bei Van Halen böses Blut gab«, erinnerte er sich. »Er sagte: ›O Mann, diese Jungs haben richtig Probleme. Ich glaube, dass Roth aussteigt.‹ Worauf ich dachte: ›Dann werden die mich bald anrufen.‹

Ich meine, das ist eine der größten Rock'n'Roll-Bands der Welt – wen können die schon nehmen? Sicher keinen Burschen von der Straße, dafür hatte Roth einfach zu viel Ausstrahlung. Ich dachte, okay, wen gibt's denn so? Ronnie James Dio, Ozzy Osbourne, Sammy Hagar – und das war's dann auch schon. Dio konnte ich mir nicht bei Van Halen vorstellen, Ozzy war damals ein Wrack, und ich spielte in fast jeder amerikanischen Halle an zwei Abenden hintereinander. Also dachte ich: ›Die *müssen* mich anrufen.‹ Ich bin kein Hellseher, aber ich spüre so was, das war schon immer so. Ich wusste es einfach.«

Genau wie David Lee Roth war auch Sammy Hagar niemand, der unter großen Selbstzweifeln oder mangelndem Selbstvertrauen litt. Geboren am 13. Oktober 1947 in Salinas, Kalifornien, war Hagar gerade mal vierzehn gewesen, als er zum ersten Mal mit einer Band auf die Bühne ging (als Sänger der Fabulous Castilles), und fünfundzwanzig, als er in Silberanzug und Glamrock-Stiefeln an Ronnie Montroses Haustür in Sausalito klopfte und den früheren Van-Morrison/Herbie-Hancock-Gitarristen fragte, ob sie nicht gemeinsam eine Band gründen sollten.

»An Selbstvertrauen hat es mir nie gefehlt«, sagte Hagar. »Als ich das erste Mal mit einer Band vor Publikum auftrat, dachte ich: ›Genau dafür bin ich gemacht, und ich bin auch noch gut darin.‹ Ich war nicht arrogant oder so, ich hab nur immer fest an mich geglaubt. Ich war so scharf darauf, reich und berühmt zu werden, dass ich *alles* dafür getan hätte. Ich hatte Ronnie am Abend vorher im ausverkauften Winterland mit der Edgar Winter Group gehört, die damals eins der erfolgreichsten Alben in den USA draußen hatten [*They Only Come Out at Night* aus dem Jahr 1972], und ich sah Ronnie als meine Fahrkarte zum Ruhm. Ich habe fest daran geglaubt, dass ich es schaffe.«

Beeindruckt von Hagars Selbstvertrauen und Dreistigkeit, beschloss Montrose, sich den jungen Mann einmal anzuhören. Innerhalb weniger Tage hatten die beiden genug Songs für ein ganzes Album zusammen und gründeten tatsächlich gemeinsam eine Band.

»Die Chemie zwischen Ronnie und mir war anfangs echt unglaublich«, erzählte Hagar. »Wir konnten in zwanzig Minuten einen kompletten Song schreiben. Er war eigentlich kein Songwriter – er hatte nur dieses eine Riff für ›Rock the Nation‹ –, aber ich hatte ein paar Songs auf Lager, ›Make it Last‹, ›I Don't Want It‹, ›One Thing On My Mind‹, ›Bad Motor Scooter‹. Und ich zeigte ihm den Text von ›Space Station #5‹, woraus wir sofort einen Song machten.«

Kurz darauf rief Ronnie Montrose Ted Templeman an und fragte, ob sie sich treffen könnten, um über ein neues Bandprojekt zu reden. Templeman hatte mit Montrose bei Van Morrisons *Tupelo Honey* zusammengearbeitet, mochte den Gitarristen aus San Francisco und fühlte sich an Cream erinnert, als er sich das neue Demotape anhörte. Im Sommer 1973 nahm er mit der Band im Sunset Sound und im Amigo das Montrose-Debütalbum für Warner Bros. auf. Wie Templeman berichtet, war er »schockiert«, als *Montrose* bei den amerikanischen Rockfans keinen Anklang fand und in den *Billboard* 200 nur auf Platz 133 stieg. Hagar blieb hingegen auch im Vorprogramm von Bands wie Black Oak Arkansas, Foghat und Humble Pie so zuversichtlich wie eh und je: »Es wäre geil gewesen, wenn wir über Nacht Erfolg gehabt hätten, aber die Aussicht auf harte Arbeit hat mich nicht erschreckt. Ich stamme aus einfachen Verhältnissen und kannte es gar nicht anders.« Er wurde noch dadurch ermutigt, dass die Platte sich in Europa anständig verkaufte. Als die Band dann nach der Veröffentlichung ihres zweiten Albums *Paper Money* aus dem Jahr 1974 erstmals durch Europa tourte, war der Sänger fest davon überzeugt, dass der Durchbruch gleich hinterm Horizont lag.

»Ich weiß noch, wie wir in Belgien spielten und es dort in einer großen Zeitung eine Besprechung samt Bild von mir gab«, erzählte er. »Ich wollte jemand Besonderes sein, und diese Art der Aufmerksamkeit zeigt dir, dass du jemand bist. Deshalb war ich total happy. Aber Ronnie fand es zum Kotzen, dass es in dem Artikel hauptsächlich um mich ging. Das konnte sein Ego nicht vertragen.«

Ein paar Tage später, kurz vor zwei ausverkauften Konzerten im Pariser Olympia, teilte Montrose seinem Sänger mit, dass er die Band auflösen würde.

»Ich hab mich gefühlt, als hätte ich eine Faust in den Magen gekriegt«, sagte Hagar. »Ronnie verhielt sich immer distanzierter, deshalb wusste ich, da kommt was, aber trotzdem war es furchtbar. Ich war unglaublich enttäuscht. Das kam so unerwartet und war so falsch, dass ich es überhaupt nicht verstehen konnte. Mich hat das fertiggemacht. Ich hatte keinen müden Penny auf dem Konto, aber Frau und Kind zu Hause. Es war für mich eine Zeit voller Unsicherheit. Ronnie konnte ein ganz schön schwieriger Typ sein.

Die Band ist nie über das zweite Studienjahr hinausgekommen, wir haben nie einen Abschluss gemacht. Was man von uns gehört hatte, war kindisch, kaum aus dem Ei geschlüpft. Wären wir zusammengeblieben und gemeinsam gewachsen, hätten wir noch tolle Musik machen und eine fantastische Band werden können. Aber Ronnie hat sich anders entschieden.«

Auch Templeman war enttäuscht von der Implosion der Gruppe und streckte Hagar das Geld vor, um ein Demotape für Warner machen zu können. Doch er wollte ihn nicht als Solokünstler unter Vertrag nehmen.

»Das war anfangs echt zermürbend«, sagte Hagar, »weil Ted bei Warner sehr viel Einfluss hatte und alle seine Projekte größte Aufmerksamkeit erhielten. Aber im Rückblick finde ich, dass es gut so war. Ich musste zurück auf Los und konnte ganz allein wieder von vorne anfangen. Ich war naiv und unschuldig und machte viele Fehler, aber so lernte ich, meinen eigenen Weg zu gehen.

So wie ich das sehe, arbeite ich am härtesten und bekomme die besten Resultate, wenn ich dieses ›Euch Arschlöchern werd ich's zeigen!‹ im Kopf hab. Ich glaube, das tut jedem Künstler oder Spitzensportler ganz gut. Es ist gesund, ein bisschen angepisst zu sein. Man braucht dieses gewisse Feuer.«

Als Templeman wieder mit Sammy Hagar zusammenkam, um das 1984er Album *VOA* zu produzieren, befand sich der »Red Rocker« auf einem Höhenflug. A&R-Hotshot John Kalodner hatte ihn für Geffen Records unter Vertrag genommen; Hagar hatte dann 1982 das Platin-Album *Standing Hampton* vorgelegt und mit der Single »Your Love is Driving Me Crazy« aus dem 1983er Album *Three Lock Box* einen ersten Top-20-Hit gelandet. In dem Video zur ersten Singleauskopplung aus *VOA* »I Can't Drive 55« wurde der Sänger in seinem Ferrari 512 von der kalifornischen Highway Patrol verfolgt; der Song erreichte Platz 26 der Verkaufscharts und schob das Album innerhalb eines Jahres über die Eine-Million-Marke. Etwa zu dieser Zeit rief Eddie Van Halen ihn von

Claudio Zampollis Werkstatt aus an. Aus reiner Neugier stimmte Hagar einem Treffen zu.

»Er sagte: ›Wow, daraus könnte vielleicht was werden‹«, erzählte Eddie Steven Rosen. »Er wollte aber erst mal vorbeikommen und sich einen Eindruck davon verschaffen, wie wir gerade so drauf waren. Er hatte ein paar Horrorstorys über mich gehört … darüber, dass ich völlig abgedriftet war, durchgeknallt. Er brachte seinen Manager Ed Lefler mit. Und wir sagten ihm: ›Wir wollen nicht einfach nur ein Projekt mir dir starten. Wir wollen dich als festes Bandmitglied.‹«

»Damals dachte ich: ›Was soll ich denn jetzt bloß machen?‹«, erinnerte sich Hagar. »An diesem Punkt meines Lebens suchte ich nach einem Grund zum Weitermachen. Ich kam aus armen Verhältnissen und hatte mein ganzes Leben hart gearbeitet. Ich wollte immer reich und berühmt werden, nur war ich das zu diesem Zeitpunkt bereits. Ich hatte vier Platinalben hintereinander gemacht und füllte in fast ganz Amerika die großen Hallen. Ich dachte: ›Ich brauche weder mehr Geld noch mehr Ruhm.‹ Ich war stinkreich, ging zum Essen in die teuersten Restaurants, hatte die besten Klamotten an und fuhr im Ferrari durch die Gegend. Ich war ein bisschen zu satt und abgehoben, und das wirkte sich negativ auf meine Musik aus.«

Hagar kam im gebügelten Armani-Anzug in Van Halens 5150-Studio, denn ihm war überhaupt nicht klar gewesen, dass das erfolgreichste Hardrockalbum der letzten zwölf Monate in Räumlichkeiten entstanden war, die aussahen und rochen wie »die übelste Pinte des ganzen Planeten«.

»Überall lagen Zigarettenkippen, leere Bierdosen und Whiskyflaschen rum, am Boden waren achtlos Gitarren im Wert von mehreren Tausend Dollar verstreut«, erzählte er lachend. »Von dem ganzen Rauchen stank es wie auf dem Scheißhaus. Eddie kam mit Sonnenbrille und zerrissenen

Jeans reingelatscht, frisch aus dem Bett, machte sich ein Bier auf und rauchte erst mal eine. Alex war immer noch betrunken. Mike war gar nicht erst zu Hause gewesen. Die hatten die Nacht durchgemacht, während sie auf mich warteten. Ich sah mir also die Knaben an, dann mich selbst in diesem Anzug, und dachte: ›Ich seh aus wie ein Vollidiot. *Das* ist eine Rock'n'Roll-Band.‹«

Hagar hatte die Mitglieder von Van Halen erstmals am 23. September 1978 kennengelernt, als beide Bands beim Summerfest im Anaheim Stadium auftraten. Black Sabbath waren damals Headliner gewesen, und bei diesem Gig machten Roth, Anthony und die Van-Halen-Brüder ihren legendären Fake-Fallschirm-Stunt. Backstage erzählte Eddie Hagar, dass die Band früher in den Clubs auch Songs von Montrose gespielt hatte. Hagar erinnerte sich an den Gitarristen als »einen der nettesten, liebreizendsten, bescheidensten Rockstars des Planeten«.

»Van Halen hatten mich schon immer beeindruckt«, sagte er. »Es gefiel mir, dass sie hart rockende Popsongs schrieben. Eddies Gitarrenspiel war so melodiös, und weil er so viele Dur-Akkorde spielte, klang es einzigartig und total cool. Außergewöhnlich, aber eingängig. Irgendwie zart und heavy zugleich. Es lag an der Produktion von Ted Templeman und Donn Landee, dass die Band so heavy klang. Und genau wie [Led-Zeppelin-Drummer] John Bonham Jimmy Page immer heavy klingen ließ, machte auch Alex das Spiel von Eddie heavy, selbst wenn er ganz filigrane Riffs brachte. Die Mätzchen von Roth fand ich immer furchtbar, ich verstand überhaupt nicht, dass es tatsächlich Kerle gab, die ihn mochten. Es ist wohl einfach so, wie [Radiomoderator] Howard Stern es einmal formuliert hat: ›Wenn Davids größte Fans ihm in einer Kneipe begegnen würden, dann würden sie ihm die Fresse polieren!‹«

Diese Abneigung beruhte auf Gegenseitigkeit. Zu Beginn des Jahrzehnts, als Roth sich einem Journalisten gegenüber laut fragte, »was Sam wohl für eine Art Mann ist, dass er immer nur über Autos, aber nie über Frauen schreibt«, reagierte Hagar damit, dass er Roth als »Schwulette« bezeichnete und vermutete, der Van-Halen-Frontman wolle insgeheim eine »Beziehung« mit ihm. (»Sammy hat definitiv Probleme im Umgang mit anderen Menschen«, schoss Roth 1982 zurück. »Das liegt vermutlich an seiner mangelnden Bildung.«)

»Dave hat Sammy immer gehasst«, erzählte Eddie später Steven Rosen. »Keine Ahnung, warum. Dave hat immer Sachen gesagt wie: ›Ach, dieser kleine Scheißer, der kann mir nicht das Wasser reichen.‹ Und ich hab mich gefragt: Wo kommt das alles her? Warum diese Animosität?

Ich werde nie den ersten Song vergessen, den wir mit Sammy spielten. Das war ›Summer Nights‹. Donn Landee ließ das Band mitlaufen. Als wir es uns anhörten, dachten wir nur: ›Heilige Scheiße! Wo hast du bloß unser ganzes Leben lang gesteckt?‹«

»Wir haben einfach die Verstärker aufgedreht und losgelegt«, erinnerte sich Hagar. »Sie hatten ein paar Ideen für ›Summer Nights‹ und ›Good Enough‹, und ich hab irgendwas dazu gesungen. Alex machte sich über meine Frisur lustig, weil außer diesem Büschel oben alles abrasiert war, also sagte ich: ›Fuck you, das klären wir besser draußen …‹ Wir ließen den ganzen Tag Kassetten mitlaufen, nahmen alles auf. Um zwei Uhr morgens kam ich nach Hause und legte eine davon auf, und das war purer Rock'n'Roll. Ich dachte nur: ›Fucking wow!‹ Eddie und Alex spielten so gut, Michaels Stimme passte perfekt zu meiner, alles zusammen klang einfach irre. Ich dachte: ›Wow, das ist ja wie Cream.‹ Es war geschmackvoll und melodiös, und ich dachte: ›Das ist fantastisch, das ist verdammt gut, das ist viel besser als alles, was ich allein hinkriege.‹ Ich war auf der Suche nach Inspiration gewesen, und genau die hatte mir Eddie Van Halen geschenkt.«

»Ich mach's«, sagte Hagar zu Ed Lefler.

Ungeachtet der guten Vibes und ihrer gemeinsamen Sehnsucht, herauszufinden, wohin ihre vereinten Talente sie führen könnten, gab es jedoch noch das kleine, aber nicht unbedeutende Problem, dass Hagar einen Vertrag mit Geffen Records hatte. Als erfahrener und gerissener Geschäftsmann wusste David Geffen genau, dass er die Zügel in der Hand hatte, als Mo Ostin anklopfte, um über einen möglichen Wechsel von Hagar zu Van Halen und damit auch in den Warner-Stall zu reden. Und dementsprechend führte er auch die Verhandlungen.

Wie Hagar erzählte, war Geffen gern bereit, seinen wertvollsten Besitz für ein Album an Warner auszuleihen. Doch danach wollte er eine weitere Hagar-Platte. David Geffen verlangte 100 Prozent der Einnahmen dieses Soloalbums, außerdem 50 Prozent der Erlöse aus dem Verkauf des Van-Halen-Albums mit Hagar. »Sammy, du hast keine Ahnung, was du mich kostest!«, soll Ostin zu Hagar gesagt haben, als der Kuhhandel zur Zufriedenheit aller abgeschlossen war.

Im Herbst 1985 nahm Ostin die Einladung an, im 5150 der Band zuzusehen, wie sie ein paar neue Songs spielte. Nachdem er für die Gründung dieser Hardrock-Supergroup Haus und Hof verwettet hatte, kann man sich das Grinsen des erfahrenen Musikmoguls lebhaft vorstellen, als er das ranzige Studio betrat und dort den größten Gitarristen seiner Generation am Keyboard stehen sah. Der erste Song, den das Quartett performte, war das synthielastige »Why Can't This Be Love?«. Als der Song zu Ende war, sahen die vier Musiker erwartungsvoll zu Ostin.

Mit freudigem Lächeln leckte der sich einen Finger ab, hielt ihn in die Luft und meinte: »Ich rieche Dollars!«

Der kreative Zusammenschluss von Van Halen und ihrem neuen Frontmann wurde am 22. September öffentlich bekannt gegeben, als Hagar beim ersten Farm Aid Festival auftrat, einem gewaltigen Benefiz-Event, das Willie Nelson, John Mellencamp und Neil Young im Memorial Stadium von Champaign, Illinois, organisiert hatten, um amerikanische Farmer vor dem Ruin zu bewahren. Zu dem unglaublichen Künstleraufgebot, das Bob Dylan, Tom Petty and the Heartbreakers, Johnny Cash, John Fogerty, Roy Orbison, Joni Mitchell, Billy Joel und andere umfasste, gehörten außerdem noch die Hardrock-Acts Hagar, Foreigner und Bon Jovi. Und Hagar hatte noch ein echtes Ass im Ärmel, denn am Bühnenrand wartete Eddie, um zum Schluss des Sets bei dem Led-Zeppelin-Klassiker »Rock and Roll« mitzuspielen. Die Wirkung dieser großen Offenbarung wurde aber leicht abgeschwächt, weil Hagar »I Can't Drive 55« als »Song für euch Motherfucker auf Traktoren« angekündigt hatte und der Mitschnitt des Auftritts deshalb stillschweigend aus der Fernseh- und Radioberichterstattung eliminiert wurde. Das hatte zur Folge, dass nur die aufmerksameren der achtzigtausend Konzertbesucher die frohe Botschaft mitbekamen. Aber »Van Hagar« waren damit von der Kette gelassen.

Da Ted Templeman gerade an David Lee Roths Soloalbum arbeitete, musste sich die umbesetzte Band einen neuen Produzenten suchen. Hier kam, auf Hagars Vorschlag hin, der Foreigner-Gitarrist Mick Jones ins Spiel. Hagar hatte ihn vorgewarnt, sich auf etwas gefasst zu machen.

»Sammy sagte: ›Mick, wir zwei haben schon allerhand erlebt‹«, erzählte Jones. »›Aber das hier ist echt was Besonderes. Halt dich fest und genieß die Fahrt!‹«

Um sich angemessen vorzustellen, spielten Van Halen dem englischen Gitarristen mit der gewählten Ausdrucksweise und den guten Manieren eines ihrer härteren Stücke vor, nämlich die brachiale Nummer »Get Up«.

»So was hab ich in meinem ganzen Leben noch nicht gehört«, sagte Jones zu ihnen. »Das klingt, als würden sich in den Verstärkerboxen vier Typen streiten und gegenseitig die Scheiße aus dem Leib prügeln. Ich bin dabei.«

Während das Quartett und Jones die Arbeit im 5150 aufnahmen, fragten sich die Van-Halen-Fans in aller Welt, was für eine Zukunft die Band ohne ihr ehemaliges Goldstück am Mikrofon haben könnte. Genau das Gleiche fragte sich auch das Goldstück selbst.

»Ich bin mir nicht sicher, ob es Van Halen ohne David Lee Roth überhaupt geben kann«, überlegte er. »Aber ich weiß, dass sich niemand für Van Halen ohne David Lee Roth interessiert.«

Eddie bezeichnete Roth im Gegenzug als Clown und nahm auch ansonsten kein Blatt vor den Mund: »Das Problem mit ihm war, dass er vergessen hatte, wer eigentlich die Songs schrieb«, sagte er. »Das war nämlich ich. Denn die Musik ist nun mal das Herzstück unserer Songs. Auf die Texte habe ich nie geachtet. Was er gesungen hat, war mir immer scheißegal.«

»Klar wird Eddie genauso gut spielen wie immer«, meinte Roth. »Ich habe stets gesagt, dass er ein fantastischer Gitarrist ist. Nur ist er eben als Mensch eine absolute Niete.«

8

Feels So Good

Mit Mühe verkniff sich Ed Lefler ein Lächeln, als Sammy Hagar, Michael Anthony sowie Eddie und Alex Van Halen in seine Suite im Ritz Carlton Atlanta marschierten, um sich einer nach dem anderen in die Sessel fallen zu lassen. Nach den ersten drei Wochen der vom März bis in den November dauernden Tour, suchten die vier Musiker noch immer nach ihrer Liveform, feilten weiterhin an den täglichen Routinen und Ritualen, die sie brauchten, um in den leeren Stunden zwischen dem Einchecken ins Hotel und den Auftritten die Unruhe in Schranken zu halten oder zumindest die Realität auszublenden, bis die gewohnten Adrenalinkicks einsetzten und erneut jeder Sinn für Sitte und Anstand über Bord geworfen wurde. Eilig anberaumte mittägliche Besprechungen mit dem Management hatte niemand eingeplant.

Lefler starrte seine mürrischen Schützlinge schweigend an. So lange, bis der entnervte Sammy Hagar schließlich die Geduld verlor.

»Was soll der Scheiß, Ed?«

Lefler griff hinter sich und zog eine Flasche besten Champagner aus einem der silbernen Eiskübel, die er sich in seine Suite bestellt hatte.

»*Billboard*. Charts. Nummer. Eins.«

Van Halens Album *5150* war am 24. März 1986 erschienen, vier Wochen zuvor angekündigt durch die Veröffentlichung von »Why Can't This Be Love«, dem ersten Song, den das Quartett in Eddies Studio Mo Ostin vorgespielt hatte. »Only time will tell, if we stand the test of time«, sinnierte Hagar in der einprägsamsten und tautologischsten Zeile des Songs. In der ersten Verkaufswoche erreichte das Stück die Top 10 der amerikanischen, britischen, deutschen und australischen Charts. Kein schlechter Anfang.

Das Quartett arbeitete von November 1985 bis zum Februar 1986 an *5150*. Für Eddie war die Produktion des Albums ein »Kinderspiel«. Der Gitarrist war voll des Lobes für den neuen Frontmann der Band: »Ich weiß nicht, ob ich aus Dave das Gleiche rausholen könnte, was ich aus Sammy raushole«, sagte er zu Steve Rosen. »Keine Ahnung, ob das Dave gegenüber fair ist, aber Sammy ist einfach der bessere Sänger. Er kann alles liefern, worum ich ihn bitte. Er hat mein Leben verändert. Und das meine ich ernst.«

»Ich glaube, Roths beschränkte Fähigkeiten als Sänger waren für Eddie ein Klotz am Bein«, sagte Hagar. »Songs wie ›Dreams‹ hatten ein oder zwei Jahre auf Band rumgelegen, und ich kann mir vorstellen, dass Ted Templeman sagte: ›Nein, Dave kann das nicht singen.‹ Als ich dann auf der Bildfläche erschien, kramte Eddie die Bänder hervor, spielte sie ab, und ich sagte: ›Wow, ist ja irre, lass uns loslegen!‹ Das erlaubte es Van Halen, ein völlig neues Level zu erreichen. Ich glaube, Eddie war von der alten Besetzung frustriert, und vermutlich hätten sie sich aufgelöst. Er vermittelte mir das Gefühl, dass ich ihre Rettung war. Wir verstanden uns blind.

Ed flippte aus, als er mich singen hörte; Al und Michael Anthony auch. ›Verdammte Scheiße‹, sagten sie, ›der Typ hat Rhythmus in der Stimme, eine Hammer-Intonation und ein höllisches Stimmvolumen.‹ Manchmal griff ich zur Gitarre, spielte einen Rhythmus und fragte: ›Hey, Eddie, wie wär's mit diesem Groove?‹ Darauf er: ›Heilige Scheiße, lass mich das mal an der Orgel probieren. Wir jammten wie wild drauflos, und es war ungeheuer inspirierend. Wir spielten uns gegenseitig die Bälle zu und verbesserten dabei beide unser musikalisches Können. Alle, die dabei waren, bekamen Gänsehaut. Es war pure Magie.«

Ruhig, organisiert und immer mit einem ermutigenden Wort auf den Lippen leistete Mick Jones im Studio seinen Beitrag. Er entschlackte die ursprüngliche Demoversion von »Why Can't This Be Love«, um die Melodie-Hooks herauszuarbeiten. Bei »Dreams« brachte er sich als Co-Writer mit ein, indem er den Song umarrangierte. Und aus Sammy Hagar holte er während des gesamten Prozesses absolute Bestleistungen heraus.

»Es gelang mir, Sammy zu neuen Höchstleistungen zu motivieren«, erinnerte sich Jones. »Im wahrsten Sinne des Wortes. Er sang so hoch, dass er hyperventilierte. Er wäre fast umgekippt.«

Wie er gegenüber Paul Elliott von *Classic Rock* erwähnte, hatte der Bandleader von Foreigner einen ganz anderen Ansatz, was Eddie betraf: Da er registriert hatte, wie sehr sich der Gitarrist gegen jede Form der Autorität sträubte, war er so klug, ihn sein Ding machen zu lassen.

»Ich hätte nicht viel tun können, um Eddies Leistung zu verbessern«, bemerkte Jones. »Er war total weggetreten – nicht drogenmäßig, er fiel beim Spielen in eine regelrechte Trance.«

In solchen Momenten fühlte Jones sich an seine Zeit mit Jimi Hendrix erinnert. Ende der Sechzigerjahre war er Gitarrist des französischen Superstars Johnny Hallyday gewesen, für den Hendrix auf der Europatour die Konzerte eröffnete. »Bei der Arbeit mit Eddie traf ich zum ersten Mal auf einen

Gitarristen, der eine ähnliche Begabung hatte. Der dieses gottgegebene Talent im Blut hatte.

Er war einfach ein toller Kerl, sehr bescheiden. Nichts Aufgesetztes, kein Gehabe, keine Attitüden. Es war faszinierend, mit ihm zu arbeiten.«

Dem *Rolling Stone* erzählte er: »Nach den Aufnahmesessions lieferten wir uns gerne Autorennen – lauter schicke Sportwagen – und bretterten über den Mulholland Drive. Er fuhr einen Lamborghini. Sammy einen roten Ferrari, glaube ich. Und ich saß in einem alten Ami-Schlitten. Ich habe ihn ein paarmal geschlagen!«

Nur ein einziges Mal kam die Produktion ins Schlingern, als Toningenieur Donn Landee einen – wie Mick Jones es diplomatisch formulierte – »schlechten Moment« hatte, der wie ein Nachhall der dunklen Zeit während der Aufnahmen für *1984* anmutete.

»Er schloss sich im Studio ein und drohte, die Bänder zu verbrennen«, verriet Jones. »Ein Tauziehen, das fast den ganzen Tag dauerte. Wie eine dieser Situationen, wo sich jemand umbringen will. Er war extrem angespannt. Aber letztendlich konnten wir es ihm ausreden.«

Als sie das Album aus Landees Händen gerettet und alles eingetütet hatten, widmete sich die Band im 5150 der internationalen Promotion. Die britische Musikjournalistin Sylvie Simmons, eine langjährige Unterstützerin, die Van Halen erstmalig 1978 im Vorprogramm von Black Sabbath interviewt hatte, gehörte zu denen, die zur Audienz mit dem umbesetzten Quartett in Eddies Studiokomplex geladen wurden.

Das Gespräch kam unvermeidlich auf den ehemaligen Frontmann, und anfangs gaben sich Eddie und Alex sehr diplomatisch. Freundlich wehrten sie die Nachfragen der Journalistin ab und betonten immer wieder die positive Einstellung der Band. Doch irgendwann hatte Alex genug davon, um den heißen Brei herumzureden.

»Ich schätze, ihr werdet das eh drucken«, erklärte er, »also sage ich es einfach: Als Roth noch dabei war, war es im Grunde seine Welt. Jeder hatte Angst, einen falschen Atemzug zu machen, wenn dieser Typ in der Nähe war.«

»Nicht Angst …«, wiegelte Eddie ab.

»Blödsinn!«, erwiderte Alex brüsk. »Das ist die reine Wahrheit. Er schrieb jedem vor, wie er sich anzuziehen hatte. Er schrieb uns vor, was wir zu tun und zu lassen hatten. Er duldete keinen Einspruch von der Seitenlinie.«

»Der Typ ist ein Arschloch«, räumte Eddie schließlich ein.

Es war klar, dass die auf Hochglanz polierte Professionalität von *5150* nicht jedermanns Sache sein würde. Einige alte Fans beklagten einen Mangel an Spontaneität, die Humorlosigkeit, die völlige Abwesenheit von Gefahr, Verrücktheiten oder Abenteuerlust. Wohl oder übel hatten die Erwachsenen das Ruder übernommen. Hagar war der Kritik gegenüber nicht taub: »Ich weiß, dass manche Leute jammern: ›Mir gefielen die alten Van Halen besser, Sammy hat alles ruiniert‹, aber das war die Musik, mit der Eddie ankam«, sagte er ungewohnt defensiv. »Ich schrieb die Texte und Melodien, aber das war die Musik, die Eddie machen wollte.« Zu seiner Rechtfertigung verwies er auf die Verkaufszahlen des Albums: Ganz ohne die Unterstützung eines Musikvideos gingen in den ersten zwei Wochen eine Million Exemplare über die Ladentische, und in der dritten Verkaufswoche stürzte die Platte Whitney Houstons Debütalbum von Platz eins der *Billboard* 200. Hagar fasste die Gemütslage der Band mit knappen Worten zusammen: »Wir fühlten uns unbesiegbar.«

Doch abseits des öffentlichen Siegeszugs kam es zu einer privaten Tragödie. Im Januar 1986 erfuhr Valerie zu Eddies großer Freude, dass sie schwanger war. Nach starken Beschwerden suchte sie im März einen Arzt auf, der ihr eröffnete, dass sie ihr Kind verloren hatte. Was Valeries Schmerz noch verschlimmerte, war ihre Überzeugung, die Fehlgeburt wäre Gottes Strafe für eine kurze Affäre im Vorjahr, als sie unter der mangelnden Aufmerksamkeit ihres Mannes gelitten hatte.

Es folgte ein weiterer Tiefschlag. Am 24. Mai, vor der zweiten ausverkauften Show im Alpine Valley Music Theatre in East Troy, Wisconsin, erhielten Eddie und Alex einen Anruf von zu Hause: Ihr Vater hatte einen schweren Herzinfarkt erlitten. Sofort wurde ein Privatjet gechartert, um Valerie und die beiden Brüder nach Kalifornien zu fliegen, wo sie sich umgehend zu Jan ins Krankenhaus begaben. Stets optimistisch, versuchte Jan seine Verfassung schönzureden und versicherte seinen Jungs, dass er schnell wieder entlassen würde und wieder auf den Beinen wäre. Da Van Halen bis zum 3. November für Shows in großen Hallen gebucht waren, war es seinen beiden Söhnen nicht möglich, durchgehend an Jans Krankenbett zu verweilen. Aber während der nächsten fünf Monate sammelten die Brüder Tausende von Bonusmeilen, da sie jede verfügbare Lücke im Tourplan nutzten, um heim zu ihrem alten Herrn zu fliegen. Am 9. Dezember verstarb Jan dann im Alter von sechsundsechzig Jahren. Seine Frau Eugenia und seine Söhne waren an seiner Seite. Der Verlust traf den Jüngsten besonders hart. Nach Jans Tod eskalierte Eddies Alkohol- und Kokainkonsum dramatisch. Der Gitarrist schloss sich zur »Selbstmedikation« tagelang im Studio ein.

»Es war ein einziger Kampf«, schrieb Valerie in ihren Memoiren, »und es wurde von Tag zu Tag heftiger. Ob wir nun miteinander stritten oder bloß gegen das alltägliche Leid ankämpften.«

In einem offenherzigen Interview mit der Frauenzeitschrift *Redbook* sprach Bertinelli ehrlich und couragiert über die Probleme des Paars. Aus jeder Zeile ging die aufrichtige Sorge um ihren Mann hervor. »Er tut mir nichts an, nur sich selbst«, sagte sie.

In einem Interview mit Dave DiMartino von *Creem* hatte David Lee Roth im Juni das Schweigen bezüglich seines Weggangs von Van Halen gebrochen und kräftig vom Leder gezogen. Mit seiner neuen Band, bestehend aus Gitarrist Steve Vai, Bassist Billy Sheehan und Drummer Gregg Bissonette, beendete er damals gerade die Arbeit an seinem Solodebüt. Da seine Ex-Band als Erste mit neuer Musik am Start war, hielt er es wohl für nötig, vor der für Juli geplanten Veröffentlichung seines Albums noch ein paar Schlagzeilen zu machen.

»Die Jungs lamentieren ständig, wie schlecht es ihnen in den letzten zehn, zwölf Jahren ging, dass ihre Musik nicht ihren Ansprüchen genügte, dass jetzt alles wunderbar ist … Der arme Edward Van Halen war gezwungen, mit einer Lüge zu leben! Nur knapp überstand er den Angriff der Killer-Maseratis! Mit Mühe überlebte er einen Lamborghini nach dem anderen! Natürlich unter Zwang! Könnt ihr euch vorstellen, was für eine seelische Belastung das für den armen Jungen gewesen sein muss? Nur, dass er kein Junge mehr ist. Er ist dreißig Jahre alt. Man tischt der Öffentlichkeit nicht so einen Mist auf«, ereiferte sich Roth. »So behandelt man seine Fans nicht. Ein großer Teil von Van Halen … das ist immer noch ein großer Teil von mir! Ich war mit Leib und Seele bei dieser Band, habe ihr mein ganzes Leben gewidmet. Man geht nicht einfach hin und verkauft die Öffentlichkeit für dumm. Ihr wisst schon, dieser hirnlose, über sämtliche Magazinseiten gegeiferte Wortsabber, wie sehr das doch alles ›stank‹: ›Wir haben es gehasst!‹, ›Dave hat uns dazu gezwungen!‹ … Der große, böse Dave.«

»Ich habe mich im Zorn zu Worten hinreißen lassen, für die ich mich wohl entschuldigen sollte«, räumte Eddie im selben Sommer gegenüber David Fricke vom *Rolling Stone* ein und drang darauf, dass er über das Auseinanderbrechen der Originalbesetzung wirklich traurig war. »Ich habe geweint, ich war völlig am Boden. Ich bin in der Presse über ihn hergezogen, weil ich sauer war. Und ich war verletzt.«

Roth zeigte sich ungerührt.

»Jetzt, da ihnen klar wird, dass es keine schöne Lektüre ist, zu lesen, wie sie mich in die Pfanne gehauen haben, jetzt kommt Edward mit diesem scheinheiligen ›Ohhh, das tut mir so leid‹«, höhnte Roth. »Das kaufe ich ihm nicht ab. Und ich glaube, die Öffentlichkeit tut das auch nicht.«

Der Song »Yankee Rose«, auf dem sich der ehemalige Zappa-Gitarrist Steve Vai in Bestform präsentierte, eröffnete Roths Solodebüt *Eat 'Em and Smile* mit fabelhaft großer Geste. Es war ein tolles Hardrockalbum und stieg Ende August auf Platz vier der *Billboard* 200 ein. Aber wenn der Sänger gehofft hatte, seine Solokarriere würde die seiner vorherigen Band in den Schatten stellen – und das hatte er sicher keinen Moment bezweifelt –, lag er falsch: Als er mit *Eat 'Em and Smile* auf Tournee ging, spielte er vor halb vollen Rängen in Hallen, die seine ehemaligen Mitstreiter im selben Jahr zweimal hintereinander ausverkauft hatten. Es wirkte mehr als nur ein wenig verzweifelt, als Roth im Oktober 1986 in Toronto eine Pressekonferenz gab, auf der er Van Halen unterstellte, sie würden von ihren hin- und hergerissenen Fans ein loyales Bekenntnis erwarten, »uns zu lieben und ihn zu hassen«.

»Ich werde mich der Herausforderung stellen«, erklärte Roth trotzig und richtete die nächste Bemerkung direkt an

Eddie. »Wenn wir uns unbedingt messen müssen … schön. Ich verspeis dich lächelnd zum Frühstück, Kumpel.«

In Kalifornien setzte Valerie ihrem Mann derweil ein Ultimatum. Voller Angst, dass Eddies selbstzerstörerisches Handeln ihn ähnlich früh ins Grab bringen könnte wie seinen Vater, verlangte sie von ihm, seinem Drogendealer die Tür zu weisen und ihr zu versprechen, mit dem Trinken aufzuhören. Andernfalls würde sie ihn verlassen. Immer noch in Selbstmitleid versunken, sah Eddie bloß wie betäubt zu, als sie ging.

Doch Valerie war noch nicht bereit, ihren geliebten Mann kampflos aufzugeben. Mit Anbruch des neuen Jahres beschloss sie, Freunde und Verwandte um eine Intervention zu bitten. Es war eine emotionale und schmerzhafte Begegnung. Eddie war außer sich und fühlte sich betrogen, schikaniert und drangsaliert, als seine Bandkollegen, seine Familie und seine engsten Freunde ihn der Reihe nach beknieten, sich Hilfe zu suchen, um etwas gegen seinen Alkohol- und Drogenmissbrauch zu unternehmen. Aber als die Gemüter sich beruhigten, sah der Gitarrist ein, dass sein Verhalten alles zum Einsturz zu bringen drohte, wofür er gelebt und gearbeitet hatte. Schließlich willigte er ein, sich in der Betty Ford Clinic im kalifornischen Rancho Mirage in Behandlung zu begeben.

»Es ist hart, jemanden so zu konfrontieren«, sagte Sammy Hagar. »Wenn ein Mensch nicht bereit ist, sein Leben zu ändern, dann kannst du ihm das nicht abnehmen. Du wirst ihn nicht überzeugen, erst recht keinen reichen und berühmten Rockstar. Wenn du denen in ihren Lebensstil und ihre Gewohnheiten reinredest, hörst du bloß: ›Verpiss dich, du bist gefeuert!‹ Bist du reich und berühmt, sagt dir niemand die Meinung. Egal, was du machst, es ist okay. Du würdest selbst mit einem Mord davonkommen. Niemand wagt derart drastische Einschnitte, ohne dafür bereit zu sein. Ich weiß noch, dass ich mit Ted Templeman gesprochen habe und er zu mir sagte: ›Kein Rockstar, der es gewohnt ist, dass man ihm den Arsch küsst, wird irgendetwas ändern, solange er nicht komplett am Boden ist. Die wachen erst auf, wenn sie alles verlieren.‹ Und er hatte verdammt recht.

Damals hatten sowohl Eddie als auch Alex ein echtes Alkoholproblem. Ich sah das, aber ich unternahm nichts, denn wenn wir zu den Instrumenten griffen, spielten sie einwandfrei: Diese Kerle konnten sich betrinken und trotzdem noch richtig gut spielen. Also sagte ich mir: ›Wow, das ist dann wohl kein Problem.‹ Und wenn es hieß: ›Morgen Mittag im Studio!‹, dann waren sie da, selbst wenn sie die ganze Nacht durchgemacht hatten. Als Rockstar kommst du mit deiner Alkohol- oder Drogenabhängigkeit locker durch. Tut mir leid, das zu sagen, aber es ist so. Das geht natürlich nicht als Bauarbeiter, wenn du jeden Morgen um fünf Uhr aufstehen und einen Lkw fahren musst. Aber Rockstars kriegen den Arsch nachgetragen.«

»Anfangs dachte Sammy, Alex und ich würden trinken, weil wir uns so über den neuen Sänger freuten. Er dachte, dass wir feiern«, erzählte Eddie dem *Seattle Post-Intelligencer.* »Dann fiel ihm auf, dass wir jeden Tag so drauf waren. Ich glaube, er bekam es ein wenig mit der Angst zu tun.«

»Ich trinke nicht, um Party zu machen«, behauptete er gegenüber *Billboard.* »Alkohol und Kokain waren für mich Privatsache. Ich konsumierte das Zeug zum Arbeiten. Koks hält dich wach, und der Alkohol macht dich unbefangener. Ich bin mir sicher, dass ich musikalisch so manches nicht erreicht hätte, wenn ich nicht in der entsprechenden Verfassung gewesen wäre.

Ich war Alkoholiker, und ich brauchte Alkohol, um zu funktionieren.«

Im April 1987, nach einer Absturzphase, die vom Tod seines Vaters ausgelöst worden war, suchte sich auch Alex Hilfe im Kampf gegen sein Alkoholproblem.

»Ich habe es mit dem Feiern übertrieben«, gestand er. »Ich kam nach Hause [nach der *5150*-Tour], und wir mussten drei Monate irgendwie rumkriegen. Ich zog um die Häuser und machte richtig einen drauf. Die Jungs aus der Band hatten den Mumm, mich zur Rede zu stellen. ›Wir wollen nicht zusehen, wie du dich umbringst‹, sagten sie, ›also vertrau uns: Du solltest etwas unternehmen.‹ Ich war echt heftig drauf.

Alkohol ist komisch. Er ist gesellschaftlich akzeptiert und gehört zum Feiern dazu. Aber mit einem Mal zeigt er seine hässliche Fratze, und schon hängst du am Haken.«

Im selben Frühjahr begann Sammy Hagar mit der Arbeit an dem Soloalbum, das er Geffen noch schuldete. Als Co-Produzent holte er Eddie an Bord, der auch noch Bass, aber nur ein einziges Gitarrensolo (auf »Eagles Fly«) spielte. In nur zehn Tagen fertiggestellt, erreichte *I Never Said Goodbye* Mitte August Platz 14 und war damit Hagars höchster Charterfolg als Solokünstler. Im Monat darauf kehrten Van Halen ins 5150-Studio zurück. Diesmal produzierte die Band selbst – gemeinsam mit Donn Landee – und ging ihr achtes Studioalbum mit einer neu gewonnenen Reife an. Da sich *5150* allein in den USA ganze sechs Millionen Mal verkauft hatte, strotzten sie vor Zuversicht. Das wurde ihnen wohl zum Verhängnis.

Nachdem sie Roth kaltgestellt, die Zweifler bei Warner zum Verstummen gebracht und außerdem demonstriert hatten, dass sie auch ohne Anleitung ihres Mentors Ted Templeman kommerziell erfolgreich sein konnten, war es durchaus nachvollziehbar, dass sie während der großzügigen sieben Monate, die sie an *OU812* werkelten, nur wenig Druck verspürten. Hagar arbeitete nach eigenem Bekunden besonders gut, wenn ihn ein spezieller Gedanke antrieb … nämlich: »Euch Wichsern werde ich's zeigen!« Während er nun zwischen seinem Anwesen in Malibu und dem Ferienhaus im wunderschönen Cabo San Lucas auf der mexikanischen Halbinsel Baja California hin und her jettete, fehlte ihm offenbar der richtige Anreiz. Eddie wollte das Album ursprünglich *Rock'n'Roll* nennen, denn »genau das ist es. Es ist kein Heavy Metal, es ist kein Hardrock, es ist Rock'n'Roll.« Und damit lag er nicht falsch, denn über die Länge von neun Songs probierte sich die Band an räudigem Blues (»Black and Blue«), Led-Zeppelin-artigen Grooves (»Cabo Wabo«), klassischem Van-Halen-Power-Boogie (»Source of Infection«, in der Tradition von »I'm the One« und »Hot for Teacher«) und Synthie-Pop (»When It's Love«), ohne dabei jemals so wild oder bedrohlich zu klingen, dass sie auch nur annähernd Gefahr liefen, die Nachbarschaft zu verärgern. Die einzig interessante Überraschung auf einem Album, das offenbar allein dazu diente, die Massentauglichkeit der Band zu untermauern, ist der vom Fingerpicking auf der Akustikgitarre getragene Country-Blues »Finish What Ya Started«. Ein Song, der entstand, als Eddie eines Nachts überraschend um zwei Uhr mit einer Flasche Jack Daniels in der einen und einer Gitarre in der anderen Hand bei Hagar vor der Tür stand. Wie eine Reihe anderer Nummern auf *OU812* – »Source of Infection«, »Black and Blue«, »Sucker in A 3 Piece« – verschandelte Hagar auch »Finish What Ya Started« mit einem dieser fiesen, übergriffigen Texte, in denen er sich selbst zur Sexbestie hochstilisierte. »Keine meiner Großtaten«, räumte er später reuig ein. Dennoch markierte der Song wohl den einzigen Moment dieses grundsoliden, aber spektakulär unspektakulären Albums, in dem Van Halen die Zügel mal etwas locker ließen. Während sich Guns N'Roses mit ihrem gnadenlos rohen *Appetite For Destruction* durch Los Angeles tobten, schienen Van Halen rundum zufrieden damit, die Art von geschmackvoll manikürtem Arenarock zu produzieren, die man vielleicht auf einem Soundtrack der Hollywoodblockbuster von Don Simpson und Jerry Bruckheimer erwarten würde. Als ein Zeichen des Respekts und der Dankbarkeit widmeten sie das Album dem Mann, der jeden ihrer musikalischen Träume mit ihnen geteilt hatte – mit einer berührenden Zeile auf dem Innencover: »This one's for you, Pa – Das hier ist für dich, Pa«. Doch wenn man aufrichtig ist, findet sich auf *OU812* nur wenig von Jan Van Halens gewitztem, unkonventionellem Geist.

Sammy Hagar, der überzeugt war, dass die Band ein weiteres Multi-Platin-Album in der Tasche hatte, unterbreitete Ed Lefler die Idee, dass Van Halen nun den Sprung in die Stadien wagen müssten. Wenn Mötley Crüe 1987 als Headliner von Bill Grahams (fast) jährlichem Day on the Green Festival ganze sechzigtausend Fans ins Oakland Coliseum lockten, dann sollte es für Van Halen – in Hagars Augen die »größte Band der Welt« – ein Leichtes sein, mit einem eigenen Festival-Package im ganzen Land ähnlich große Menschenmassen anzuziehen. Dass ein Unternehmen dieser Größenordnung bislang noch nie jemand gewagt hatte, machte die Sache für Hagar nur noch spektakulärer und sollte Van Halen einen ewigen Platz auf dem Rock-Olymp sichern.

»Van Halen wollten schlicht Rock'n'Roll-Geschichte schreiben«, meinte Louis Messina, der Hauptverantwortliche beim texanischen Konzertveranstalter PACE Concerts. Als Veranstalter des seit Jahren erfolgreichen Texas Jam Festival genoss Messina großen Respekt in der Livebranche und galt als außerordentlich gut vernetzt. Messina war der Erste, an den sich Ed Lefler wandte, um die Umsetzbarkeit von Hagars ambitionierter Idee auszuloten. Die Reaktion des Veranstalters war vielversprechend: »Das ist so eine naheliegende Idee. Ich wundere mich, dass das noch keiner probiert hat.« Nach wenigen Wochen legte er Lefler ein erstes Konzept vor: eine Tour von Ende Mai bis Ende Juli mit achtundzwanzig Terminen für bis zu 1,7 Millionen Zuschauer in dreiundzwanzig Städten. Bei einem empfohlenen Ticketpreis von fünfundzwanzig Dollar musste die Karawane nach Messinas Berechnungen für jede Show vierundvierzigtausend Karten verkaufen, nur um die Kosten zu decken. Würden allerdings alle Tickets verkauft, lägen die Bruttoeinnahmen bei insgesamt 42 Millionen Dollar. Schnürte man das richtige Paket an Bands, so Messina, würde es also funktionieren. Die nächste Herausforderung war dementsprechend, ein Vorprogramm zusammenzustellen, das die Konzerte zur gefragtesten Veranstaltung des Sommers machen würde.

Der erste Name auf der Liste war schnell gefunden, immerhin kannten Van Halen und die Scorpions sich seit mehr als zehn Jahren. Als Clubband hatten Van Halen damals Scorpions-Nummern aus der Uli-Jon-Roth-Ära gecovert, Songs wie »Speedy's Coming« oder »Catch Your Train«. Und 1978, als Black Sabbaths *Never Say Die!*-Tour in Hamburg Station machte und David Lee Roth seinen vierundzwanzigsten Geburtstag feierte, hatten die beiden Scorpions Rudolf Schenker und Klaus Meine mit der jungen Band aus Kaliforniern Party gemacht. *World Wide Live,* das 1985 erschienene Live-Doppelalbum der Scorpions, hatte sich in den USA mehr als eine Million Mal verkauft, und da die deutsche Band im April 1988 ihr neues Album *Savage Amusement* veröffentlichen würde, war das Timing perfekt. Was die mittlere Position des Programms betraf, schien man mit den Hardrockern Dokken aus L. A. auf der sicheren Seite zu sein. Die Band hatte mit dem ehemaligen Boyz-Gitarristen George Lynch ein vertrautes Gesicht in ihren Reihen, und ihr viertes Album *Back for the Attack* war im Januar 1988 mit Platin ausgezeichnet worden, während die Singles »Dream Warriors«, »Burning Like a Flame« und »Prisoner« von den Rocksendern im ganzen Land rauf und runter gespielt wurden. Als Opener für die Show brachte Messina die fünfköpfige Hamburger Hardrock-Formation Kingdom Come ins Spiel. Die hatten gerade bei Polydor unterschrieben und machten mit den unverhohlenen Led-Zeppelin-Anleihen ihres von Bob Rock produzierten Debüts auf sich aufmerksam. Um die noch offene Position am frühen Nachmittag zu füllen, brachte Q Prime – das Management von Dokken – ein kompromissloses Quartett aus San Francisco ins Spiel, das sich gerade von seinen Thrash-Metal-Wurzeln löste: Metallica. *Master of Puppets,* das dritte Album der Band, hatte ganz ohne Video oder eine einzige Single-Auskopplung weltweit mehr als eine Million Einheiten verkauft. Ihre Feuerprobe auf der großen Bühne hatten sie als Vorgruppe auf Ozzy Osbournes *Ultimate Sin*-Tour bestanden. Die Band um James Hetfield und Lars Ulrich suchte nach einer Gelegenheit, ihr nationales Profil zu stärken, bevor sie im Herbst 1988 ihr mit Spannung erwartetes viertes Album *... And Justice For All* herausbringen würden. Messina war zuversichtlich, dass diese Kombination von Bands eine breite Mehrheit der Hardrock- und Heavy-Metal-Fans ansprechen würde, und schlug dem britischen Veranstalter Maurice Jones vor, den gut eingeführten Namen Monsters of Rock als Dachmarke für die Veranstaltung zu lizenzieren. Lefler schlug ein. Auf einer Pressekonferenz mit Mitgliedern der teilnehmenden Bands, die bezeichnenderweise im »King Kong Ride« der Universal Studios stattfand, ließen Van Halen keinen Zweifel an der historischen Bedeutung der Tournee und bezeichneten sie als *das* Live-Ereignis des Jahres.

»Als ich noch jünger war, hätte ich alles getan, um dahingehen zu können«, schwärmte Eddie, während Hagar seine Überzeugung zum Ausdruck brachte, dass jeder Ticketkäufer nach der neunstündigen Veranstaltung sagen würde: »Das war die großartigste Show, die ich je gesehen habe.«

»Für mich ist diese Tour wie eine Art riesiges Sandwich«, beschrieb Alex Van Halen die Kombination der Bands. »Welcher Bissen ist der beste, welcher der erste, welcher der letzte? Und ist das nicht egal, solange man das ganze Ding aufessen kann?« Die *Monsters of Rock*-Tour war in jeglicher Hinsicht ein Mammutunternehmen. Um drei Shows in der Woche zu ermöglichen, benötigten Van Halen drei komplette Bühnen, die abwechselnd quer durchs Land reisten. Die Produktion erforderte 971 Tonnen an Ausrüstung und zwei Lautsprecheranlagen mit 250.000 Watt Leistung sowie eine 850.000 Watt starke Lichtanlage zur Beleuchtung einer siebenstöckigen Bühne, transportiert von 56 vierzehn Meter langen Sattelschleppern. Heavy Metal im wahrsten Sinne des Wortes.

Für Eddie Van Halen war dieser Treck aus einem ganz einfachen Grund besonders wichtig: Es sollte die erste Tournee werden, auf der er nüchtern blieb.

»Ich hab die Jungs letztens gefragt, ob wir alkoholische Getränke aus dem Backstagebereich verbannen können«, erzählte er dem *Rolling Stone* im April 1988, als die Band mit den Proben zur bis dato größten Tour ihrer Karriere begann. »Ich glaube, während der letzten zehn Jahre meines Lebens war ich nie richtig nüchtern. Ich bin aufgestanden und hab mir noch vor dem Essen eine Flasche Bier aufgemacht. Ich habe versucht, mein Leben in Ordnung zu bringen … ich war in der Betty Ford Clinic … das volle Programm, weil es bei meinem Bruder funktioniert hat. Er ist im April seit einem Jahr trocken. Ich habe seit zwanzig Tagen nichts getrunken. Und allmählich sehe ich ein Licht am Ende des Tunnels. Ich fang an, mich gut dabei zu fühlen.

Die Sache ist die: Du kannst das nicht für andere tun«, fügte er hinzu. »Mein Dad ist im Dezember vor einem Jahr gestorben, weil er getrunken hat. Er hat uns gebeten, das Trinken, die Partys und den ganzen Mist aufzugeben. Und ich habe es wirklich versucht. Für ihn. Ich habe es für meine Frau versucht. Ich habe es für meinen Bruder versucht. Und ich habe mir damit keinen Gefallen getan. Nach meiner Entlassung aus der Betty Ford Clinic ging ich sofort wieder auf Sauftour, und ich bekam eine Anzeige, weil ich betrunken Motorrad gefahren bin.«

In derselben Woche, in der *OU812* auf Platz eins der *Billboard*-Charts einstieg, begann die *Monsters of Rock*-Tour mit der ersten von drei Shows (27. – 29. Mai) im Alpine Valley Music Theatre von East Troy in Wisconsin vor insgesamt 96.786 Zuschauern. Nicht jede Show war so erfolgreich: In der Stadt Oxford in Maine standen beim Auftritt der Headliner dank des strömenden Regens, der den ganzen Tag nicht nachgelassen hatte, nur noch knapp tausend hartgesottene Fans vor der Bühne des Oxford Plains Speedway, und eine geplante zweite Show im Giants Stadion von New Jersey wurde kurzerhand abgesagt. Der Grund dafür waren die schlechten Ticketverkäufe – für Louis Messina »eines der größten Rätsel der Welt«. Los Angeles bereitete ihnen einen sehr viel erfreulicheren Empfang: Die 80.144 Zuschauer, die am 24. Juli das Memorial Coliseum füllten, waren Tour-Rekord. Doch ausgerechnet bei ihrem Heimspiel stahlen ihnen Metallica die Show.

Als James Hetfield und Lars Ulrich, die Gründungsmitglieder der Band, 1983 von Los Angeles nach San Francisco gezogen waren, hatten sie eine Stadt verlassen, die sich für den Reiz ihrer Musik ziemlich unempfänglich zeigte. Fünf Jahre später bereitete die Metal-Gemeinde von L. A. ihren verlorenen Söhnen einen rauschenden Empfang. Bei ihrer ersten Stadion-Show in der Stadt brach bereits das Chaos aus, als das Intro – Ennio Morricones »The Ecstasy of Gold« –

noch lief. Anfangs verließen nur diejenigen, die in der Nähe der Bühne saßen, ihre Sitzplätze, um nach vorne zu stürmen. Aber schon bald strömten Tausende weitere Fans von den Tribünen herab, trampelten die Absperrungen nieder und rannten die Sicherheitsleute einfach um. Um der eigenen Sicherheit willen sah sich die Band nach fünf Songs gezwungen, die Show abzubrechen. Die Security-Leute in ihren gelben T-Shirts hatte große Schwierigkeiten, ein Publikum im Zaum zu halten, das nun mit Absperrgittern, Sitzen, Flaschen, Plastikbechern und allem anderen warf, das nicht niet- und nagelfest war.

»Nichts, was Van Halen an diesem Sonntag boten, konnte den Eindruck schmälern, dass Metallica die Metalband der Stunde waren«, schrieb Steve Hochmann in seiner Konzertbesprechung für die *L.A. Times,* »und vermutlich auch die von morgen.«

Sammy Hagar hatte einen ähnlichen Eindruck von der Band. »Metallica werden die neuen Könige des Rock«, orakelte er, »wartet nur ab.«

Mit Ende der *OU812*-Tour hatte der Frontmann von Van Halen so etwas wie eine Vertrauenskrise. Da sein zweites Album mit der Band sich zwar beeindruckende vier Millionen Mal verkauft hatte, aber dennoch nur etwa halb so gut war wie der Vorgänger, dachte Hagar, wie er bekannte: »Vielleicht sind die Flitterwochen jetzt vorbei.«

Auch Eddie, der wieder heftig trank, fühlte sich antriebslos und uninspiriert. Für den Gitarristen, der den Sound der Achtziger mitgeprägt hatte wie kaum ein anderer, endete die letzte Nacht des Jahrzehnts unter schmählichen Umständen. Eddie verbrachte den Silvesterabend mit der Familie seiner Frau in Malibu, und mit jedem Glas Jägermeister wurde seine Laune düsterer. Also beschloss er noch vor Mitternacht, sich von der Feier zu verdrücken. Valerie war klar, dass ihr Mann sich in seinem Zustand nicht mehr hinters Steuer setzen sollte. Deshalb versuchte sie, die Autoschlüssel zu verstecken. Darüber geriet das Paar in einen handfesten Streit. Als Valeries Vater dazwischenging, wurde Eddie handgreiflich und gab erst Ruhe, als sein Schwiegervater ihm eine wohlplatzierte Rechte verpasste und ihm damit einen Wangenknochen lädierte. Daraufhin brachte Valerie ihren benommenen Gatten ins nächste Krankenhaus. Dort kam zwangsläufig die Ursache für die Verletzung zur Sprache. Der behandelnde Arzt beruhigte Eddie und versicherte ihm, das Gesicht würde von allein heilen. Aber er gab ihm einen guten Rat: »Sie sollten sich eine entsprechende Einrichtung suchen, um sich helfen zu lassen.« Dieses eine Mal hörte der Gitarrist tatsächlich auf eine Respektsperson. Er verbrachte die ersten achtundzwanzig Tage des neuen Jahrzehnts in einer Entzugsklinik.

9
Fire in the Hole

Wer clever war, der setzte auf Nirvana.

Das anarchische »Cheerleader aus der Hölle«-Video zu »Smells Like Teen Spirit« machte Kurt Cobain nicht nur im Mainstream bekannt und war so etwas wie der Startschuss für den Verkauf von 30 Millionen Exemplaren von *Nevermind*, dem zweiten Album des Trios aus dem Städtchen Aberdeen bei Seattle; es wurde auch zur Projektionsfläche für allerlei oft halbgare kulturkritische Ideen und Meinungen zur wachsenden Entfremdung, Frustration und Lustlosigkeit der Generation X. Neben der Ansicht, dass Samuel Bayers krawalliger Promoclip ein neues Jahr null für die Rockmusik einläutete – eine fragwürdige und bestenfalls kurzsichtige These –, herrschte die Überzeugung, er beschäftige sich mit der Frage nach der menschlichen Existenz. Und zwar auf elementare und tiefgründige Weise – im Gegensatz zu Mötley Crües »Girls, Girls, Girls«-Video (obwohl in beiden Clips Statisten aus denselben Stripclubs am Sunset Boulevard zu sehen waren). »Das ist der Klang der beschädigten Psyche«, lautete der Kommentar in *Newsweek*, »und eine ganze Generation hat ihn erkannt.«

Als das Video 1992 für vier MTV Video Music Awards nominiert wurde – unter anderem für die begehrteste Auszeichnung des Abends, nämlich als »Video of the Year« –, hoffte man in den Büros des Nirvana-Labels Geffen Records und der Management-Agentur Gold Mountain auf mindestens eine der begehrten Trophäen, die auch »Moonman« genannt wurden. Nicht zuletzt deshalb, weil die beiden einzigen Bands, die neben Nirvana und den L. A.-Funkrock-Hirnis Red Hot Chili Peppers noch auf der Shortlist standen, Def Leppard (nominiert für das Bart-Simpson-inspirierte Animationsvideo zu »Let's Get Rocked« von *Adrenalize,* ihrem ersten Nummer-eins-Album in den USA) und Van Halen (nominiert für den eher künstlerischen Promoclip zu »Right Now« von ihrem dritten Nummer-eins-Album *For Unlawful Carnal Knowledge*) waren. Zwei Vertreter jener Generation von Oldschool-Hardrockbands, deren endgültige Ablösung durch die von Nirvana angeführte Alternative- und Grunge-Rock-Revolution für die Medien beschlossene Sache war.

Dabei lagen die jüngste und die älteste Band unter den Nominierten für die Auszeichnung zum Video of the Year womöglich gar nicht so weit auseinander, wie es bei oberflächlicher Betrachtung aussah. Denn obwohl Kurt Cobain den Musikjournalisten regelmäßig auftischte, die erste Band, die er je live gesehen hatte, wären die L. A.-Hardcore-Heroen Black Flag gewesen, besuchte er sein erstes Rockkonzert in Wahrheit, als Sammy Hagar auf seiner *Standing Hampton*-Tour am 18. März 1982 im Center Coliseum in Seattle gastierte. Cobain war damals in der siebten Klasse, und zu seinen (ziemlich sicher ausgeschmückten) Erinnerungen an diesen Abend gehörte auch, dass er sich auf dem Weg dorthin in die Hose gepinkelt, sich zugedröhnt und auf dem Konzert fast selbst angezündet hatte, als er bei einer der Powerballaden sein Feuerzeug in die Höhe hielt. Cobain und Hagar hatten noch eine weitere Gemeinsamkeit: Beide hatten jede einzelne Minute, die sie mit der Produktion der von MTV gefeierten Videos verbringen mussten, inbrünstig gehasst. Kurt Cobain war bekanntermaßen während der gesamten Dreharbeiten zu »Smells Like Teen Spirit« stinksauer auf den Regisseur Samuel Bayer, weil er glaubte, dieser verwässere die Story des Clips. Cobain hatte sie ursprünglich als Kreuzung aus dem Ramones-Fim *Rock'n'Roll High School* und dem Teenie-Streifen *Wut im Bauch* angelegt ... für den Van Halen ursprünglich die Filmmusik schreiben sollten.

Hagar wiederum betrachtete Mark Fenskes Konzept, die Bilder des Videos zu »Right Now« mit nachdenklichen Textfragmenten zu überlagern, schlicht und einfach als Schwachsinn. Er äußerte seinen Protest, indem er während des Drehs in Chicago durchgehend schmollte.

»Ich dachte: Was fällt denen ein!«, erklärte er kochend vor Wut. »Ich hatte eine Lungenentzündung und vierzig Grad Fieber. Wenn man im Video sieht, wie ich die Arme verschränke und mich weigere, zum Playback zu singen, dann deshalb, weil ich angepisst war. Und dem Regisseur fällt dazu nichts Besseres ein als: ›O ja, das ist super!‹ Dass ich am Ende des Clips die Garderobentür zuknalle, ist nicht gespielt. Ich war stinksauer.

Mo Ostin, der Chef unserer Plattenfirma Warner Bros., rief mich persönlich an, als er hörte, wie schlimm ich das alles fand. Er sagte: ›Sammy, das wird das größte Video, das ihr je gemacht habt.‹ Ich erwiderte nur: ›Du spinnst doch. Das stinkt alles zum Himmel.‹ Ich wollte nicht weiter darüber reden.«

Der Videoclip zu »Right Now« war insgesamt siebenmal nominiert und damit der meistnominierte Clip des Abends. Mark Fenske und Mitchell Sinoway hatten für »Right Now« bereits die Trophäen für die beste Regie und den besten Schnitt kassiert, da erhielten Van Halen auch noch die Auszeichnung für das »Video of the year«.

Als Eddie im Interview mit Steve Rosen von *Guitar World* sagte, er habe »dreizehn Jahre gebraucht«, um »Right Now« zu schreiben, meinte er das nur halb scherzhaft. Der Gitarrist hatte die Grundstruktur des Songs tatsächlich bereits 1983 am Klavier komponiert. Dabei hatte er sich etwas Ähnliches vorgestellt wie Joe Cockers Version von Traffics »Feelin' All-right«, die auf *With a Little Help from My Friends* zu hören war, dem 1969 erschienenen Debütalbum des Sängers aus Yorkshire. Eddie erinnerte sich, dass mit seinem Song keiner »etwas zu tun haben wollte«. Während der Sessions zum neunten Studioalbum, dessen Produktion im März 1990 begann, dreizehn Monate nachdem die Welttournee zu *OU812* in Hawaii zu Ende gegangen war, unterbreitete Eddie der Band die Idee. Aber auch Samy Hagar zeigte sich nicht sonderlich begeistert.

»Zu der Musik, die er mir vorspielte, konnte ich mir Joe Cockers Gesang einfach nicht vorstellen«, gab Hagar zu. »Wir hatten keinen Streit, uns fiel es nur schwer, nachzuvollziehen, was der jeweils andere in dem Song sah. Also sagte ich: ›Okay, kein Problem, weiter im Text …‹ Und wir arbeiteten an etwas anderem.

Meine Lyrics zu ›Right Now‹ standen vom ersten Moment an. Ich habe sie Eddie immer wieder vorgesungen und gesagt: ›Denk dabei an einen Stadionsong, stell dir ein ganzes Stadion voller Menschen vor, die mitsingen, die Hände in der Luft.‹ Aber keiner stieg so richtig darauf ein. Eines Tages spielte Eddie in einem Raum Klavier und ich im Nebenraum am Flipper. Und dabei sang ich: ›Right now …‹. Da erst merkte ich, dass ich gerade zu der Melodie sang, die Eddie spielte. Ich stürmte zu ihm rüber, sang es ihm vor, und wir riefen beide: ›Yeah!‹ Auch Andy Johns, der Produzent, sagte: ›Scheiße, ja! Das ist fantastisch!‹ Wenn ich daran denke, bekomme ich immer noch eine Gänsehaut, so abgefahren war das. Es war ein echtes Wunder, dass es über sechs Monate gedauert hat, bis diese zwei Ideen zusammenkamen: Normalerweise habe ich schon am nächsten Tag einen Text und eine Gesangsmelodie für Eddie, wenn er mir etwas vorspielt. Das war also echt einzigartig, ein ganz besonderer Moment für einen ganz besonderen Song. Als wären Engel über unsere Köpfe hinweggeflogen und hätten gesagt: ›Was müssen wir tun, damit die beiden es hören? Ihnen mit dem Baseballschläger eins auf die Rübe geben?‹

›Right Now‹ ist einer dieser Songs, mit denen Van Halen ein Level erreichten, das sie mit Dave nicht erreicht hätten«, fügte Sammy hinzu. »Von vier kleinen Punks aus Pasadena, die brüllen, schreien und Lärm machen, zu einem so anspruchsvollen Song wie ›Right Now‹ ist es ein ziemlich großer Schritt.«

Eddie rekrutierte den englischen Studiotechniker Andy Johns, der in den Siebzigerjahren als Tontechniker für Bands wie Led Zeppelin, dic Rolling Stones und Free Bekanntheit erlangt hatte. Die Entscheidung fiel nach einer Unterhaltung mit seinem Bruder Alex.

»Ich kann meine Gitarre jederzeit so klingen lassen, wie es mir gefällt«, erklärte er hinterher Jas Obrecht. »Mein Hauptproblem ist immer das Schlagzeug. Also setzten wir uns zusammen, und ich fragte Alex: ›Wer zum Teufel hat einen Drumsound, auf den du stehst?‹ Er antwortete: ›Led Zeppelin.‹ Und wer hat bei Led Zeppelin für diesen Sound gesorgt? Andy Johns. Also rief ich ihn an, er kam rüber, und wir verstanden uns sofort blind. Der Mann ist der Inbegriff von Rock'n'Roll.«

Johns erinnerte sich gut, dass er sich noch am selben Tag, an dem er im 5150 anfangen sollte – dem 21. Mai 1990 –, krankmelden musste. Er hatte am Abend zuvor seinen vierzigsten Geburtstag gefeiert und war schlicht nicht arbeitsfähig. Die Band sei deshalb anfangs »etwas paranoid« gewesen, was die anstehenden Aufnahmen anging, »ein wenig skeptisch«, aber nachdem eine der ersten Studio-Jamsessions das wuchtige, treibende »Judgement Day« hervorgebracht hatte, legte das Quartett die Zurückhaltung ab, und Eddie sprach später von einer »inspirierenden Zusammenarbeit«.

»Sein Sound macht Lust, einfach zu spielen«, lobte er den Briten. »So einfach ist das.«

»Ich hatte ein Haus am Mulholland Drive, und er wohnte am Coldwater Canyon Drive, das war nur zwei Kreuzungen entfernt«, erzählte Johns. »Ständig bekam ich um ein Uhr nachts diese Anrufe: ›Hey, Andy, du musst herkommen, ich hab eine Idee.‹ ›Eddie, ich bin im Bett!‹ ›Ja, ja, ja, scheiß drauf, komm jetzt rüber.‹ Er war einer von der spontanen Sorte.«

In der Erinnerung von Sammy Hagar war die Albumproduktion allerdings »wie Zähneziehen«. Betsy, die Frau des Sängers, war damals schwer krank und benötigte rund um die Uhr medizinische Betreuung. Verständlicherweise tat Hagar sich schwer damit, von ihrer Seite zu weichen und feste Zusagen für Studiotermine zu geben. Er hatte gute Gründe: »Es ist alles andere als einfach, sich zu konzentrieren, wenn deine Frau wie ein heulendes Häuflein Elend auf dem Boden liegt.« Von Johns' Arbeitsmoral war der Sänger auch nicht sonderlich begeistert: »Er war ziemlich oft zugedröhnt. Und dann ist er mit dem Auto gegen die Studiomauer gebrettert. Von da an wurde die Stimmung angespannter.«

Als Johns versehentlich eine Gesangsaufnahme von Hagar löschte, hatte der Sänger endgültig die Nase voll. Er drängte darauf, Ted Templeman zurückzuholen. »Mit Teds Hilfe bekamen wir die Sache in den Griff«, musste Eddie zugeben. »Es war fantastisch, wieder mit ihm zu arbeiten.«

Das erste »Instrument«, das man den Gitarristen auf »Poundcake«, dem Opener (und der ersten Single) des Albums »spielen« hört, ist eine Makita-6012HD-Bohrmaschine. *For Unlawful Carnal Knowledge* wurde am 17. Juni 1991 veröffentlicht, stieg auf Platz eins in die *Billboard* 200 ein und ging in der ersten Verkaufswoche 243.000-mal über die Ladentheke. Auch international war es ein Erfolg: In Großbritannien erreichte es Platz zwölf und in Deutschland Platz sechs der Charts. Mit den elf Songs des Albums, das Eddie kurz und knapp mit den Worten »big and bad« umschrieb, kehrte die Band zu ihren Wurzeln zurück. Während der mitreißende Poprock von »Runaround« seinen besonderen Biss durch ein klassisches Eddie-Van-Halen-Solo erhielt, war der rohe Funkrocker »Spanked« vermutlich der erste Stadionrocksong mit einem Text über Telefonsex-Hotlines, und das sonnige »Top of the World« konnte es gut und gerne mit »Dance the Night Away« aufnehmen. In Form des Akustik-Instrumentals »316« gönnte sich Eddie sogar mal wieder einen kleinen Solo-Ausflug. Der Titel der Nummer bezog sich auf den 16. März, jenen Tag des Jahres 1991, an dem Valerie dem Paar einen Sohn geschenkt hatte: Wolfgang William Van Halen.

»Einen Sohn zu haben ist vermutlich das Schönste, was mir je passiert ist«, erzählte Eddie dem *Guitar Player*. »Klar, dass ich etwas mehr Verantwortung übernehme. Jetzt bin ich nicht mehr kaputt, weil ich's mal wieder übertrieben habe, sondern weil ich jede Nacht drei- oder viermal aufstehen muss! Er fängt gerade an, zu lächeln und richtig zu sehen – total abgefahren! Das ist das Leben!«

»Manchmal ertappte ich Eddie, wie er Wolfie mit ungläubigem Blick anstarrte, als wollte er nicht wahrhaben, dass er an etwas so Wunderbarem mitgewirkt hatte«, erinnerte sich Valerie Bertinelli. Doch es gab auch weniger Erfreuliches: Da ihr Mann wieder exzessiv trank, machte sie sich auf Probleme gefasst.

Schon von der ersten Show an, die Van Halen am 16. August 1991 in Georgia spielten, nahmen mindestens zwei Mitglieder der Band den Titel der *F. U. C. K.*-Tour etwas zu wörtlich. Während der größte Hardrock-Act der Nation von Stadt zu Stadt zog, nutzte Sammy Hagar, der sich monatelang um seine kranke Frau gekümmert hatte, schamlos jede Gelegenheit zu hedonistischen Ausschweifungen. In seiner 2011 erschienenen Autobiografie *Red: My Uncensored Life in Rock* gestand der Sänger: »Ich habe alles gefickt, was nicht bei drei auf den Bäumen war. Ich schickte Roadies los, die mir alle Girls aus dem Publikum holten, die ich ihnen zeigte. Wenn Eddie mit seinem Gitarrensolo loslegte, das immer rund zwanzig Minuten dauerte, verschwand ich mit fünf oder sechs nackten Girls in meinem Zelt [unter der Bühne], und wir hatten knallharten Sex. Ging ich dann wieder auf die Bühne, musste ich erst meinen Steifen zurück in diese knallenge Hose stopfen.«

Auch Eddie war kein Kostverächter und benahm sich, um es mit den Worten von Sammy Hagar zu sagen, wie ein »räudiger Köter«. Wenn er Lust auf Gesellschaft hatte, ließ er seine »Freundinnen« mal eben einfliegen.

»Jeder außer mir wusste davon«, schämte sich seine leidgeprüfte Frau für ihre eigene Naivität.

Eddie fiel es zunehmend schwerer, seine Dämonen in die Schranken zu weisen. In einer Tournee-Pause, als er mit seiner Frau, seinem Sohn und seiner Schwiegermutter Urlaub in North Carolina machte, hatte der Gitarrist in betrunkenem Zustand einen so heftigen Wutanfall, dass er einen Mietwagen demolierte und Valerie anschließend schluchzend auf dem Boden des Strandhauses zurückließ. Im Bemühen, wieder etwas Stabilität in ihre Beziehung zu bringen, unterzogen sich beide einer ausgiebigen Therapie, sowohl einzeln als auch gemeinsam. Aufgefordert, sich gegenseitig ihre Scham und Untreue zu offenbaren, schütteten sie sich dort gegenseitig das Herz aus, bekannten sich zu ihren Seitensprüngen und versprachen einander, an ihren Problemen zu arbeiten.

Im Februar 1993 erschien mit *Live: Right Here, Right Now* ein Mitschnitt der Konzerte vom 14. und 15. Mai in der Selland Arena im kalifornischen Fresno. Die Veröffentlichung des ersten Livealbums von Van Halen erlaubte der Beziehung und dem zunehmend außer Kontrolle geratenen Bandleben eine kleine Atempause.

Zum Glück für den Bandleader und den Frontmann hatte die Musikbranche ihre Augen damals ganz woanders: Am 11. Januar 1992 gelang Nirvana das, woran Van Halen acht Jahre zuvor gescheitert waren. Sie eroberten Platz eins der *Billboard* 200 und stießen den King of Pop vom Thron. Auch wenn das damals kaum jemand mitbekam: An dem Tag, an dem *Nevermind* Michael Jacksons *Dangerous* als meistverkauftes Album Amerikas ablöste, konnte eine andere Rockband aus Seattle einen kleinen, aber bedeutenden Chart-Erfolg verbuchen. Für Pearl Jam war die Nachricht, dass ihre erste Single »Alive« auf Platz 32 der *Billboard* Hot Mainstream Rock Tracks Charts eingestiegen war, zwar noch kein Grund, die Sektkorken knallen zu lassen, aber sie gab begründeten Anlass zu der Hoffnung, dass ihr Zug allmählich ins Rollen kam. Eine Woche zuvor war ihr Debütalbum *Ten* bereits auf Platz 155 der *Billboard* 200 Albumcharts eingestiegen. Offenbar hatte Nirvanas Meilenstein etwas losgetreten: »Das hat die Dinge geändert«, sagte Gitarrist Mike McCready, ein großer Van-Halen-Fan, seit ihm sein Gitarrenlehrer im Jahr 1979 »Eruption« vorgespielt hatte. »Jetzt hatten wir den Beweis, dass unsere Band wirklich so gut war, wie ich dachte.«

Vier Monate später wurde *Ten* von der Recording Industry Association of America für eine Million verkaufte Tonträger in den USA mit Platin ausgezeichnet. Ein Jahr danach übertrafen die Verkaufszahlen des Albums sogar die von *Nevermind*.

Da Pearl Jam und Nirvana für das dritte Quartal des Jahres neue Alben angekündigt hatten, kontaktierte *Time* im Sommer 1993 deren Management-Teams, um ihnen den Vorschlag zu unterbreiten, die beiden Bands aus Seattle gemeinsam für das Cover der Herbstausgabe abzulichten.

Obwohl sie in den Medien häufig als erbitterte Rivalen dargestellt wurden – eine Situation, die durch Kurt Cobains Neigung, Pearl Jam jegliche Punkrock-Credibility abzusprechen, noch verschlimmert wurde –, hatten sich die beiden Lager erst kürzlich versöhnt, was Cobain und Pearl-Jam-Frontmann Eddie Vedder bei den MTV Awards 1992 eng umschlungen bei einem Tänzchen hinter der Bühne demonstrierten. Pearl Jam waren sich des zusätzlichen Hypes nur allzu bewusst, den ein *Time*-Titelblatt zwangsläufig mit sich brachte, insbesondere zu einem Zeitpunkt, an dem sie sich noch vorsichtig an die unerwartete Prominenz gewöhnten. Deshalb sagte die Band ihre Mitwirkung an dem Artikel im beiderseitigen Einverständnis ab. Als die entsprechende Ausgabe am 25. Oktober 1993 erschien und dennoch ein Foto von Eddie Vedder das Cover zierte, waren sie deshalb alles andere als begeistert. Die Schlagzeile lautete: »Wütende junge Rocker wie Pearl Jam geben den Leidenschaften und Ängsten ihrer Generation eine Stimme«. Eine Woche darauf erreichte Pearl Jams neues Album *Vs.* auf Anhieb Platz eins der *Billboard* 200, und die Plattenläden verkauften in den ersten fünf Tagen nach Veröffentlichung 950.378 Exemplare. Ein Rekord, der fünf Jahre lang nicht gebrochen werden sollte. Obwohl die Musikzeitschriften weiterhin die Unterschiede zwischen den Rockstars der neuen Generation und der alten Garde betonten, war Eddie Van Halen bekennender Fan von Kurt Cobain. »Ich mag sein Gespür.

Da ist kein technisches Können, das mich begeistert. Aber das ist egal. Er berührt mich einfach«, sagte er einmal. »Ich mag seine Stimme und die Songs. Sie kamen von Herzen. Das war völlig unverstellt.« Eddies Bewunderung für Kurt Cobain sollte allerdings zu einem der peinlichsten und problematischsten Vorfälle seiner Karriere führen.

Wie schon für Eddie und Alex Van Halen zuvor, war auch für Pat Smear, den in Los Angeles geborenen Tour-Gitarristen von Nirvana, ein Traum wahr geworden, als er im sagenumwobenen Forum in Inglewood auftrat. Das Gründungsmitglied der L. A.-Punk-Legende Germs war riesengroßer Queen-Fan. Als er am 30. Dezember 1993, bei der letzten US-Show von Nirvanas *In Utero*-Tour, auf jener Bühne stand, die schon sein Idol Brian May gerockt hatte, übertraf das seine kühnsten Erwartungen. »Ich bin da oben fast gestorben«, erinnerte er sich. Hätte man ihn vorgewarnt, dass er nach der Show in der Garderobe mit Eddie Van Halen einen weiteren kultisch verehrten Gitarrenhelden vorfinden würde, wäre er vermutlich in Ehrfurcht erstarrt.

»Eddie unterhielt sich gerade mit [Nirvana-Bassist] Krist [Novoselic], als ich zu ihnen kam«, erinnerte sich Smear. »Ich sah ihn nur von hinten, wusste also nicht, wer das war. Und Krist sagte zu ihm: ›Oh, Eddie, hast du schon Pat kennengelernt? Er ist unser neuer Gitarrist.‹ Eddie drehte sich zu mir um und sah mich an, sagte aber nicht mal Hallo oder so was. Sondern bloß: ›Oh nein, ein Dunkelhäutiger.‹ Erst dachte ich, er macht einen Scherz.«

Smear hatte den Eindruck, dass Eddie »betrunken war und total neben sich stand. Er fragte mich immer wieder: ›Was bist du? Bist du ein Paki oder so was? Bist du Mexikaner?‹ Er bettelte Kurt an, ihn mit uns spielen zu lassen. Es war so entwürdigend. Dann sagte er so was wie: ›Ich bin total abgewrackt. Ihr seid jetzt angesagt.‹ Es war schrecklich. Er nervte

Kurt immer weiter: ›Komm schon, lass mich die Gitarre von dem Mexikaner spielen!‹«

Der Filmemacher Dave Markey aus Los Angeles war mit Nirvana befreundet, seit er sie bei der Arbeit an *1991: The Year Punk Broke,* seiner Dokumentation über die 1991er Europa-Tournee von Sonic Youth kennengelernt hatte. Er war ebenfalls anwesend und wurde Zeuge von Eddies Entgleisung. Als er die Verfassung des Gitarristen bemerkte, war Markey so taktvoll, die Kamera auszuschalten. Später sprach er mit dem Kurt-Cobain-Biografen Charles Cross und sagte ihm: »Eddie ließ dieses rassistische, homophobe Redneck-Geschwätz vom Stapel. Es war total surreal.«

Ein aufgebrachter Kurt Cobain setzte der Schmierenkomödie schließlich ein Ende: »Von mir aus kannst du gerne spielen«, versprach er Eddie. »Du kannst nach unserer Zugabe auf die Bühne gehen. Geh einfach hoch und dudel alleine vor dich hin!«

»Ich war schockiert. Ich dachte: ›O Gott, Eddie Van Halen hasst mich‹«, erinnerte sich Pat Smear. »Eddie Van Halen veranschaulicht für mich perfekt, warum man seinen Helden besser nicht persönlich begegnen sollte: weil man dann nämlich enttäuscht wird. Aber ich schreibe diesen Vorfall allein dem Alkohol zu. Ich selbst habe auch schon eine Menge üblen Mist gemacht, wenn ich betrunken war.«

Dass Eddie dieses zutiefst unglückliche und unerfreuliche Zusammentreffen niemals ansprach, geschweige denn sich dafür entschuldigte, ist umso enttäuschender, wenn man bedenkt, wie sehr er und seine Familie sowohl in den Niederlanden als auch in Amerika unter Rassismus zu leiden hatten. In den letzten Monaten des Jahres 1993 ging es in seinem Leben steil bergab, insbesondere nach dem Tod des Bandmanagers Ed Lefler, der mit siebenundfünfzig Jahren seinen Kampf gegen den Schilddrüsenkrebs verlor.

»Er war wie ein Vater für uns, ein fünftes Bandmitglied«, sagte Hagar. »Als er starb, wurde mir klar, wie verletzlich wir waren, weil wir diesem Mann so sehr vertraut hatten. Er hatte dafür gesorgt, dass wir über gewisse Dinge gar nicht nachdenken mussten. Er hielt die Geier, Wölfe und Diebe von uns fern, sodass wir einfach unseren Spaß haben konnten. Wir hatten keine andere Verantwortung, als gute Alben zu machen.«

Solange sie potenzielle Nachfolger sondierten, kümmerte sich Eddie um die geschäftlichen Angelegenheiten der Band. Das war ein Maß an Verantwortung, für das der Gitarrist zu diesem Zeitpunkt sowohl total unqualifiziert als auch gänzlich ungeeignet war. Alex und er trafen sich mit einigen der bekanntesten Manager der Branche – Alice Coopers Manager Shep Gordon, Neil Youngs Manager Elliot Roberts und Elton Johns späterem Manager Johnny Barbis –, denen sie ausnahmslos Absagen erteilten. Der Druck wurde immer größer. Kokain und Wodka vermochten ihn nur vorübergehend zu lindern. Im Frühjahr 1994 brannten bei Eddie schließlich die Sicherungen komplett durch.

»Ich saß mit Tim Collins, dem Manager von Aerosmith, rum«, berichtete er David Wild vom *Rolling Stone,* »und kippte eine Flasche Wein in mich rein. Irgendwann sagte ich zu Tim: ›Ich bin gleich wieder da.‹ Ich bin runter zum Haus, habe mir den Rasierapparat geschnappt und mir den Kopf geschoren. Blitzeblank. Ich sah aus wie ein Häftling in Auschwitz. Ich schätze, mir war einfach alles über den Kopf gewachsen, im wahrsten Sinne des Wortes. Ich drehte einfach durch. Ich war so frustriert und angepisst, dass ich nicht mehr wusste, was ich sonst tun sollte.«

In einem verzweifelten Versuch, seinem Bruder etwas von dem Druck zu nehmen, bevor dessen psychische Gesundheit noch weiter darunter litt, bat Alex seinen Schwager Ray Daniels, den Manager von Rush, das Management der Band zu übernehmen – gegen den Wunsch von Sammy Hagar. »Sam ging auf Distanz«, erinnerte sich Daniels. »Offenbar befürchtete er einen Kontrollverlust.«

»Wir stritten ständig, über alles Mögliche, und ziemlich bald kamen wir nicht mehr miteinander klar«, erinnerte sich Hagar. »Alles brach auseinander.«

Als die Spannungen weiter hochkochten, drängte Eddie auf eine Rückkehr ins Studio, in der Hoffnung, dass die Musik ihnen einmal mehr Zuflucht und Trost in schwierigen Zeiten bieten würde.

»Das Studio kann ein Rückzugsort sein, um die ganze Scheiße außen vor zu lassen«, erklärte er. »Das ist sehr therapeutisch. Es haut mich jedes Mal wieder um. Sogar nach neun Studioalben fühlte es sich an, als würden wir wieder alles von der Pike auf lernen. Zu Beginn, wenn man noch nicht so viel geschrieben hat, konzentriert man sich aufs Jammen – und ganz plötzlich kommt dann eins zum anderen. Man kann nie genau wissen, woher es kommen wird … man ergibt sich einfach dem Flow und lässt es laufen.«

Das Problem war, dass sich der musikalische Flow diesmal einfach nicht einstellen wollte. In der Hoffnung, ein Produzent könnte das kreative Potenzial der Gruppe aktivieren, sprach Eddie mit Andy Johns, Mike Clink (Produzent des Guns-N'-Roses-Albums *Appetite For Destruction*) und Bob Rock, bevor er sich schließlich für Bruce Fairbairn entschied, den aus Vancouver stammenden, mehrfach mit Platin ausgezeichneten Produzenten von Bon Jovi (*Slippery When Wet, New Jersey*), AC/DC (*The Razor's Edge*) and Aerosmith (*Permanent Vacation, Pump, Get a Grip*).

»Wir suchten jemanden, der mit uns auf einer Wellenlänge war, sowohl mental als auch musikalisch«, sagte Alex Van Halen. »Und auch, was die Vibes ganz allgemein anging.

Wenn du mit jemandem acht Stunden am Stück im Studio verbringst, kann das sehr anstrengend werden, wenn die Persönlichkeiten nicht miteinander harmonieren. Bruce hatte das, wonach wir suchten … Er forderte Respekt ein, respektierte aber auch die Band.«

»Produzent zu sein ist ein schwer greifbarer Job«, bemerkte Eddie. »Teils Babysitter, teils Amateurpsychologe. Bruce war anders. Er schaffte es, dass wir unsere Musik aus einem anderen Blickwinkel betrachteten. In Kombination mit unserem eigenen Input floss in diese Platte am Ende mehr echtes musikalisches Gespür als bei den meisten anderen Produzenten, mit denen wir gearbeitet haben.«

Die Album-Sessions begannen im Juni im 5150 und wurden im Oktober in den Little Mountain Sound Studios in Vancouver abgeschlossen. Fairbairn verlangte von der Band, sich an einen strikten Zeitplan zu halten. »Bruce sagte nur: ›An die Arbeit, ihr Penner!‹ Da kannte er keinen Spaß«, erinnerte sich Eddie. Allerdings konnte der Produzent nicht ahnen, wie sehr die Verhältnisse innerhalb der Band inzwischen strapaziert waren. Sammy Hagar beschuldigte Eddie, der offiziell seit Oktober 1994 drogenfrei war, während der Sessions Kokaintütchen und Wodkaflaschen im Badezimmer des Studios gebunkert zu haben. Eine Anschuldigung, die der Gitarrist wütend abstritt. Allerdings räumte er ein, hin und wieder zu trinken, um sich locker zu machen, meistens bevor er bestimmte Gitarrenparts neu einspielte, die er als zu »steif« empfand.

»Ich habe nicht zu viel getrunken«, insistierte er. »Bei der Produktion des Vorgängeralbums hatte ich jeden Tag mindestens zwölf bis fünfzehn Bier intus. Wenn ich doch mal ein bisschen über die Stränge schlug, sagte ich: ›Ich bin raus, ich hab's übertrieben und mache Schluss für heute.‹

Wenn ich Musik mache, Songs schreibe und arbeite, trinke ich mehr als in meiner Freizeit. Das ist nicht mein Problem.

Mein Problem ist vielmehr, dass ich zum Trinken ins Büro gehe. Das ist völlig idiotisch. Und es gibt nur einen Grund, warum ich damit weitermache: Es funktioniert noch immer. Glaubt es oder glaubt es nicht. Es baut halt die Hemmungen ab.

Mir fällt es leichter, wenn ich einfach loslege und nicht darüber nachdenken muss, was ich mache. Mir geht es nur darum, mich zu öffnen und frei zu sein.«

Trotz aller Probleme konnte *Balance* durchaus mit den anderen Alben der Hagar-Ära mithalten. Eingeleitet vom Gesang buddhistischer Mönche – ein unkonventionelles Intro und meilenweit entfernt von den kreischenden Autohupen, die 1978 in »Runnin' with The Devil« zu hören waren –, bot das Album traditionelle Van-Halen-Rocker (»Aftershock«, »The Seventh Seal«), den zigsten Boogie-Shuffle (»Big Fat Money«), Hagars gefühlvollen Abgesang auf den Nirvana-Sänger Kurt Cobain, der sich im April '94 das Leben genommen hatte (»Don't Tell Me (What Love Can Do)«), geradlinigen Poprock (»Can't Stop Loving You«) und experimentelle Instrumentals (Alex' rhythmische Klangcollage »Doin' Time« und »Strung Out«, ein Stück für präpariertes Klavier im Stil von John Cage; Eddie nahm es im Sommer 1983 während eines Aufenthalts im Strandhaus des Filmkomponisten Marvin Hamlisch auf, nachdem er den Yamaha-Flügel des Komponisten mithilfe von Batterien, Essbesteck und Tischtennisbällen »aufgemotzt« hatte) und mit »Baluchitherium« ein mitreißendes Instrumental, dessen Titel auf Valerie Bertinelli zurückging. Die Nummer war eine Hommage an das größte prähistorische Landsäugetier aller Zeiten. Vielleicht auch ein augenzwinkernder Wink an diejenigen, die Van Halen inzwischen als Rock-Dinosaurier bezeichneten. »Dinosaurier sind großartig«, lautete Eddies Kommentar dazu. »Dinosaurier sind riesengroß, richtig?«

Balance wurde am 24. Januar 1995 veröffentlicht, und für die Band war es in den USA bereits das vierte Nummer-eins-Album. In der ersten Verkaufswoche gingen beeindruckende 295.000 Exemplare über den Tresen. Während einer kurzen Promotour feierte Eddie in Holland zwei Tage später seinen vierzigsten Geburtstag. Am Tag darauf, dem 27. Januar, präsentierten Van Halen bei einem »geheimen« Gig für die Mitglieder des niederländischen Fanclubs vier Songs des Albums. Die Show im Luxor Theater in Arnheim wurde von einem niederländischen Radio- und TV-Sender live übertragen. »Es geht um das Gleichgewicht des Lebens«, erläuterte Eddie den Albumtitel, »und darum, wie die Dinge aus dem Gleichgewicht geraten.«

»Es ist ein musikalisches Konzept, aber auch ein Statement zu dem, was wir in unserem eigenen Umfeld erleben«, sagte Hagar. »Wir sind alle auf der Suche nach etwas Ausgeglichenheit.«

Am Valentinstag lud Eddie den *Rolling Stone*-Autor David Wild für ein Interview zu sich nach Hause ein. Als Wild eintraf, brachte der Gitarrist gerade den vierjährigen Wolfgang zur Schule, und überließ es Valerie Bertinelli, den Journalisten zu empfangen. Um das Eis zu brechen, zeigte ihr Wild die gerade erschienene Ausgabe des Magazins *BAM* mit einem Foto aus Eddies Highschool-Jahrbuch. »Ist er nicht bezaubernd?«, schmunzelte Bertinelli. »Was ich an Ed mehr als alles liebe, ist sein großes Herz. Ich weiß nicht, ob man das nachvollziehen kann, wenn man sich nur ein paar Stunden mit ihm unterhält, aber dieser Kerl hat das größte Herz der Welt.«

Wild fragte Valerie, ob sie glaube, dass ihr Mann es dieses Mal durchhalten würde, abstinent zu bleiben. »Sonst wäre ich nicht hier«, lautete ihre Antwort. »Vierzehn Jahre an der Seite eines Alkoholikers sind mein Limit.«

Als Eddie nach Hause kam, stellte Wild ihm zu Beginn des Interviews dieselbe Frage. »Es gibt keine Alternative«, sagte Eddie. »Das mit dem Trinken … das funktioniert nicht mehr. Bei den Aufnahmen zu *Balance* habe ich immer alkoholfreies Bier getrunken. Und gelegentlich mal ein echtes. Und irgendwann haben sich mein Geist und mein Körper revanchiert. Es machte keinen Spaß mehr. Ich wachte morgens auf und musste kotzen. Am nächsten Morgen hatte ich diesen trockenen Husten. Da wurde mir klar, dass ich ein verdammter Alkoholiker bin. Ich musste mindestens ein Sixpack trinken, um mich halbwegs okay zu fühlen. Aber niemand kann dir sagen, dass du aufhören sollst, deshalb mache ich es diesmal für mich.«

»Du bist vor Kurzem vierzig geworden«, bemerkte Wild. »War das irgendwie traumatisch für dich?«

»Überhaupt nicht«, antwortete Eddie. »Ich fühle mich immer noch wie achtzehn. Kein bisschen anders als sonst. Weißt du, mein Vater hat bis zu seinem Tod Musik gemacht. Ich denke, das ist angeboren. Entweder du bist Rock'n'Roller, oder du bist es nicht.« Dieser Satz prangte auf der Titelseite des *Rolling Stone,* als die Ausgabe mit dem Interview am 6. April erschien. Zu diesem Zeitpunkt befanden sich Van Halen bereits drei Wochen lang auf Amerikatour, um das neue Album live vorzustellen. Als die Band am 11. März auf der Spring Break Show von MTV in Pensacola, Florida vor neuntausend frischgebackenen College-Kids auftrat, sah man den Mitgliedern ihr Alter an. Alex Van Halen war am Tag der Generalprobe für die Show in der Hotellobby zusammengebrochen, nachdem er sich beim Spielen mit seinem Sohn drei Wirbel angeknackst hatte, und auch Eddie hatte ständig Schmerzen. Bei ihm war eine avaskuläre Nekrose diagnostiziert worden. Eine Knochenkrankheit, die häufig mit Alkoholismus einhergeht. Zwar legten die Ärzte ihm eine sofortige Operation nahe, doch für Eddie gab es nur ein Motto: The show must go on. Am 7. April kam die Tournee allerdings völlig unerwartet zum Stillstand. Als er einen United-Airlines-Flug nach Oakland antreten wollte, wurde Eddie am Flughafen von Burbank verhaftet, weil man in seinem Handgepäck eine geladene Beretta Kaliber .25 gefunden hatte.

»Er verhielt sich sehr kooperativ«, bekundete der Chef der Flughafenpolizei Tony Lo-Verme. »Er hat ausgesagt, dass er gewöhnlich mit einer Chartermaschine fliegt, wo man mehr oder weniger machen kann, was man will. Diesmal reiste er allerdings mit einem Linienflug und hatte vorher vergessen, die Waffe aus dem Gepäck zu nehmen.«

Der Gitarrist kam kurzzeitig in Haft und wurde später wegen unerlaubten Besitzes einer Feuerwaffe angeklagt. Die Anklage hat er nicht angefochten. Am 13. April verurteilte ihn das Gericht zu einer Geldstrafe von tausend Dollar und einem Jahr auf Bewährung. Die am Flughafen beschlagnahmte Waffe wurde vernichtet. Eddie sprach später von einem »dummen Fehler«.

»Wir waren einen Monat lang in unserem eigenen Flugzeug unterwegs, und ich hatte zu meinem Schutz eine Waffe dabei«, sagte er. »Ich habe nicht daran gedacht, sie vor dem Linienflug aus meiner Reisetasche zu nehmen. Ich habe ja nicht versucht, sie ins Flugzeug zu schmuggeln. Ich war einfach geistesabwesend und habe die Waffe in der Tasche vergessen.«

Er entschuldigte sich zwar nie für das unerlaubte Tragen der Waffe, hatte aber zumindest eine Erklärung parat. »Erst vor zwei Wochen parkte vor unserem Haus eine Woche lang ein Lieferwagen mit Stalkern. So was passiert ständig. Die Bullen kommen, verjagen sie, und mitten in der Nacht kommen diese Typen dann wieder. Ich weiß nicht, ob das nur harmlose Fans oder gefährliche Freaks sind. Ich habe keine Ahnung, und ich muss meine Familie beschützen. Also trage ich eine Waffe.«

IM SOMMER 1995 ABSOLVIERTEN VAN Halen ihre erste Europatournee seit den letzten Shows mit David Lee Roth im Sommer 1984. Im Bewusstsein, dass der Status der Band auf der anderen Seite des Atlantiks unter der langen Abwesenheit gelitten hatte, entschied sich Ray Danniels gegen eine Headliner-Tour. Stattdessen spielten Van Halen als Support-Act bei der Stadion-Tour von Bon Jovi. Aus rein geschäftlicher Sicht war diese Entscheidung sinnvoll, da sie jeden Abend vor vierzig- bis achtzigtausend Zuschauern auftraten. Aber die Rechnung ging dennoch nicht auf, denn nur ein Bruchteil der Fans des Headliners schenkte Van Halen auch nur das geringste bisschen Aufmerksamkeit.

Die kalifornischen Hardocker Ugly Kid Joe, die als erste Band des Abends vor ihnen auftraten, konnten die wachsende Irritation der Band spüren und beobachteten, wie Eddies Verhalten immer unberechenbarer wurde.

»Es wurde allmählich albern«, erinnerte sich Frontmann Whitfield Crane. »Bon Jovi stellten sich störrischer an als nötig. Ich hatte nur ein einziges Extra auf dem Tour-Rider notiert: Jeden Abend ein Paar saubere Socken. Aber Bon Jovis Leute sahen das offenbar nicht ein. In Deutschland saß ich eines Tages mit Eddie backstage herum und nörgelte: ›Kaum zu glauben, dass dieses Arschloch mir nicht mal saubere Socken gönnt.‹ Und von einem Moment auf den anderen flippte Eddie einfach aus. Er fragte: ›Echt, der will dir keine Socken geben?‹ Dann sprang er auf den Tisch, zog erst seine Schuhe, dann seine Socken aus, drückte sie mir in die Hand und rief laut: ›Du kannst *meine* Socken haben!‹ Wenn Eddie Van Halen dir seine Socken schenkt, dann weißt du, dass dein Leben eine seltsame Wendung nimmt.«

Als sich Eddie am 4. Juli zu Hause in Kalifornien von den Strapazen der Tour erholte, bevor diese Mitte des Monats in New Jersey fortgesetzt wurde, veröffentlichte das Boulevardmagazin *The Globe* eine Story, in der eine gewisse Andi Remington eine heiße zweijährige Affäre mit dem Gitarristen beichtete. Der Artikel enthielt Fotos, die beide zusammen im Bett von Valerie und Eddie zeigten. Abgesehen von einem strategisch platzierten MTV-»Moonman« und seiner Gitarre war Eddie splitterfasernackt.

»Was hast du dir dabei gedacht?«, fragte ihn Valeries Manager, als der Skandal bekannt wurde.

»Ich hatte ein paar Bier getrunken«, lautete Eddies verlegene Ausrede.

Die *Balance*-Tour ging noch bis zum 5. November weiter und endete mit mehreren Konzerten auf Hawaii. Inzwischen hatte sich die Beziehung zwischen den Van-Halen-Brüdern und Sammy Hagar so weit verschlechtert, dass sie zu den Shows getrennt anreisten und in unterschiedlichen Hotels wohnten. Als Hagar den Wunsch äußerte, sich eine längere Auszeit zu nehmen, informierte ihn Eddie, dass er gerade diverse Optionen für das nächste kreative Projekt sondierte. »Ich werde dich dann wissen lassen, ob du dabei bist oder nicht«, sagte er.

»Okay«, erwiderte Hagar. »Fuck you.«

Die Gründe, warum sich Van Halen von ihrem zweiten Sänger trennten, sind so zahlreich wie umstritten: *The Inside*, das inoffizielle, aber gut vernetzte Van-Halen-Fanzine, widmete der Trennung drei ganze Seiten inklusive Zeitleiste. Der Artikel erinnerte unter anderem daran, wie der Gitarrist sich wütend beschwert hatte, als Hagar seine Best-of-Compilation *Unboxed* veröffentlichte und sich, O-Ton Eddie, »bloß um seine verdammte Solokarriere kümmert, statt uns die Stange zu halten«. Außerdem ärgerten sich die Brüder wohl über Hagars Text für die gefloppte *Balance*-Single »Amsterdam« und speziell über die Zeile »frat boy unleashed in the red light district«. Darüber hinaus gab es Streitigkeiten um Van Halens Beitrag zum Soundtrack des Katastrophenfilms *Twister*. Und dass Hagar sich vehement gegen die Veröffentlichung einer Greatest-Hits-Compilation seiner Band stemmte, sorgte ebenfalls für böses Blut. Am 16. Juni 1996 rief Eddie bei Hagar zu Hause an und ließ den Sänger wissen, dass er die Nase voll hatte.

»Du machst nie das, worum ich dich bitte«, schimpfte Eddie. »Du bist total bockig. Da du dich in dieser Band ohnehin wie ein Solokünstler aufführst, kannst du auch gleich als Solokünstler weitermachen.«

Je nachdem, wessen Version der Geschichte man Glauben schenkt, antworte Hagar darauf entweder mit einem simplen »Danke« oder einem etwas drastischeren »Fickt euch, ihr verdammten Wichser« und legte dann auf. »Unser Verhältnis war ziemlich dysfunktional geworden«, klagte er 2019. »Die Bandmitglieder veränderten sich … und das lag weder an mir noch an Mike. Drogen, Alkohol, die zunehmende Unsicherheit und das schlechte Management haben dieser Band den Garaus gemacht.

Bei meinem Einstieg waren Eddie und Alex überglücklich und wild darauf, den Karren wieder flottzumachen. Dave hatte die Band an der Leine durch die Arena geführt. Daran war ihre Beziehung am Ende zerbrochen. Als ich dazukam, schrieben wir Songs, hatten Spaß, machten Party, jammten und tranken zusammen. Wir hatten eine tolle Zeit. Unser erstes Album [*5150*] rauschte direkt auf Platz eins [in den USA]. Jeder Ort, an dem wir auftraten, war ausverkauft. Es war einfach nur wow, wow, wow!

Diese frühen Jahre waren fast zu schön, um wahr zu sein. Wir hatten so viel Spaß und haben so viel erreicht: Nummer-eins-Alben, ausverkaufte Stadien in ganz Amerika, jede Menge Preise. Das war wie endlose Flitterwochen. Wir waren voller Selbstbewusstsein und so davon überzeugt, alles zu schaffen – in meinen Augen das einzige Manko –, dass es schon fast in Arroganz ausartete. Und dann kam Ray Danniels ins Spiel. Heute weiß ich zu schätzen, was er vorhatte. Aber damals hätte ich ihm am liebsten das Genick gebrochen, weil er sich bei allen Entscheidungen auf die Seite von Eddie und Al stellte und ich mit vielen davon nicht einverstanden war. Ich dachte nur: Wir hatten vier Nummer-eins-Alben in Folge, und jetzt willst du eine Greatest-Hits-Compilation machen? Du willst, dass wir als Vorgruppe von Bon Jovi spielen? Scheiß drauf! Als Ray das Ruder übernahm, war das im Grunde das Ende von Van Halen. Zumindest, was den Platz an der Weltspitze anging.

Aber habe ich meinen Rausschmiss kommen sehen? Um ehrlich zu sein: Nein. Ich war schon in Bands, die noch schlechter miteinander auskamen. Bei Van Halen haben wir uns zumindest nicht auf der Bühne geprügelt! Ich habe gedacht, es wäre immer noch alles okay. Unser Leben war ein wahr gewordener Traum. Ich fuhr Ferrari, trank guten Wein, machte schöne Urlaube und genoss das Leben in vollen Zügen. Aber wenn man mir auch nur ein kleines bisschen dumm kam, sagte ich sofort: ›Leck mich, das mache ich nicht!‹ Das alles war mir ein bisschen zu Kopf gestiegen. In meiner Arroganz dachte ich: Die Typen können mich mal. Was sollen die schon ohne mich machen? Ich habe es wirklich nicht darauf angelegt, aus der Band geschmissen zu werden, und ich hatte auch nicht vor, die Band aus eigenen Stücken zu verlassen … Na gut, ich wollte die Band verlassen, aber ich habe es mir nicht eingestanden. Ich dachte wirklich, wenn wir dieses Jahr überstehen, dann fügt sich vielleicht alles wieder zum Guten. Aber nein, Ray Danniels hat sie gegen mich aufgehetzt.«

»Ich verstehe, dass er wütend und verärgert ist«, sagte Danniels über Hagar. »Wir reden hier über den Typ, der durch eigene Schuld aus der größten amerikanischen Rockband geflogen ist. Er hat's vermasselt, Punkt. Und das tut natürlich weh. Aber leider hat er sich seine Lage selbst eingebrockt. Er war schon immer sein eigener größter Feind, und das ist er immer noch.«

»Und ehe ich mich versah«, erinnerte sich Hagar, »kriege ich mit, dass sie Roth zurückholen …«

»Die Band, die schon 1978 Schlagzeilen machte, schreibt 1996 erneut Geschichte, mit der vielleicht größten und wichtigsten Reunion, die wir je erleben werden. Abgesehen davon, dass Elvis noch am Leben ist, könnte es keine größeren Rock'n'Roll-News geben.«

Mit diesen Worten verkündete *The Inside* die Nachricht von David Lee Roths Rückkehr zu Van Halen. »Laut unseren Quellen arbeiten sie täglich an neuer Musik, auf die sie sich mit ihrer gesamten Energie konzentrieren«, schrieb Redakteur Jeff Hausman. »Nicht weniger aufregend ist das Gerücht, dass Van Halen von MTV gebeten wurden, die Video Music Awards 1996 mit einem Live-Auftritt zu eröffnen! Sollten sich Van Halen tatsächlich entschließen, ihr neues/altes Line-up live zu präsentieren, können wir uns wirklich auf ein ganz besonderes Vergnügen freuen. Die Awards werden am 4. September ausgestrahlt, egal, ob mit oder ohne Van Halen.«

Nachdem er elf Jahre lang über seine ehemaligen Bandkollegen hergezogen war, rief David Lee Roth am 14. Juni

1996 bei Eddie an. Carl Scott von Warner Bros. hatte ihm gesteckt, dass Van Halen eine Greatest-Hits-Compilation planten. Seit Roth 1988 mit dem zweimillionenfach verkauften Album *Skyscraper* einen einsamen Höhepunkt erreicht hatte, ging es mit der Karriere des Sängers kontinuierlich bergab. 1995 trat er mit dem Lounge-Act David Lee and His Blues Bustin' Mambo Slammers – mit Nile Rodgers und Edgar Winter – in den Casinos von Las Vegas auf. Im Laufe ihres ersten Telefonats sprach Eddie die Möglichkeit an, dass Roth einen neuen Song, vielleicht auch zwei, für die anstehende Compilation aufnehmen könnte.

»Die Idee für das Best-of-Album hatte Alex«, erzählte mir Eddie, »weil er im Internet über diese Teenager gelesen hatte, die dachten, *Balance* sei unser allererstes Album. Er sagte: ›Uns gibt es jetzt seit zwanzig Jahren. Lass uns von jeder Platte ein paar Songs in chronologischer Reihenfolge zusammenstellen. Dann können die Fans selbst entscheiden, welche Van-Halen-Alben sie sich kaufen wollen.‹ Sammy war davon überhaupt nicht angetan. Er zog es vor, wieder als Solokünstler aufzutreten. Dann bekam ich einen Anruf von Dave. Er wollte wissen, mit welchen Songs und Fotos er auf der Best-of vertreten war. Nachdem wir dreißig Minuten telefoniert hatten, gewann ich zunehmend den Eindruck, dass er sich verändert hatte. Sein L. S. D. – der Lead-Singer-Defekt – schien nachgelassen zu haben. Nach etwa einer Woche stattete ich ihm einen Besuch ab, und er wirkte tatsächlich anders als der alte Dave. Vielleicht hatte er ja Schauspielunterricht genommen.«

Am 23. Juli begrüßte Eddie David Lee Roth dann wieder im Studio 5150. »Egal, was passiert«, sagte der Gitarrist damals laut Roth, »wir werden Freunde sein, oder?« Bis zum 2. August arbeitete die neu zusammengefundene Erstbesetzung der Band mit Produzent Glen Ballard an zwei neuen

Nummern: »Me Wise Magic« und »Can't Get This Stuff No More«, das eine überarbeitete Version von »The Backdoor Shuffle« war, einem Song, der es nicht auf *Balance* geschafft hatte. Sehr zur Verwunderung seiner alten Weggefährten juckte es den Frontmann danach offenbar immer noch in den Fingern.

»Wir hatten damals eine Pressemitteilung herausgegeben, in der es hieß: ›Van Halen sind gerade mit Roth im Studio, um einen neuen Song für das Best-of-Album aufzunehmen, und suchen parallel nach einem dauerhaften Ersatz für Hagar‹«, erzählte mir Eddie. »Aber Dave wollte einfach nicht glauben, was ich ihm sagte. Eines Tages erzählte er mir, er habe sich einen Muskel gezerrt, und als ich wissen wollte, wie das passiert sei, antwortete er: ›Ich bereite mich auf die Tournee vor.‹ Ich fragte nur: ›Welche Tournee?‹ Jeden zweiten Tag musste ich ihn anrufen und sagen: ›Hör endlich mit dem Scheiß auf, Dave, oder wir machen gar nichts zusammen.‹«

Angesichts dieser Umstände war es eine mutige Entscheidung, bei den MTV Video Music Awards in der New Yorker Radio City Music Hall gemeinsam mit Roth vor die Kameras zu treten. Allerdings nicht, wie im Vorfeld gemunkelt wurde, um live zu spielen, sondern um den Preis für das Best Male Video zu präsentieren. Nachdem Moderator Dennis Miller sie als »drei Viertel einer der größten Rock'n'Roll-Bands aller Zeiten« vorgestellt hatte, betraten Eddie, Alex und Michael Anthony zu »Runnin' with The Devil« die Bühne. David Lee Roth bildete die Nachhut. Als das Publikum ihn entdeckte, erhob es sich von seinen Plätzen und bedachte das Quartett minutenlang mit Standing Ovations. »Ich glaube, wir sind hier, um den Preis für das Best Male Video des Jahres zu überreichen«, begann Eddie die Ansprache, bevor Roth sich über seine Schulter beugte und ins Mikrofon sprach.

»Nein, nein, nein«, sagte er. »Wir haben etwas Wichtigeres bekannt zu geben als die Preisgeschichte. Da ist etwas, das wir loswerden müssen: Wir stehen gerade zum ersten Mal seit über zehn Jahren zusammen auf der Bühne.« Eddie musste Roth mit aller Macht vom Podium wegzerren, damit Michael Anthony die Nominierten vorstellen konnte, bevor der Sänger dann erneut ans Podium trat, um Beck (für »Where It's At«) als Gewinner auszurufen. Während dieser seine Dankesrede hielt, hampelte Roth weiterhin grimassierend vor den Kameras herum – sichtbar zum deutlichen Unbehagen seiner Bandkollegen. Von da an wurde der Abend nur noch schlimmer. Als die Band die Bühne verließ und sich im Backstagebereich der Presse stellte, unternahm Eddie mehrere Anläufe zu betonen, dass Van Halen die Reunion langsam angehen wollten. Aber ein ums andere Mal wurde er von Roths übermäßigem Enthusiasmus ausmanövriert. Als Eddie schließlich irgendwann verkündete, dass die Band so lange auf Eis läge, bis er sich für seine lange hinausgezögerte Hüftoperation unters Messer begeben hätte, fuhr Roth ihn an: »Heute Abend geht es um mich, nicht um deine verdammte Hüfte!«

»So redet niemand mit mir!«, fauchte Eddie zurück. »Wenn du je wieder so mit mir redest, trete ich dir in deine verfickten Eier, hast du mich verdammt noch mal verstanden?«

Und das war's dann mit »der größten und wichtigsten Reunion, die wir je erleben werden«.

Während sich die Weltpresse und Millionen von Fernsehzuschauern verwirrt die Köpfe kratzten und sich fragten, was genau sie da gerade mitangesehen hatten, lässt sich höchstens erahnen, welche Gedanken Mitch Malloy durch den Kopf gingen, als er an diesem Abend die Preisverleihung verfolgte. Immerhin hatte der aus North Dakota stammende Sänger allen Grund, davon auszugehen, dass er der neue Frontmann von Van Halen sein würde. Malloys Achterbahnfahrt begann im Sommer 1996, als er einen Anruf von Ray Danniels' Assistenten Steve Hoffman erhielt, der früher einmal Malloys Tourmanager gewesen war.

»Setz dich besser hin«, sagte Hoffman. »Was du gleich hören wirst, muss unbedingt unter uns bleiben: Sammy wurde gefeuert. Das ist noch streng geheim.« Dann erzählte er dem Sänger, dass er den Van-Halen-Jungs das Video zu Malloys Single »Anything at All« gezeigt hatte und Eddie daran interessiert sei, den Sänger kennenzulernen. Flugtickets für die erste Klasse und eine Limousine seien bereits reserviert – Malloy müsse der Band nur noch mitteilen, wann er verfügbar war.

Als Malloy im 5150 eintraf, spielte die Band in einer ersten Probe mit ihm »Panama«, »Ain't Talkin' 'Bout Love« und die *Balance*-Single »Don't Tell Me (What Love Can Do)«. Dann bat Eddie ihn in einen anderen Raum, in dem ein Flügel stand, und forderte ihn auf, die *OU812*-Ballade »When It's Love« zu singen. Er spielte Malloy auch grobe Skizzen einiger neuer Kompositionen vor und vertraute ihm an, dass er nach erfolgreicher Therapie endlich damit begonnen hatte, nüchtern an Songs zu schreiben. Bei Malloys drittem Besuch im 5150 wurde er um acht Uhr morgens in den Kontrollraum des Studios bestellt. »Die Tür geht auf, und ich sehe nur Eds Silhouette, denn er hat die Sonne im Rücken«, erzählte Malloy dem *Rolling Stone*. »Die Tür schließt sich hinter ihm, aber er rührt sich nicht vom Fleck. Ich sitze auf dem Stuhl hinterm Mischpult, und er steht vielleicht zweieinhalb Meter entfernt vor der Tür vom Kontrollraum nach draußen. ›Wir hatten gerade eine Besprechung‹, sagt er. ›Du bist der netteste Typ, den ich je getroffen habe. Der beste Sänger, den ich je in meinem Leben gehört habe. Glückwunsch, du bist in der Band.‹«

»Ich springe auf und gehe zu ihm. Er legt mir die Hände auf die Schultern, umarmt mich, küsst mich auf beide Wangen und sagt noch einmal: ›Glückwunsch!‹ Dann dreht er sich um und verlässt den Raum. Ich setze mich wieder ans Mischpult, und meine Schultern fangen an, zu zucken, weil ich kichern muss. Ich kann es nicht kontrollieren. Ich giggel wie ein zwölfjähriges Mädchen vor mich hin und sage dann laut zu mir selbst: ›Ich bin der Sänger von Van Halen.‹ Und das war's.«

Als er am Abend des 4. September auf MTV die Preisverleihung verfolgte, war Mitch Malloy allerdings sofort klar, dass sich die Lage grundlegend geändert hatte. »In dem Augenblick, als Roth hinter ihnen auf der Bühne erschien, da wusste ich: Es ist vorbei. Ich werde nicht der neue Sänger von Van Halen sein. Ich wusste es einfach.«

In der Woche darauf, am 11. September, schickte Malloys Manager Wynn Jackson ein Fax an Ray Danniels:

»Mitch hat mich gebeten, sein Bedauern darüber zu übermitteln, dass seine Solokarriere in Nashville seine volle Aufmerksamkeit und Hingabe erfordert, weshalb er respektvoll darauf verzichten muss, sich für den Posten des Leadsängers bei Van Halen zur Verfügung zu stellen. Das Gefühl starker Verbundenheit, das Mitch spürte, nachdem er mit Eddie und den Jungs Zeit verbrachte, wird ihn sein Leben lang begleiten. Nochmals vielen Dank für diese Chance. Weiterhin viel Glück bei eurem Unterfangen, und bitte richte der Band unsere besten Wünsche aus.«

Es ist unwahrscheinlich, dass Malloys Absage Ray Danniels große Bauchschmerzen bereitete. Denn ohne das Wissen von David Lee Roth hatte er bereits dem Extreme-Sänger Gary Cherone, einem ehemaligen Klienten von ihm, einen Termin zum Vorsingen bei Van Halen verschafft. Als Roth davon erfuhr, war er empört. Am Morgen des 2. Oktober schickte er ein Fax mit der Überschrift »Ein offener Brief von David Lee Roth« an alle großen Medien im Lande:

»Sehr geehrte Damen und Herren,

Ihnen sind vermutlich die Gerüchte zu Ohren gekommen, nach denen Van Halen und ich unsere viel beachtete Reunion nicht vollziehen werden. Und da Edward, Alex und Michael diese Gerüchte weder bestätigt noch dementiert haben, möchte ich Folgendes zu Protokoll geben: Eddie war's.

Meine an Verzückung grenzende Begeisterung über die Aussicht auf eine Wiederauferstehung der Originalbesetzung von Van Halen ist kein Geheimnis, und ich schäme mich auch nicht dafür. Geplant waren nur ›ein paar Songs‹, als Edward und ich uns vor drei Monaten zusammensetzten, um sie zu schreiben. Damals äußerte sich die Band mir gegenüber nur extrem zurückhaltend. Mit Aussagen wie ›Das ist noch nicht in Stein gemeißelt, Dave‹, ›Das bedeutet noch gar nichts, Dave, zumindest auf lange Sicht‹ oder eben ›Wir hören uns auch noch andere Sänger an, Dave‹ betonten sie immer wieder die Unverbindlichkeit unserer Zusammenarbeit. Und ich war cool damit. Ich war glücklich. Ich war ganz im Hier und Jetzt.

Aber ehe ich wusste, wie mir geschah, schlugen wir vier als Überraschungsgäste bei den MTV Awards auf. Ich sagte Edward damals, dass ich es für keine gute Idee hielt, wenn die Band unvorbereitet nach New York ginge. Auf diese Weise würden wir allen vermitteln, wir seien ›wieder da‹. Und das wäre nicht in meinem Sinne, wenn die vermeintliche Reunion in Wahrheit doch nur ein Quickie um der alten Zeiten willen war.

Im Nachhinein ist man wohl immer schlauer. Hätte ich mir vorher etwas schriftlich geben lassen, wäre das wohl nicht passiert. Auch wenn ich auf mein Bauchgefühl gehört hätte, wäre es womöglich nicht passiert. Aber das habe ich nicht. Wie ich schon sagte: Verzückung. Ich liebe diese Jungs einfach. Aber ob ich ihnen vertraue? Die Frage kam mir nie in den Sinn.

Letzte Woche kam es dann zu einer Reihe von Ereignissen, aufgrund derer ich etwa zeitgleich mit der Presse entdeckte, dass die Band und ihr Manager bereits einen anderen Leadsänger angeheuert hatten – und das möglicherweise schon vor drei Monaten. Ich frage mich, wie dieser sich wohl in der Nacht der MTV Awards gefühlt hat. So erklärt sich vermutlich, warum Edward an diesem Abend so gequält wirkte, als hätte er gerade einen Handel mit dem Teufel abgeschlossen. Welchen Grund es dafür geben könnte, mir zu erzählen, dass man mich als Leadsänger ernsthaft in Betracht ziehen würde, wenn doch bereits jemand anders für diesen Posten engagiert wurde, kann ich mir beim besten Willen nicht vorstellen. Und erst recht nicht, warum man mich unter dem Eindruck, ich hätte eine reelle Chance, zur Band zurückzukehren, bei MTV auftreten ließ. Wie bereits gesagt, hatte ich Eddie meine Position unmissverständlich klargemacht: Ich hielt nichts davon, zusammen als Band vor die Kamera zu treten, solange wir nicht tatsächlich eine Band waren.

Nun bleibt nichts anderes übrig, als mich bei meinen Fans, meinen Unterstützern und bei MTV zu entschuldigen. Ich habe unwissentlich an diesem Täuschungsmanöver mitgewirkt. Es macht mich krank, dass diese auf MTV inszenierte ›Reunion‹ nichts weiter als ein hohler Publicity-Gag war. Wenn mich dabei eine Schuld trifft, dann vermutlich die, dass ich mir die Wahrheit nicht eingestehen wollte. Ich wollte genauso sehr daran glauben wie jeder andere auch. Wer mich kennt, der weiß, dass Täuschungsmanöver noch nie mein Stil waren.«

Van Halens Antwort erreichte dieselben Medien keine vierundzwanzig Stunden später und begann mit einer Schlagkombination, die jedem Wrestling-Star zur Ehre gereicht hätte:

»Wir haben uns vor elf Jahren aus zahlreichen Gründen von David Lee Roth getrennt. In seinem offenen Brief vom 2. Oktober wurden wir an einige davon erinnert. Unsere erklärte Absicht war es stets, mit Dave zwei neue Songs für den ersten Teil unserer Best-of-Compilation aufzunehmen. Wir haben ihm nie etwas anderes vermittelt. Als MTV und Warner Bros. uns baten, bei den MTV Video Music Awards 1996 einen Preis zu überreichen, haben wir alle vier zugestimmt. Dave hat daran keineswegs ›unwissentlich mitgewirkt‹. Öffentliche Auftritte wie diesen absolvieren wir vor der Veröffentlichung jedes Van-Halen-Albums. In den letzten zwei Wochen haben wir mit jemandem gearbeitet, von dem wir uns erhoffen, dass er in Zukunft Teil von Van Halen sein wird – auch wenn wir dazu noch nichts Endgültiges bekannt geben können, bevor alle vertraglichen Fragen geklärt sind. Van Halen werden auch in Zukunft alles geben, um die bestmögliche Musik zu machen.«

»Diese Band wird nicht zum Nostalgie-Act werden«, sagte Danniels gegenüber *Pollstar,* dem Fachmagazin der Livemusik-Branche. »Sie füllt vom kleinen Club bis zur großen Arena jedes Venue bis auf den letzten Platz, und ihr aktuelles Album hat sich über vier Millionen Mal verkauft. Sie ist eine zeitgenössische Band, und daran wird weder David noch ein anderer Sänger etwas ändern.«

Am 22. Oktober wurde Van Halens Compilation *Best of – Volume 1* mit siebzehn Songs veröffentlicht, David Lee Roths erstes und einziges Nummer-eins-Album mit der Band. In derselben Woche, am 26. Oktober, erschien in der *L. A. Times* ein Interview mit Eddie. Für den Autor Chuck Crisafulli fasste er die Ereignisse dieses turbulenten Jahres in nur zwei Worten zusammen: »Blanker Irrsinn.«

Als das Gespräch auf Roth und Hagar kam, wiederholte Eddie einen seiner Lieblingsausdrücke und attestierte beiden Sängern »L. S. D.« – den Lead-Singer-Defekt. Dann erklärte er halb entschuldigend, dass er sich eigentlich nicht wohl dabei fühle, sich auf ihre Kosten lustig zu machen. »Sie sind beide sehr talentiert. Wir haben gemeinsam viel gute Musik gemacht und hatten jede Menge Spaß zusammen. Ich respektiere sie immer noch. Aber es dürfte schwer werden, jemals wieder mit ihnen befreundet zu sein.«

Eddie trat 1996 nur ein einziges Mal auf einer Bühne auf: am 17. November im Riviera Theater in Chicago. Es handelte sich um einen Benefiz-Gig für den ehemaligen David-Lee-Roth-Gitarristen Jason Becker, bei dem Amyotrophe Lateralsklerose (ALS), eine sogenannte Motoneuron-Erkrankung, diagnostiziert worden war. Eddie Van Halen stellte exklusiv für diese Show eine Supergroup zusammen, die er in Anlehnung an einen Radiomoderator aus Chicago The Lou Brutus Experience nannte und zu der neben ihm selbst Steve Lukather, Billy Sheehan und dessen Mr.-Big-Mitstreiter Pat Torpey gehörten. Für das Vorprogramm rekrutierte Eddie die angesagten jungen Gitarristen Marty Friedman, Tony MacAlpine, Richie Kotzen, Vinnie Moore und Zakk Wylde.

»Wir sind in der glücklichen Position, dass wir dabei helfen können, etwas Bewusstsein zu schaffen und Geld zu sammeln … Gott, ich hoffe wirklich, dass jemand dasselbe tut, sollte das einem von uns passieren«, erklärte er, um dann über Jason Becker zu sprechen. »Er ist sehr lebendig, das sieht man bei einem Blick in seine Augen. Aber er kann nicht essen, er kann nicht sprechen, er kann sich nicht bewegen … als wäre er ein Gefangener in seinem eigenen Körper.«

The Lou Brutus Experience eröffneten ihr dreißigminütiges Set zum Abschluss der siebenstündigen Show mit einer wilden Interpretation des Surf-Instrumentals »Wipeout«, dann folgten Coverversionen von Led Zeppelins »Good Times, Bad Times« und Jimi Hendrix' »Little Wing«, anschließend Van Halens »Ain't Talkin' 'Bout Love« sowie »She's So Heavy« von den Beatles und zu guter Letzt mit »Fire« eine weitere Hendrix-Nummer, bei der die zweitausenddreihundert Zuschauer nichts mehr auf ihren Plätzen hielt. Zum Abschluss eines schwierigen Jahres war dieser Auftritt für den Gitarristen eine wohltuende Erinnerung daran, dass sich das Musikmachen immer noch vom Musikgeschäft trennen ließ.

Van Halen waren sich offenbar bewusst, dass ihr »Immer gut drauf«-Image unter den Debakeln mit Hagar, Roth und – zumindest in Branchenkreisen – Mitch Malloy kräftig gelitten hatte. Denn 1998 startete die Band eine große Charmeoffensive gegenüber den Medien, als sie mit dem Album *Van Halen III* den dritten Akt einläutete. Ausgewählte Mitglieder der Presse, einschließlich meiner Wenigkeit, wurden zum Interview mit der jetzt um Gary Cherone erweiterten Band in Eddies Haus eingeladen. Das elfte Van-Halen-Album war eine ziemlich eklektische Angelegenheit und ganz und gar Eddies Baby. Der Gitarrist spielte auf mehreren Stücken Bass und Schlagzeug. Bei der Pianoballade »How Many Say I« steuerte er sogar den Leadgesang bei, der ein wenig an Pink Floyds Roger Waters erinnerte.

Als ich Gary Cherone fragte, ob ihn die Aussicht, Mitglied der größten Rockband Amerikas zu sein, eingeschüchtert habe, legte Eddie dem Sänger mit väterlicher Geste die Hand auf die Schulter und sagte: »Lass mich das beantworten.«

»Gleich am ersten Tag, als er mit seiner Tasche in der Hand hier auftauchte, wusste ich, dass Gary der richtige Mann für Van Halen ist«, sagte er. »Er ist sehr talentiert, wirklich begabt und ein ziemlich bodenständiger Mensch. Gary ist mir sehr ähnlich, er ist ruhig, nicht gerade extrovertiert, sondern eher nachdenklich.

Ich glaube, der Mann – oder die Frau – dort oben hat uns beide hierhergeschickt, um Musik zu machen. Ich fühle mich, als hätte ich 20 Millionen Jahre darauf gewartet, dass dieser Typ auftaucht.«

Van Halen III, verkündete Eddie, repräsentiere »einen völlig neuen Anfang für diese Band.

Die Rolling Stones gehen auf die sechzig zu, und sie sind damit ein gutes Vorbild«, sinnierte er mit einem Lächeln auf den Lippen. »Wir werden sehen, wer zuerst abtritt. Ich bin Musiker, und ich werde Musik machen, bis ich sterbe.«

Später drehte sich das Gespräch um David Lee Roths kurz zuvor veröffentlichte Memoiren *Crazy from the Heat*, in denen der Ex-Sänger der Band kein Blatt vor den Mund nahm. »Ich empfehle niemandem, sich an diesem Buch ein Beispiel zu nehmen … für was auch immer«, schrieb Roth darin im Abschlusskapitel mit dem Titel »Coda«. »Hier finden sich keine Antworten.«

»Ich habe das Buch nicht gelesen«, gab Eddie zu. »Er hat mir kein Gratisexemplar geschickt. Aber ich habe mit jemandem aus Japan telefoniert, der zu mir sagte: ›Das ist doch Satire, oder?‹ Mag ja sein, dass Dave sein Geschreibsel für die Realität hält. Aber ich weiß genau, was in diesem Raum hier wirklich passiert ist.«

»Wenn ich doch angeblich so ein Arschloch bin«, fragte er schließlich, »warum will er dann immer noch mit mir arbeiten?«

Ich wollte das Gespräch nicht beenden, ohne Eddie darüber zu informieren, dass das britische Rock- und Metal-Magazin *Kerrang!*, in dessen Auftrag ich das Interview führte, eine ziemlich vernichtende Kritik von *Van Halen III* veröffentlichen würde. Mein Kollege, der langjährige Van-Halen-Fan Paul Elliott, gab dem Album nur eins von fünf Ks (anstelle von Punkten oder Sternen vergab das Magazin Ks) und schrieb: »Das grundlegende Problem dieses Album sind die Songs. Sie sind scheiße.«

Eddie nahm die Nachricht bemerkenswert gut auf.

»So ist das Leben«, sagte er achselzuckend. »Es ist ein Album mit viel Tiefe, und ich glaube, wenn die Leute ihm eine Chance geben, werden sie es zu schätzen lernen. Wir haben es noch nie allen recht machen wollen. Denn wer Musik macht, die konstruiert und aufgesetzt ist, weil sie nicht von Herzen kommt, der ist gleich doppelt gearscht, wenn sie den Leuten nicht gefällt.«

Die erste Gelegenheit, *Van Halen III* zu hören, hatten die Fans am 12. März 1998, im Rahmen einer speziellen Radiosendung, die aus dem Billboard Live Club am Sunset Strip live übertragen wurde. Nachdem die Band sich den Fragen von Moderator Tommy Nast und dem Gewinner eines Wettbewerbs gestellt hatte, verließ sie die Bühne mit den Worten »Wir kommen wieder«. Als sich kurz darauf der Bühnenvorhang öffnete, bekam das geladene Publikum den allerersten Live-Auftritt von Van Halen Mark III zu sehen. Das Set umfasste Songs aus der David-Lee-Roth-Ära (»Unchained«, »Mean Street«, »Ain't Talkin' 'Bout Love«) und vom neuen Album des Quartetts (»Without You«, »Fire in the Hole«, »One I Want«), aber auffälligerweise nicht eine einzige Nummer aus den »Van Hagar«-Jahren. *Van Halen III* wurde am 17. März veröffentlicht, debütierte in den USA auf Platz vier, verpasste aber die Top 40 in Großbritannien, wo es nur für Platz 43 reichte. Im Juli war das Album dann gar nicht mehr in den *Billboard* 200 vertreten: *Van Halen III* sollte das erste Van-Halen-Album werden, das keinen Platinstatus erreichte. Da überraschte es nicht, dass Eddie ziemlich enttäuscht wirkte, als er für die elfte Ausgabe von *The Inside* interviewt wurde.

»In L. A. spielt uns kein einziger Sender«, klagte er. »Es gibt nicht einmal einen AOR-Sender, der uns spielt. Und ich wäre sehr, sehr überrascht, wenn sie uns im Top-40-Radio spielen würden. Viele Radiosender winken schon ab, wenn sie nur den Namen Van Halen hören. Die geben uns nicht die kleinste Chance.

Ich werde nie vergessen, wie ich ›You Really Got Me‹ zum allerersten Mal im Radio gehört habe. Es war zwei Uhr morgens. Ich rannte los, weckte meine Mutter und meinen Vater und rief: ›Wir sind im Radio, wir sind im Radio!‹ Es war jedes Mal das gleiche Gefühl. Nur dieses Mal wird das Album veröffentlicht, und es passiert … nichts. Ich habe noch gar nichts im Radio gehört. Das ist schon deprimierend. Irgendwie so … ›Echt jetzt?!‹

Unser neues Album erschließt sich nicht gleich beim ersten Hören. Es ist vielschichtig und sehr abwechslungsreich. Für mich ist Rock'n'Roll eine Musik, die dir alle Freiheiten lässt. Sie bietet dir die Freiheit, dich nicht in eine Form zu pressen oder einem Trend hinterherlaufen zu müssen. Trotzdem: Unser Sänger war brandneu, und deshalb war es vermutlich nicht der richtige Zeitpunkt, um zu experimentieren und ausgefallene Sachen zu wagen. Aber, hey, das ist Rock'n'Roll. Wenn ihr mich fragt, ob ich das wieder so machen würde, dann sage ich: Ja! Denn das ist für mich das, worum es beim Rock'n'Roll geht.«

Die *Van Halen III*-Tour vermochte jedoch nicht am Denkmal der Band zu rütteln. Als Zakk Wylde im Oktober 1998 in Japan war, um mit seiner Band Black Label Society deren Album *Sonic Brew* zu bewerben, traf er Eddie in Tokio, wo Van Halen drei Shows im legendären Budokan spielten. Am Ende feierte er mit seinem Helden bis in die frühen Morgenstunden.

»Van Halen eröffneten die Show mit ›Unchained‹, und Ed war einfach umwerfend«, erinnerte sich Wylde. »Anschließend gingen wir auf mein Hotelzimmer, und er spielte meine Les Paul – die mit der Bullseye-Lackierung. Die Gitarre hing ihm vor den Knien wie Jimmy Page 1975. Er spielte jedes Led-Zeppelin-Lick, das ihm in den Sinn kam. Aus der Zeit, als Van Halen noch Coverversionen spielten, kannte er eine Menge davon. Es war total verrückt. Er jammte nur zum Spaß, als wäre er wieder siebzehn und der Musikbusiness-Bullshit ginge ihn überhaupt nichts an.«

Gary Cherone verließ Van Halen am 5. November 1999, nachdem sie die Pläne für ein zweites gemeinsames Album im gegenseitigen Einvernehmen ad acta gelegt hatten. Auch Ray Danniels löste seinen Vertrag mit der Band kurz danach auf.

»Es führte nicht mehr in die richtige Richtung«, bekannte der Sänger gegenüber dem *Rolling Stone*. »Außerdem ging es mir seelisch nicht besonders gut. Ich hatte Probleme im Privatleben, die mich belasteten. Die Trennung von der Band war einvernehmlich. Ich betrachte es als Segen, dabei gewesen zu sein.«

Am Tag von Cherones Ausstieg aus der Band rief Eddie unter Tränen bei Mitch Malloy an. Die beiden waren in Kontakt geblieben. Eddie hatte dem Sänger sogar Geld geschickt, um dessen Soloaufnahmen zu finanzieren. Eine großzügige Geste, die Malloy nicht vergessen hatte. In den folgenden Wochen meldete sich Eddie noch einige Male in Tränen aufgelöst bei Malloy und fragte ihn schließlich: »Mitch, was soll ich deiner Meinung nach tun?«

»Ich fragte: ›Du willst meine ehrliche Meinung hören?‹«, erzählte Malloy dem *Rolling Stone*. »Darauf antwortete er: ›Natürlich will ich deine ehrliche Meinung hören. Wir sind Freunde! Ich will nicht, dass du mir einen Bären aufbindest.

Genau deshalb mag ich dich: Weil du mir keinen Bockmist erzählst.‹ Und ich erwiderte: ›Also gut. Die Sache ist nämlich die: Ich denke, du musst Dave zurückholen.‹ Und da er ist ausgerastet. Er ist einfach ausgerastet. Ich sagte nur: ›Wow! Du hast mich nach meiner ehrlichen Meinung gefragt.‹ Darauf er: ›Ja, aber diese Antwort hätte ich nie von dir erwartet.‹ Und ich so: ›Oh, tut mir leid. Aber so sehe ich das nun mal. Meiner Meinung nach ist das für die Band das einzig Richtige. Und ich schätze, es ist auch das, was die Fans wollen.‹«

10
Distance

Streifenpolizisten des New York Police Department verscheuchten geduldig die gaffenden Touristen vom Eingang des Cafe Wha? in der MacDougal Street, während ein sichtlich irritierter Anwohner einen der Uniformierten ansprach.

»Moment mal, hier spielen heute Abend wirklich die echten Van Halen?«

Als die New Yorker Kulturkorrespondenten und Musikjournalisten eine Einladung zu einem Medien-Event mit Van Halen erhielten, das am 5. Januar 2012 in Manny Roths legendärem Club in Greenwich Village stattfinden sollte, nahmen die meisten wohl an, dass es sich dabei um eine Pressekonferenz anlässlich eines neuen Studioalbums der Band handeln würde. Es war ihre erste Platte für Jimmy Iovines Label Interscope und das erste Album mit David Lee Roth seit 1984. Als bekannt wurde, dass das kalifornische Quartett vorhatte, in dem winzigen Kellerlokal mit einem Fassungsvermögen von zweihundertfünfzig Besuchern live aufzutreten, gab es großes Gerangel um die wenigen Gästelistenplätze. Zur Showtime war das Cafe Wha? zum Bersten gefüllt.

»Es ist, als würden wir hier in eine Rakete steigen. Eine Rakete, die aus unserer fernen Vergangenheit kommt und uns in die Zukunft befördern wird«, tönte David Lee Roth zur Begrüßung vollmundig. »Meine Damen und Herren, willkommen bei Occupy Van Halen.«

Auch wenn die 2012er-Version von Diamond Dave dank brauner Carhartt-Latzhose und Schiebermütze mehr nach Nintendo-Klempner als nach Golden God aussah und ein klein wenig Showbiz-Glamour vermissen ließ, zeigten das Haifischlächeln und die Schiffschaukelbremser-Ansagen des Sängers wenig Abnutzungserscheinungen.

»Wir haben fünfzig Jahre gebraucht, um diesen Auftritt zu ergattern«, scherzte der Sänger mit einem Nicken zu seinem Onkel Manny, dem Besitzer des Cafés. »Es war leichter, in die Rock and Roll Hall of Fame zu kommen.«

Wer nahe genug an der Bühne stand, um die dreizehn Songtitel auf den Setlisten an den Verstärkern und auf dem Boden zu lesen, der dürfte nicht überrascht gewesen sein, dass kein einziger Song der Van-Halen-Besetzungen mit Sammy Hagar und Gary Cherone darauf stand. Für einen Showcase zum Album-Launch ungewöhnlich war der Umstand, dass sich überhaupt keine neuen Songs darauf fanden. »She's a Woman« war der einzige Titel, der vermutlich selbst denjenigen Zuschauern unbekannt war, die über ein gutes Grundwissen zu den sechs Studioalben der Roth-Ära verfügten, und der noch aus den Clubband-Zeiten des Quartetts stammte. Aber darüber, was dieser Song auf der Setlist zu suchen hatte, konnte man auch später noch nachdenken. Dann, wenn man nicht gerade wenige Zentimeter entfernt von Amerikas größter Hardrockband stand, die ein Set mit Jukebox-Klassikern in Düsenjet-Lautstärke spielte.

»Ich habe euch gesagt, dass wir zurückkommen!«, sagte Roth. »Sagt, dass ihr uns vermisst habt! Sagt es so, dass wir's auch glauben!«

»Van Halen ist immer noch eine der agilsten Bands im

Hardrock, mit größerer Anziehungskraft als die meisten anderen«, äußerte sich Jon Pareles in seiner Konzertkritik für die *New York Times* gleichermaßen hochgestochen und begeistert. »Eddie Van Halens Gitarre hat eine multiple Persönlichkeit und befindet sich in einem ständigen Dialog mit sich selbst: Sie rifft Powerchords und antwortet dann mit Leads voller vibrierender Jammerhaken-Tremolos, furios oszillierender Tapping-Attacken und kreischender Saitenkratzer. Die von Eddie Van Halen mit seinem virtuosen Gitarrenspiel filigran veredelten Songs der Band sind immer noch Zeugnisse hyperaktiver Teenagerhormone oder zumindest von Musikern, die sie nicht vergessen haben.«

»Nur um das klarzustellen: Van Halen sind und bleiben fantastisch«, schrieb Chuck Klosterman, Autor der höchst unterhaltsamen Metal-Memoiren *Fargo Rock City* in seinem Bericht für das Webportal *Grantland*. »Sie waren wirklich absolut unglaublich … Eddie Van Halen beim Gitarrenspielen zuzusehen ist, als würde man die Detonation einer Atombombe aus dem Inneren des Sprengkopfes beobachten.«

David Lee Roth war seit dem Frühjahr 2000 zurück bei Van Halen, wenn auch anfangs nur inoffiziell. War diese Verbindung 1973 noch eine Vernunftehe gewesen, sah es nach dem bescheidenen Erfolg von *Van Halen III* nun ganz danach aus, als wäre die Wiedervereinigung des redegewandtesten Rocksängers mit dem begabtesten Gitarristen eine schlichte Notwendigkeit. Wenig subtil versuchte ihr altes Label Warner Bros., aus der Situation Kapital zu schlagen, und veröffentlichte die sechs Alben der Roth-Ära in neu gemasterten Versionen. Als das Magazin *Spin* für das Titelbild seiner »The 100 Sleaziest Moments in Rock«-Ausgabe vom Oktober 2000 den Achtzigerjahre-Schnappschuss eines halbnackten David Lee Roth auswählte, schien der perfekte Moment für die Rückkehr ins Rampenlicht gekommen zu sein. Doch obwohl das Quartett drei neue Songs aufnahm, die Roth als »erstaunlich« bezeichnete, bremsten geschäftliche Querelen den anfänglichen Schwung rasch wieder aus. Und bald darauf hatte Eddie weitaus dringendere Dinge im Kopf. Bei einer routinemäßigen zahnärztlichen Untersuchung im Januar 2000 fand sich auf der Zunge des Gitarristen entartetes Narbengewebe. Im UCLA Medical Center wurde Eddie daraufhin ein Stück der Zunge entfernt und untersucht. Die Biopsie ergab, dass der Knoten auf seiner Zunge bösartig war. Eddie entwickelte die Theorie, dass die Gitarrenplektren aus Messing und Kupfer, die er wie viele Gitarristen in den Mund steckte, als Leiter für die elektromagnetische Strahlungsenergie des Tonstudios fungierten. Seine Ärzte hielten den Umstand, dass er seit dem Alter von zwölf Jahren Kettenraucher war, allerdings für die naheliegendere Ursache. Eddie versprach den Ärzten und seiner verzweifelten Frau, mit dem Rauchen aufzuhören. Nach einem Monat brach er sein Versprechen.

Am 26. April 2001 wurden Van-Halen-Fans, die die offizielle Website der Band besuchten, mit einer Nachricht des Gitarristen begrüßt:

»Es tut mir leid, dass ich so lange gewartet habe, dieses Thema persönlich anzusprechen. Aber Krebs kann eine sehr spezielle und private Angelegenheit sein. Trotzdem denke ich, dass es nun an der Zeit ist, darüber zu sprechen, wie es mir geht. Im Frühjahr wurde ich im Cedars-Sinai-Krankenhaus von drei Onkologen und drei Kopf- und Halschirurgen untersucht. Und mir wurde gesagt, ich sei gesünder denn je und würde den Krebs besiegen. Es gibt also eine gute Chance, dass ich in naher Zukunft krebsfrei sein werde, auch wenn sich nicht sagen lässt, wann es so weit ist. Ich möchte mich bei allen für die Anteilnahme und die Unterstützung bedanken.«

Es sollten weitere dreizehn Monate ins Land gehen, bis der Gitarrist am 9. Mai 2002 seine Fans informierte, er sei »zu 100 Prozent gesund – von Kopf bis Fuß«. Nachdem er sich für die »guten Wünsche und Gebete« bedankt hatte, beendete Eddie sein Statement mit den Worten: »Jetzt ist es Zeit, wieder Spaß mit der Musik zu haben … Bleibt gut drauf, ihr werdet sehr bald von uns hören.«

Im Monat darauf gab *People* bekannt, dass Eddie und Valerie sich voneinander getrennt haben.

»Nach zwanzig Jahren war ich es leid, ständig Entschuldigungen für Ed und seine Drogen- und Alkoholsucht zu suchen«, schrieb Valerie in ihrer Biografie *Losing It*. »Ich war es leid, dadurch mein eigenes Leben zu ruinieren. Ich hatte mir zwei Jahrzehnte lang eingeredet, dass er sich eines Tages bessern würde. Und wenn dann nichts geschah, sagte ich mir: ›Der arme Kerl, er hat so ein großes Herz, aber sieh dir an, wie sehr er leidet.‹ Die Ausreden gingen mir nie aus. Aber irgendwann war die Quelle dann doch versiegt.«

Auch Warner Bros. ließen Van Halen gehen und lösten den Plattenvertrag nach dreiundzwanzig Jahren Zusammenarbeit auf. Man kann sich vorstellen, wie Eddie sich in dieser Zeit persönlicher und beruflicher Umwälzungen gefühlt haben muss, als David Lee Roth und Sammy Hagar im April dann auch noch eine Co-Headliner-Tour ankündigten. Hagar gab später zu, dass die Idee zumindest teilweise von dem Wunsch motiviert war, »Van Halen ans Bein zu pissen und die Fans aufzuwiegeln«. Die gemeinsame Sommertour umfasste einundzwanzig Shows und trug den stolzen Titel »Song for Song, the Heavyweight Champs of Rock and Roll«, doch die Fans tauften sie kurzerhand in »The Sans Halen Tour« um. Es war absehbar, dass sie im Chaos enden würde: Es gab einige abgesagte Shows und bittere Schlammschlachten, bei denen sich beide Parteien nicht mit Ruhm bekleckertten und der Ruf von Van Halen noch weiter in den Schmutz gezogen wurde.

Doch das bekam Eddie damals schon ganz gut alleine hin. Aus unerfindlichen Gründen vereinbarte der Gitarrist 2003 einen Jam mit den Rap-Metal-Stars Limp Bizkit, deren drittes Album *Chocolate Starfish and the Hot Dog Flavored Water* sich in Amerika mehr als sechs Millionen Mal verkauft hatte. Nach der Trennung von ihrem innovativen Gitarristen Wes Borland schlug ein Manager von Interscope Records eine Zusammenarbeit von Eddie und Limp-Bizkit-Frontmann Fred Durst vor, von der seiner Meinung nach beide Seiten profitieren würden. Durst hatte zumindest die Größe, darüber zu lachen, und sagte: »Das wäre doch urkomisch. Der größte Gitarrist aller Zeiten jammt mit der schlechtesten Band aller Zeiten.« Eddie nahm diese Schnapsidee allerdings ernster, als sie es verdiente hatte. »Scheiß drauf, lass uns jammen«, soll er zu Durst gesagt haben.

Die Session fand in einem Haus in den Hollywood Hills statt, wo Limp Bizkit gerade Auditions abhielten. Und sie lief nicht gut. Eddie stürmte offenbar erbost zur Tür hinaus, als seine neuen Kumpels seine Aufforderung ignorierten, in seiner Gegenwart kein Gras zu rauchen. Am nächsten Tag kontaktierte er Fred Durst und bat um die Rückgabe seines Equipments. Als vierundzwanzig Stunden ohne eine Antwort vergingen, mutierte der Gitarrist zum Repo-Mann. Was dann genau geschah, erzählte der Fotograf und Videofilmer Andrew Bennett in seinem Bildband *Eruption in the Canyon: 212 Days & Nights with the Genius of Eddie Van Halen*.

»Eddie hatte auf einer Auktion mal ein Buggy-ähnliches Militärfahrzeug ersteigert«, schreibt Bennett. »Es hat eine chromglänzende Gewehrhalterung an der Cockpit-Rückseite und ist nicht zugelassen. In diesem Fahrzeug fuhr er quer durch L. A. nach Beverly Hills und parkte es mit laufendem

Motor auf dem Rasen vor dem Haus, in dem Limp Bizkit gerade probten. Mit freiem Oberkörper, die Haare zu einem Samurai-Dutt hochgebunden, die Jeans nur von einem Seil gehalten und die Kampfstiefel mit Klebeband umwickelt, stieg er aus dem Wagen … und er hatte eine Knarre in der Hand.«

Laut Bennett erzählte Eddie Van Halen ihm Folgendes: »Dieses Arschloch kam an die Tür. Ich hielt ihm meine Knarre an seine dämliche rote Baseballkappe und knurrte: ›Wo ist mein Kram, Motherfucker?‹ Sofort drehte der Scheißkerl sich zu einem seiner Laufburschen um und schrie auf ihn ein, er solle meinen Scheiß holen …«

Am 31. Dezember 2003 nahmen Alex Van Halen und seine Familie das Angebot von Sammy Hagar an, in seinem Haus in Laguna Beach mit ihm und seiner Familie ins neue Jahr zu feiern. Kurz vor Mitternacht klingelte Alex' Telefon. Er reichte den Hörer an Hagar weiter, der die angeschlagene und emotional aufgewühlt klingende Stimme in der Leitung als die von Eddie erkannte.

»Warum hast du die Band verlassen?«, lallte der Gitarrist.

Hagar war ausnahmsweise mal sprachlos.

Anfang 2004 schlug Warner vor, eine zweite Greatest-Hits-Compilation zu veröffentlichen. Sie sollte ausschließlich Songs aus den Jahren mit Roth und Hagar enthalten und den Titel *The Best of Both Worlds* tragen. Je weiter das Projekt gedieh, desto freundschaftlicher wurde der Austausch zwischen Hagar und den Van-Halen-Brüdern, bis schließlich die Idee einer Reunion-Tour zur Veröffentlichung des Albums im Raum stand. Sammy Hagar wurde von Eddie und Alex zu einem vorbereitenden Treffen ins 5150 Studio eingeladen. In seiner 2011 erschienenen Biografie *Red: My*

Uncensored Life in Rock beschreibt der Sänger die Ereignisse dieses Tages erschreckend plastisch.

»Seine Ehe war am Ende. Valerie war weg. Schließlich lud er mich in dieses riesige, extravagante, neunhundert Quadratmeter große Haus ein, das er und Valerie vor ihrer Trennung gebaut hatten. Es sah aus, als würden dort Vampire hausen. Auf dem Boden lagen überall leere Flaschen und Dosen herum … alles war voller Spinnweben … er schlief mit einer Decke und einem Kissen auf dem Fußboden. In den Vorratsschränken herrschte gähnende Leere. Ich hatte in meinem ganzen Leben noch keinen schmutzigeren Ort gesehen.

Wir waren uns seit zehn Jahren nicht mehr begegnet. Er sah aus, als hätte er seit einer Woche nicht mehr geduscht. Und mindestens so lange hatte er seine Kleidung nicht gewechselt. Er trug kein Hemd, nur einen riesigen Mantel und eine Armeehose, die am Bund ausgerissen war und anstelle eines Gürtels an der Hüfte von einem Stück Seil gehalten wurde. Ich hatte ihn noch nie in meinem Leben so abgemagert gesehen. Ihm fehlten ein paar Zähne, und die verbliebenen waren schwarz.«

»Für das, was ich in meinem Buch über ihn geschrieben habe, musste ich von Hardcore-Eddie-Fans viel Kritik einstecken. Dabei war ich nett zu dem Mann«, erzählte mir Hagar im Jahr 2019. »Aber sein Anblick war entsetzlich, gnadenlos und brutal. Angesichts dieses Chaos hätte ich sofort mit Alex reden und reinen Tisch machen sollen: ›Al, weißt du was, lass uns ein anderes Mal zusammenkommen, ruf mich in einem Jahr wieder an.‹ Es kommt selten vor, dass ich mich rückblickend anders entschieden hätte, aber in diesem Fall wäre es die bessere Entscheidung gewesen: Ich hätte die ganze Tournee absagen sollen.

Ich wollte es für die Fans tun, aber ich wollte es auch für mich tun. Denn wenn man aus so einer Band rausgeschmissen wird, dann hinterlässt das Spuren. Ich habe lange Zeit damit gehadert. Da ist ein bleibender Schmerz, den man mit sich herumträgt. Das fühlt sich an, wie wenn man von seiner Freundin verlassen wurde – man will entweder eine neue Chance bekommen oder eine andere Freundin finden, die noch heißer ist, damit man es seiner Ex unter die Nase reiben kann. Ich schleppte eine Menge emotionales Gepäck mit mir herum und dachte wohl irgendwie, dass ich mich auf dieser Tour davon befreien könnte. Um dann weiterzuziehen oder aber für immer in dieser Band zu bleiben, weil sie großartig ist und ich sie liebe. Ich hoffte darauf, mit dieser Band meinen Frieden machen zu können. Denn damals war ich überzeugt, dass man die Van Halen, von denen ich ein Teil gewesen war, vergiftet hatte. Sie waren keines natürlichen Todes gestorben. Das war schrecklich, das Schlimmste, was ich je erlebt habe. Das hat Eddie in meinem Herzen und in meiner Seele so hässlich gemacht.«

Am 20. Juli 2004 erschien dann *The Best of Both Worlds*, ein Doppelalbum mit sechsunddreißig Tracks, darunter drei neue Songs mit Sammy Hagar: »It's About Time«, »Up for Breakfast« und »Learning to See«. Die begleitende Tournee startete noch vor Veröffentlichung des Albums am 11. Juni 2004 in Greensboro, North Carolina, und sollte nach insgesamt achtzig Konzerten am 19. November in Tucson, Arizona zu Ende gehen. Aus Gründen, die nie ganz geklärt wurden, wollte Eddie nicht, dass Michael Anthony auf der Tour dabei war. Er gab seinen Widerstand erst auf, als der Bassist mit dem neuen Manager Irving Azoff einen Deal abschloss, der Anthony verpflichtete, auf sämtliche Rechte an dem Namen und dem Logo der Band zu verzichten. Ungeachtet der Turbulenzen hinter den Kulissen war der Tourauftakt – zumindest in Sammy Hagars Augen – »phänomenal«. Danach ging es allerdings steil bergab. Zwischen den Musikern auf der Bühne fehlte sichtlich die Chemie, und Eddies Gitarrenspiel war so erratisch, dass die Tontechniker der Band ihn im Mix häufig leiser drehten. Von außen betrachtet schien es, als könne das ganze Unterfangen jeden Moment mit katastrophalen Folgen entgleisen.

»Es war eine knallharte Erfahrung«, erinnerte sich Hagar. »Bei manchen Shows war es mir peinlich, neben Eddie Van Halen zu stehen. Und das sage ich nicht aus Verbitterung. Auf einer Website habe ich über diese Tour kürzlich gelesen: ›Alles, was schiefgehen konnte, ging schief … und Schlimmeres!‹ Auf einem Foto war zu sehen, wie Eddie seine Gitarre zertrümmerte. Bei dem Anblick drehte sich mir der Magen um. Auf der Seite gab auch einen Liveclip von ›It's About Time‹. Ich sah ihn mir an und dachte nur: ›It's about time … dass Eddie endlich diesen verdammten Song lernt!‹ Auf der Tour gab es Momente, in denen ich nicht mal sagen konnte, welchen Song Eddie gerade spielte. Auf YouTube kann man sehen, wie wir ›Panama‹ performen und Ed sich einen abbricht, weil er den verdammten Song nicht draufhat. Alex starrt ihn an und brüllt: ›Los, Ed! Jetzt komm schon, Ed!‹ Abend für Abend ging das so, Song für Song.

Es gab Abende, an denen wir gut waren. Es gab Abende, an denen wir verdammt gut, aber nicht großartig waren. Und es gab Abende, an denen wir grauenhaft waren.

Nach der Hälfte der Tour wollte ich alles hinschmeißen. Wir waren für achtzig Shows gebucht, und ich wollte nach vierzig davon aufhören. Nach der vierzigsten Show gab es einen wirklich schlimmen Zwischenfall, als Eddie in zwölftausend Meter Höhe mit einer Weinflasche ein Flugzeugfenster einschlagen wollte. Da dachte ich mir: ›Mann, jetzt ist es endgültig genug.‹ Ich wollte wirklich aufhören. Aber der Vertrag, den wir unterschrieben hatten, machte mir einen Strich durch die Rechnung. Denn wer aus der Tour ausstieg, musste alle anderen für die entgangenen Einnahmen kompensieren. Das hätte jeden in den Bankrott getrieben. Und dann entschuldigte sich Eddie. Obwohl ich seine Entschuldigung nicht ernst nehmen konnte, weil er völlig unfähig war, sich aufrichtig und überzeugend zu entschuldigen, und obwohl ich wusste, dass die restlichen Shows ein Höllenritt werden würden, schluckte ich meinen Ärger hinunter. Michael Anthony und ich saßen Abend für Abend in unserer Garderobe und warteten so lange, bis wir den ersten Ton aus Eddies Gitarre hörten. Dann sagten wir: ›Gut, er hat's auf die Bühne geschafft, los geht's!‹ Ich habe immer 100 Prozent gegeben. Ich habe nie eine Show verpennt. Aber ein Spaß war das nicht.

Eddie hatte seine Sauferei nicht mehr unter Kontrolle. Früher hat er gesoffen und konnte trotzdem spielen. Das funktionierte jetzt nicht mehr. Das war ein Problem, und ich erkannte es als Problem. ›Das ist scheiße‹, sagte ich mir, ›mit solchen Leuten will ich nicht arbeiten.‹ Mein Vater war ein schlimmer Alkoholiker gewesen, deshalb ist meine Toleranzschwelle gegenüber Alkoholikern ziemlich hoch. Denn wenn mein Vater betrunken war, war er trotzdem noch nett zu mir, und ich fühlte mich bei ihm weiterhin geborgen. Für mich war das also nicht so ein Problem wie zum Beispiel für meine Mutter. Wenn jemand seinen Job auch besoffen erledigt, dann hat man keinen Hebel, ihn zu etwas zu zwingen. Aber wenn er das nicht mehr hinkriegt oder seine Rolle nicht mehr erfüllt, dann wird es Zeit, Klartext zu reden. Dann musst du sagen: ›Moment mal, das kannst du nicht tun. Und wenn du es trotzdem machst, dann bin ich raus …‹«

Am 1. Dezember rief Alex Van Halen bei Valerie Bertinelli an, um sie zu fragen, ob sie an einer weiteren Intervention mit Eddie teilnehmen würde. Doch die fand niemals statt, denn eine Woche später, am 8. Dezember, wurde der ehemalige Pantera-Gitarrist Darrell »Dimebag« Abbott auf der Bühne erschossen, als er in Columbus, Ohio, mit seiner neuen Band Damageplan auftrat. Eddie und der große Van-Halen-Fan Dimebag hatten sich am 29. September bei der Show im texanischen Lubbock kennengelernt und Freundschaft geschlossen. Auf Einladung von Dimebags Witwe Rita Haney sprach Eddie bei der Trauerfeier für den Gitarristen. In einer berührenden Geste legte er ihm die legendäre gelb-schwarze Gitarre in den Sarg, die Eddie bei den Aufnahmen zu *Van Halen II* gespielt hatte. Doch sein erratisches Verhalten bei der Gedenkfeier alarmierte sogar enge Freunde.

»Keine Ahnung, was zum Teufel mit Ed passiert ist«, lautete der Kommentar von Zakk Wylde, der mit dem Gitarristen während der Zeremonie auf Dimebag angestoßen hatte. »Er ist nicht nur völlig abgehoben. Er lebt in einer Fantasy-Welt.«

»Ed dreht grade ziemlich ab«, sagte David Lee Roth zu James McNair von *Classic Rock*. »Ich habe das Gefühl, die Van Halens sind vom Weg abgekommen … Sie haben vergessen, warum sie das alles ursprünglich mal gemacht haben. Ich glaube, dass Eddie Van Halen keine zehn Minuten seines Erfolgs wirklich genossen hat.« Aber es sollte noch absurder werden: Auf die Nachricht, dass Eddie die Musik für den Pornofilm *Sacred Sin* mitfinanziert und geschrieben hatte, den er als »Braveheart mit Cumshot« rühmte, folgte die Enthüllung, dass er dem Regisseur Michael Ninn sein Haus als Drehort zur Verfügung gestellt hatte. Gegenüber der Webseite *Adult Video News* erklärte Eddie, dass es ihn nicht interessieren würde, was die Leute von dieser ungewöhnlichen Zusammenarbeit hielten: »Michael Ninn ist wie Steven Spielberg für mich«, sagte er. Die Bilder, die Art, wie er Dinge inszeniert … das ist einfach sinnlich.«

Am 8. September 2006 meldete sich Eddie in der Radioshow des Schock-Moderators Howard Stern zu Wort. Der Gitarrist war telefonisch zugeschaltet, um den Film zu promoten, der – wie er bei dieser Gelegenheit verriet – unter dem Titel *Rise* auch in einem weniger expliziten Format erscheinen würde. Gleich zu Beginn des ausschweifenden fünfundzwanzigminütigen Gesprächs, bei dem einem immer wieder der Atem stockte, spielte er beiläufig die Talente von Jimi Hendrix und Eric Clapton herunter (»Ich sage das nur ungern, aber nur als er heroinabhängig war, war er richtig gut«) und behauptete, er habe den Krebs »ohne Chemo oder Bestrahlung« besiegt. Als der Moderator ihn fragte, wie genau ihm das gelungen sei, antwortete Eddie: »Auf eine Art und Weise, die in diesem Land nicht ganz legal ist.« Dann verriet er, dass er zusammen mit dem Pathologen Dr. Steve McClain die McClain Laboratories in Smithtown auf Long Island gegründet habe, ein Forschungslabor, um die Heilung von Krebs voranzutreiben.

Während sein Gastgeber diese außergewöhnliche Enthüllung noch zu verdauen hatte, kam das Gespräch auf die Zukunft von Van Halen und Eddies Abneigung gegen seine ehemaligen Bandkollegen. Gnadenlos nahm er Michael Anthony und Sammy Hagar aufs Korn, die er nur »Sauce Sobolewski« und »The Little Red Worm« nannte. »Die zwei bezeichnen sich als die andere Hälfte von Van Halen!«, schimpfte er. »Mein Bruder ist die andere Hälfte von Van Halen! Diese Typen verkaufen Chilisoße und Tequila … und sie spielen meine Musik!« Anschließend enthüllte er, dass sein fünfzehnjähriger Sohn Wolfgang der neue Bassist bei Van Halen sei: »Mein Sohn ist an Bord, und Sauce Sobolewski kann sehen, wo er bleibt!«

Er kündigte an, dass Van Halen bald in alter Form zurück sein würden, und er versprach den Fans, dass Wolfgang ihm und seinem Bruder Alex richtig Dampf machen würde: »Dieser Junge ist verdammt gefährlich. Schnallt euch besser an …«

»Wolfgang haucht der Band neues Leben ein«, schwärmte er gegenüber *Guitar World*. »Er bringt jugendlichen Schwung in etwas, das per se jugendlich ist. Dass er erst seit drei Monaten Bass spielt, ist gespenstisch. Er ist unglaublich tight und gibt unserem Zeug einen tierischen Kick. Der Junge macht mir Feuer unterm Arsch!«

Außerhalb des inneren Zirkels gehörte der Fotograf Ross Halfin zu den Ersten, die den Sound der jüngsten Van-Halen-Besetzung zu Ohren bekamen. In einem Post auf seiner Website verriet er am 13. Dezember, dass er die Band in Los Angeles fotografiert und bei dieser Gelegenheit Session-Aufnahmen gehört hatte, von denen er zunächst annahm, dass sie aus dem Jahr 1978 stammten, die aber in Wirklichkeit nur achtundvierzig Stunden alt waren. »Es war atemberaubend«, schrieb Halfin, »die Band klang unerreichbar. Es war mindestens so aufregend wie damals, als ich sie das erste Mal sah. Edwards Sohn am Bass ist wie eine Verjüngungskur. Sie werden zurückkommen und alles plattmachen.«

Und tatsächlich: Am 2. Februar 2007 gab Eddie dem Management grünes Licht, um das Comeback von Van Halen zu verkünden.

»In einem der wohl sehnlichst erwarteten Momente des Rock'n'Roll kündigt die Band offiziell ihre Nordamerika-Tournee 2007 an«, hieß es in der Presseerklärung. »Auf dieser Tour wird der Original-Van-Halen-Frontmann David Lee Roth zum ersten Mal seit 1984 wieder gemeinsam mit Eddie und Alex Van Halen auftreten. Unterstützt von dem neuen Bassisten Wolfgang Van Halen werden sie diesen Sommer vierzig Konzerte spielen. Die Van-Halen-Fans erwartet eine legendäre, extrem intensive Liveshow und eine Setlist mit den größten Hits, die Amerikas Rockband Nummer eins je aufgenommen hat.«

»Ich freue mich riesig darauf, zum Ursprung von Van Halen zurückzukehren«, lautete Eddies Kommentar.

Viele Fans mussten die Freude über Roths Rückkehr erst einmal gegen die Empörung über Michael Anthonys Rausschmiss abwiegen. Eddie hatte seit 1982 an den Leistungen des Bassisten herumgemäkelt, der eine Demütigung nach der anderen von ihm ertragen musste – von dem Moment, in dem er genötigt wurde, seine Royalties an den Songs abzutreten, bis hin zur desaströsen Van-Halen-Tour mit Hagar im Jahr 2004, an der er nur als Mietmusiker teilnehmen durfte. Trotzdem hatte Anthony keine Ahnung, dass man ihn inzwischen für ersetzbar hielt. »Ich habe von dieser Tournee aus der Presse erfahren, wie jeder andere auch«, gab er zu. »Ich habe damals geseufzt und mir gesagt: ›Na schön. Wenn es das ist, was Eddie will, dann wird er das auch durchziehen.‹ Wenn er beschlossen hatte, dass ich aus der Band fliege und Wolfgang den Bass spielt, was hätte ich da schon machen können?«

Aufgrund der chaotischen Tournee von 2004 wurde die Ankündigung der Reunion-Shows mit einer gewissen Skepsis aufgenommen. Und tatsächlich erklärte der *Rolling Stone* nur drei Wochen später die frisch verkündete Tour für, O-Ton: »kaputt«.

»Die Van-Halen-Tour wurde ›auf Eis gelegt‹«, wusste die *L. A. Times* zu berichten. »So sagte es uns ein führender Mitarbeiter von Live Nation, dem großen Konzertveranstalter, der im Angesicht des Chaos um den Gitarrenhelden Eddie Van Halen schlussendlich kapituliert hat. Unsere Gespräche mit dem für die Tour verantwortlichen Business-Team zeichnen das Bild eines Rockstars, der auf der bracheninternen Skala der exzentrischen Eigenbrötler irgendwo zwischen Axl

Rose und Michael Jackson rangiert. Was letztlich dazu führte, dass das Van-Halen-Projekt noch vor dem Start implodierte.«

»Ich kann gar nicht sagen, wie frustrierend und völlig irrsinnig das war«, klagte ein Tour-Insider.

In einem offiziellen Statement auf der Website von Van Halen bestätigte Eddie am 8. März die Gerüchte und gab seine Rückkehr in die Entzugsklinik bekannt. »Ich habe stets die Verantwortung gespürt, euch mein Bestes zu geben, und spüre sie auch weiterhin«, hieß es in dem Statement. »Im Moment fühle ich mich dazu allerdings nicht in der Lage. Deshalb habe ich beschlossen, mich in eine Reha-Einrichtung zu begeben, um an mir selbst zu arbeiten, damit ich auch in Zukunft die hundertzehn Prozent geben kann, die ich euch schulde. An manchen der Schwierigkeiten in Bezug auf die Van-Halen-Tour 2007 kann ich etwas ändern, an anderen nicht. Was meine Reha betrifft, so liegt es allein in meiner Hand, mich zu ändern – und zwar zum Besseren. Ihr sollt wissen, dass ich genau das tun werde. Damit ich euch auch weiterhin mein Allerbestes geben kann. Ich freue mich darauf, euch in naher Zukunft wiederzusehen, besser denn je, und ich danke euch von ganzem Herzen. In Liebe, Ed.«

Eine Woche später, am 12. März, wurden Van Halen von den Mitgliedern der Supergroup Velvet Revolver, die sich aus Musikern von Guns N' Roses und Stone Temple Pilots zusammensetzte, in die Rock and Roll Hall of Fame eingeführt. Weder Roth noch die Van-Halen-Brüder waren anwesend, um zu hören, wie Gitarrist Slash seinen Helden Eddie als »Gitarrengenie und Erneuerer, Gott für Fans und Musiker gleichermaßen« pries. In Abwesenheit von Eddie und Alex nahmen die Ex-Mitglieder Sammy Hagar und Michael Anthony die Ehrung entgegen.

Dann erhob sich aus der Asche völlig unerwartet ein Phönix: Am 13. August veranstalteten Eddie, Alex, Wolfgang und

David Lee Roth eine Pressekonferenz im Four Seasons Hotel in Los Angeles, auf der sie eine Hallen-Tournee mit fünfundzwanzig Terminen ankündigten. Sie sollte am 27. September in Charlotte in North Carolina beginnen und am 11. Dezember im kanadischen Calgary enden.

»Das ist die Pressekonferenz, von der ihr vermutlich gedacht habt, dass ihr sie nie erleben würdet«, begrüßte Roth die Journalisten. »Ganz sicher nicht, solange wir alle noch jung, schlank und gut aussehend sind. Willkommen, alle miteinander.«

Nachdem er die Bandmitglieder der Reihe nach vorgestellt hatte, nahm Roth Eddie fest in den Arm. Im Gegenzug drückte ihm der Gitarrist einen Kuss auf die Wange. »Ich habe einen neuen Bruder«, erklärte Eddie, bevor Roth die Fragerunde für eröffnet erklärte. Es dauerte nicht lange, bis die ersten Journalisten nach dem Grund für Michael Anthonys Abwesenheit fragten. Worauf Roth den Bassisten diplomatisch als einen der »großen Ehemaligen« von Van Halen und »Teil der Bandgeschichte« würdigte.

»Und was die Frage angeht, warum Wolf in der Band ist …«, fuhr er fort und blickt Eddie an. »Darf ich für dich sprechen, Ed? Sollte ich falschliegen, tipp mir bitte auf dem Heimweg in der Limo auf die Schulter. Der Junge ist erstaunlich, und ich verstehe, warum Ed mit ihm spielen wollte, solange wir in absoluter Topform sind. Und das sind wir wirklich, darauf könnt ihr mich festnageln! Hört euch nur den Gesang an. Hört euch an, wie die Rhythmusgruppe jetzt abgeht, denn sie ist jung, sie ist schlank, und sie will es verdammt noch mal wissen. Also macht euch auf was gefasst!«

Auf ein neues Studioalbum angesprochen, verkündete Eddie: »Last euch gesagt sein: Wir sind eine Band. Und wir werden weitermachen. Das hier ist ein ganz neuer Anfang …«

Gegen Ende der Pressekonferenz stellte Matt Linus von den *MTV News* eine letzte Frage und nahm dabei Bezug auf Eddies Statement vom März, laut dem er vorhatte, sich in eine Entzugsklinik zu begeben. »Du sagtest damals, dass du nicht in Bestform wärst«, zitierte er Eddie. »Warum hast du diese Entscheidung getroffen? Und fühlst du dich jetzt in Bestform?«

»Keiner von uns will euch weniger als sein Allerbestes geben«, erwiderte Eddie. »Und wir sind in absoluter Hochform.«

Bemerkenswerterweise hielten sie nicht nur durch, sondern schafften es sogar, die Tournee bis in den Juni 2008 zu verlängern. Die insgesamt fünfundsiebzig Shows vor fast einer Million Fans spielten ganze 93 Millionen Dollar ein und waren damit die umsatzstärkste Tournee in der Geschichte von Van Halen. Als sich die Tour dem Ende zuneigte, sah sich Eddie erneut mit der Frage nach einem neuen Album konfrontiert. Diesmal lautete seine Antwort: »Wenn die Tour vorbei ist, werden wir weitersehen.«

Doch nachdem ihm das Antikonvulsivum Klonopin verschrieben wurde, um ihn vom Alkohol zu entwöhnen, sowie Antidepressiva, um ihn vom Klonopin zu entwöhnen, verbrachte der Gitarrist den Rest des Jahres in einem fast schon katatonischen Zustand und verließ sein Haus nicht mehr.

»Ich wollte doch nur mit dem Trinken aufhören«, klagte er. »Stattdessen war ich buchstäblich nicht mehr fähig, zu kommunizieren. Ich war weg vom Fenster. Ich weiß nicht, in welche Dimension ich verschwunden bin, aber ich war nicht mehr da. So wie diese Obdachlosen, die wirken, als wären sie geistig gar nicht mehr unter uns. Ich lag ein Jahr lang auf der Couch herum und habe *Law & Order* geglotzt. Bis dahin war ich immer im Studio gewesen und hatte Musik gemacht. Und jetzt? Nichts.«

Doch es sollten auch wieder bessere Tage kommen. Am 27. Juni 2009 heiratete Eddie seine Freundin, die Publizistin Janie Liszewski, mit der er seit drei Jahren liiert war, im Garten des sieben Hektar großen Anwesens des Paares. Alex Van Halen, inzwischen geweihter Priester, vollzog die überkonfessionelle zwanzigminütige Zeremonie. Wolfgang war der Trauzeuge seines Vaters, und zu den hundert geladenen Gästen gehörte auch Valerie Bertinelli. Liszewski schritt zu einer Streichquartett-Version von Van Halens »When It's Love« zum Altar, und für den ersten Tanz der Frischvermählten wählte Eddie »You Are So Beautiful« von Joe Cocker.

»Zum ersten Mal in meinem Leben fühle ich mich wirklich gut«, schwärmte Eddie gegenüber dem *Hustler*. »Ich will gar nicht auf der Abstinenznummer rumreiten, aber ich arbeite auf vielen Ebenen daran, besser mit dem Alltag zurechtzukommen und trocken zu bleiben. Wenn ich zurückblicke, denke ich: Fuck, was für ein Trip! Ich hab das mehr als vierzig Jahre so gemacht. Ich habe Glück, dass ich noch lebe. Und ich bin gesünder und glücklicher, als ich es je war.

Janie ist eine wunderschöne Frau. Sie ist sexy, süß, stark und liebt mich bedingungslos. Und ich sie natürlich auch. Außerdem habe ich einen wunderbaren und irrsinnig talentierten Sohn, ein Geschenk Gottes, den ich mehr liebe, als er es jemals ahnen wird. Und meinen Bruder Alex, den ich so sehr liebe, dass ich vor Freude weinen möchte, weil ich das unverschämte Glück habe, ihn seit dem Tag meiner Geburt an meiner Seite zu wissen. Was zum Teufel könnte ich mir mehr wünschen? Ich habe das Gefühl, mein Leben fängt gerade erst an.«

Die Initialzündung für Van Halens erstes Studioalbum seit über vierzehn Jahren kam von Wolfgang, der seinen Vater und seinen Onkel überredete, wieder zu jammen. Nur zum Spaß, aus reiner Freude an der Musik. Als er dieses Ziel erreicht hatte, ermutigte der Teenager sie, sich ein paar frühe Van-Halen-Demos anzuhören, um zu sehen, ob der Funke der alten Songs überspringen und das Feuer neu entfachen könnte. Innerhalb weniger Monate hatte das Trio – und ein jugendlich frischer David Lee Roth – das Gerüst für das zwölfte Studioalbum erarbeitet.

»Wir gingen ins 5150 und fingen an, zu jammen«, erinnerte sich Eddie. »Wenn man das Studio betritt, sind da zahllose Regale mit Tonbandaufnahmen. Ich wählte willkürlich einen Haufen Bänder aus und suchte ein paar Songs raus, die ich in besonders guter Erinnerung hatte. Dann fingen wir an, sie umzuarbeiten und neue Parts zu schreiben. Im August 2009 nahmen wir das erste Demo von ›She's the Woman‹ auf, und es lief großartig. Die Nummer hatte die Anmutung eines Van-Halen-Klassikers, aber aus heutiger Perspektive. Dave arbeitete gerade in den Henson Studios, und ich schickte ihm Pro-Tools-Dateien der Aufnahmen. Er war total begeistert und sagte: ›Lasst uns loslegen!‹ Wieder mit Dave zu arbeiten … das war, als hätten wir uns nie getrennt.

Ich war echt erstaunt, wie frisch manche dieser Songs klangen, und fragte mich: ›Ist das wirklich so lange her, dass ich das geschrieben habe?‹ Das Abgefahrenste daran ist, dass ich einige dieser Songs komponiert habe, als ich noch in der Highschool oder sogar in der Junior High war. Eine gute Idee ist eine gute Idee, ganz egal, wann man sie umsetzt.

Ursprünglich wollte ich nichts Neues machen, weil ich dachte, dass es den Fans ohnehin nicht gefallen würde. Aber dann haben wir erkannt: ›Wir machen das auch für uns selbst. Das ist es, was uns ausmacht!‹«

A Different Kind of Truth wurde von Interscope am 7. Februar 2012 veröffentlicht. Die dreizehn Nummern des Albums waren größtenteils Neubearbeitungen von Van-Halen-Songs aus der Zeit von 1974 bis 1977. Sie barsten regelrecht vor Energie und Abenteuerlust und hatten ein Feuer und eine Wucht, wie es im fünften Jahrzehnt ihres Bestehens kaum jemand von Van Halen erwartet hätte. »Tattoo«, Opener und Vorabsingle des Albums, war eine mutige neue Version des Clubfavoriten »Down in Flames«. »She's the Woman«, das erstmals auf dem von Gene Simmons produzierten Demo auftauchte, war mit neuen Lyrics und in der Mitte des Songs mit einem neuen Breakdown versehen worden, da der Original-Part bereits für »Mean Street« recycelt worden war. Das stürmische »Bullethead« war ursprünglich am selben Nachmittag des Jahres 1977 entstanden, an dem Eddie in Roths Keller auch »Ain't Talkin' 'Bout Love« geschrieben hatte. Und Hardcore-Fans dürften das mitreißende »Blood and Fire« als überarbeitete Version des Instrumental-Tracks »Ripley« vom Soundtrack zu Cameron Crowes Film *The Wild Life* erkannt haben. Doch auch die Neukompositionen hatten einiges zu bieten: Das freche, stampfende »You and Your Blues« glänzte mit Harmoniegesängen und einem Refrain, der sich in den Himmel schraubte, »The Trouble With Never« war ein klassischer Oldschool-Rocker, und der akustische Country-Blues »Stay Frosty« weckte wohlige Erinnerungen an »Ice Cream Man«.

Rob Sheffield vom *Rolling Stone* fing die allgemeine Begeisterung mit seiner Besprechung des Albums ziemlich perfekt ein: »Van Halens ›Überraschung, da sind wir wieder‹-Platte ist nicht nur das am längsten erwartete Reunion-Album in der Geschichte der Reunion-Alben, entgegen allen realistischen Erwartungen ist es sogar ein waschechtes Van-Halen-Album.« Das Album debütierte auf Platz zwei der *Billboard*-Charts und knackte auch in Japan, Deutschland und Australien die Top 10. In Großbritannien stieg es auf Platz sechs ein und damit höher als jedes bisherige Album von Van Halen.

In der Veröffentlichungswoche spielte das Quartett in den Henson Studios in Hollywood eine exklusive Show für Medien und VIPs aus der Musikindustrie. Das Set umfasste dreizehn Songs, darunter zwei Live-Premieren: »Tattoo« und »The Trouble With Never«. Der *Noisecreep*-Autor Chris Epting lobte die Performance des Gitarristen als »meisterhaft«.

»Seine jüngste persönliche Krise scheint überwunden zu sein«, schrieb er. »Er sieht aus, als hätte er etwas zugelegt, wirkt aber viel gesünder, und während er ein furioses Solo nach dem anderen abriss, verlor er sich mit der Spielfreude eines Teenagers in der Musik und entlockte seiner berühmten rot-weißen Gitarre allerlei spaciges Stöhnen, Kreischen und Dröhnen. Ganz so, als würde man Eddie noch einmal in einem der klassischen Achtzigerjahre-Van-Halen-Videos sehen.«

Der Nordamerika-Abschnitt der Different Kind of Truth Tour begann am 18. Februar im KFC Yum! Center in Kentuckys Hauptstadt Louisville und endete am 26. Juni in der New Orleans Arena in Louisiana. Mit 448.506 verkauften Tickets waren die insgesamt neunundvierzig Konzerte ein durchschlagender Erfolg.

Eddie Vedder war am 5. Mai beim Auftritt des Quartetts im Tacoma Dome in Washington dabei. »Ich habe *Van Halen I* und *II* auf Achtspur-Kassette mitgebracht, und wir haben die Alben auf dem Weg zum Tacoma Dome voll aufgedreht«, erzählte der Sänger von Pearl Jam später Howard Stern. »Ich hab mir gedacht: ›Die nehme ich einfach mal mit, vielleicht treffen wir ihn ja, und ich kann ihn sogar überreden, das verdammte Ding zu unterschreiben!‹ So kam es dann tatsächlich, und ich war ein bisschen nervös, denn wenn du Eddie Van Halen bist, könntest du ein komplettes Arschloch sein, und ich würde das total respektieren. Wenn du Eddie Van Halen bist, kannst du dich aufführen, wie du willst. Wie sich herausstellte, war er der liebenswerteste, netteste Typ überhaupt. Ich war einigermaßen verlegen und sagte zu ihm: ›Hey, Ed, wäre es nicht witzig, wenn ich dich bitten würde, dieses Ding hier zu signieren?‹ Worauf er rief: ›O mein Gott, sieh dir das an! Wolfie, komm mal her!‹ Und zu Wolfgang sagte er: ›So was haben wir damals rausgebracht.‹ Und dann erklärte er ihm, was das war. Ich habe also dieses nette Andenken, das er mit ›Für Eddie, von Eddie‹ signiert hat.«

Obwohl eine geplante Sommertour mit dreißig Terminen abgesagt wurde – »Wir hatten uns einfach zu viel vorgenommen«, entschuldigte Eddie sich damals gegenüber *USA Today* –, war die Gruppe im Frühjahr und Sommer 2013 schon wieder unterwegs, um in Australien und Japan aufzutreten, wo am 21. Juni *Tokyo Dome Live in Concert* aufgenommen wurde, das erste Livealbum der Band mit David Lee Roth.

»Es ist nicht fehlerfrei«, räumt Eddie gegenüber Chris Gill von *Guitar World* ein. »Aber so klangen wir an diesem Abend – also haben wir es einfach so gelassen. Wenn man einzelne Parts oder Fehler korrigiert, ist es kein echtes Live-Erlebnis mehr.

Van Halen war vom ersten Tag an aggressiv«, sagte er. »Das Ungeschönte und Rohe dieser Aufnahme verstärkt diese Power. Diese Energie in uns ist unkontrollierbar, und manchmal läuft sie eben über. Es ist nie alles korrekt und perfekt, aber genau das erzeugt die Spannung. Nach dem Motto: ›Okay, wer wird es wohl vermasseln?‹ Wenn man ständig darauf wartet, dass es jemand versaut, aber niemand tut es, dann hält einen das auf Trab. Es ist eben einfach roh und ungeschönt. Das einzig Wahre.«

Über diesen kommerziellen und kritischen Erfolg hinaus erhielten Van Halen im fünften Jahrzehnt ihres Bestehens endlich auch Respektsbekundungen von außerhalb der Musikszene. Im Februar 2011 gab das Smithsonian National Museum of American History bekannt, Eddie Van Halens

»Frank 2«-Gitarre in der Abteilung für Kunst und Kultur auszustellen. Das Museum ehrte Eddie als »einen niederländisch-amerikanischen Gitarristen, Keyboarder, Songwriter, Produzenten und autodidaktischen Erfinder von Gitarrentechniken und -technologie, bekannt als Lead-Gitarrist und Mitbegründer der Hardrockband Van Halen und geschätzt für seine innovativen Auftritte und Aufnahmen mit bluesbasiertem Rock, Tapping, intensiven Soli und hochfrequentem Feedback«.

»Das Museum sammelt Objekte, die mehrdimensional sind, und diese Gitarre steht für Innovation, Talent und Einfluss«, begründete der Direktor des Museums Brent D. Glass die Entscheidung. »Mit dieser Gitarre schließt die Instrumentensammlung des Museums zur zeitgenössischen Geschichte auf.«

Im Jahr 2015 lud die Initiative »What It Means to Be American« den Gitarristen zu einem Podiumsgespräch in das Museum ein.

»Was könnte ich mir mehr wünschen, als dafür respektiert und anerkannt zu werden, dass ich meinen Teil zur amerikanischen Musik beigetragen habe?«, brachte Van Halen gegenüber *Billboard* seine Dankbarkeit zum Ausdruck. »Das ist eine verdammt große Ehre – ganz besonders als Immigrant.« Von der hageren, gebrochenen Gestalt, die Sammy Hagar in seinem Buch *Red* beschwor, war nichts sehen. Im Gegenteil: Der Gitarrist sah blendend aus und wirkte kerngesund. Er zeigte sich als charmanter und eloquenter Redner, der während des aufschlussreichen Gesprächs mit der Musikjournalistin Denise Quan das ausverkaufte Auditorium in Atem hielt. Die Frage nach dem Geheimnis von Van Halens Langlebigkeit beantworte er mit einer niederländischen Redewendung, die er oft von seinem Vater Jan gehört hatte und die so viel bedeutet wie: einfach weiterstrampeln.

»Ich muss immer noch einen drauflegen, treibe die Dinge stets auf die Spitze«, gab Eddie zu. »Wenn Spinal Tap die Regler bis elf aufdrehten, musste es bei mir bis fünfzehn sein.«

»Würdest du sagen, dass du den amerikanischen Traum lebst?«, fragte ihn Denise Quan.

»Wir kamen mit ungefähr fünfzig Dollar und einem Klavier hierher, ohne die Sprache zu sprechen«, antwortete Eddie und blickte hinüber zu seinem Bruder und seinem Sohn, die beide im Publikum saßen. »Und seht euch an, wo wir jetzt sind. Wenn das nicht der amerikanische Traum ist, was dann?«

IM JAHR 2018 MACHTE DAS Gerücht die Runde, dass Van Halen ihre außergewöhnliche Karriere mit einer gewaltigen Welttournee durch Stadien rund um den Erdball zu einem triumphalen Abschluss bringen wollten. In der Branche war die Rede davon, dass Superstars wie Metallica und die Foo Fighters, beide selbst Stadionacts, bereits zugesagt hätten, bei einzelnen Terminen als Support-Act aufzutreten – als Zeichen des Respekts für Van Halens bahnbrechenden Beitrag zum Rock'n'Roll. Sammy Hagar hatte offenbar eigene Vorstellungen davon, wie diese Tour ablaufen könnte. Auf die Frage, wie viel Geld man ihm bieten müsse, um sich der Band wieder anzuschließen, antwortete er: »Oh, fuck, ich würde es umsonst machen … wenn es vernünftig ablaufen und wir uns wie vier Erwachsene verhalten würden.

Könnten wir uns aus dem Schlammloch erheben, in das wir gefallen sind, eine schöne Dusche nehmen, frische Klamotten anziehen und uns als die Menschen sehen, die wir heute sind, dann würde ich sofort eine Platte mit Eddie, Alex und Michael aufnehmen«, beteuerte er. »Eine Tour würde ich nur machen, wenn Dave auch dabei wäre. Wir würden sie

The Best of Both Worlds nennen und die Sache chronologisch angehen. Das heißt, erst würde Dave auf die Bühne kommen und zum Beispiel ›You Really Got Me‹ und ›Runnin' with The Devil‹ singen, dann wäre ich an der Reihe, und ich müsste natürlich einen drauflegen, also würde ich ›Why Can't This Be Love‹ und ›Best of Both Worlds‹ singen. Anschließend wäre er wieder dran … und so weiter. Das wäre unser Dank an die Van-Halen-Fans, und wir würden mit einer versöhnlichen Geste abtreten. Ich weiß nicht, was die anderen im Kopf haben, aber ich könnte mir das so vorstellen.«

Ob Hagars Vorschlag von den Van Halens oder ihrem Manager Irving Azoff jemals ernsthaft in Erwägung gezogen wurde oder nicht – die Band hatte bald Dringenderes zu tun. Ein erster Hinweis darauf, dass sich das Schicksal gegen eine weitere Van-Halen-Tour verschworen hatte, war David Lee Roths unerwartetes Statement im September 2019: »Ich schätze, Van Halen sind Geschichte.«

In einem Radiointerview im Rahmen der Promo für seine 2020 geplante Reihe von Soloshows in Las Vegas beantwortete Roth die Frage zu den Gerüchten über eine Tour der kompletten Band mit einem Achselzucken und den Worten: »Das wurde schon einige Male abgesagt. Ich schätze, Van Halen sind Geschichte. Jetzt kommt die nächste Phase. Ich habe die Band de facto geerbt – was auch immer das bedeuten mag. Van Halen, wie ihr sie kennt, werden nicht mehr zurückkommen.

Davon abgesehen hat Eddie Van Halen seine eigene Geschichte zu erzählen – das kann ich nicht für ihn tun.«

Der *New York Times* gegenüber spekulierte der Sänger: »Ich weiß nicht, ob Eddie Van Halen jemals wieder die Strapazen einer Tour auf sich nehmen wird.« Was Wolfgang umgehend kommentierte: »Ich glaube nicht, dass er [Roth] das zu entscheiden hat.«

Diese ungewöhnlich knappe Replik von Eddies stets diplomatischem, respektvollem Sohn ließ den ein oder anderen aufhorchen. Doch sie bereitete niemanden auf das vor, was Wolfgang am 6. Oktober 2020 bekannt gab:

»Ich kann nicht glauben, dass ich diese Worte schreiben muss, aber mein Vater, Edward Lodewijk Van Halen, hat heute Morgen seinen langen und schweren Kampf gegen den Krebs verloren«, begann Wolfgangs Statement. »Er war der beste Vater, den ich mir jemals wünschen konnte. Jeder Augenblick, den ich mit ihm auf und abseits der Bühne geteilt habe, war ein Geschenk. Ich bin untröstlich und kann mir nicht vorstellen, dass ich diesen Verlust je vollständig überwinden werde. Ich liebe dich so sehr, Pop.«

Die schockierende Nachricht löste eine riesige Welle der Trauer und Anteilnahme aus – nicht nur im Musikbusiness, sondern auch weit darüber hinaus. Sammy Hagar, der sich erst kürzlich mit dem Gitarristen versöhnt hatte, war »untröstlich und sprachlos«. Brian May von Queen erklärte, die Nachricht habe »ein großes Loch in mein Herz gerissen«. »Dieser wunderbare Mann war viel zu jung, um aus unserer Mitte gerissen zu werden«, schrieb er. »Was für ein Talent – was für ein Vermächtnis –, der wohl innovativste und schillerndste Gitarrist der Rockgeschichte. Ich habe ihn noch als Jungen vor Augen, ein unschuldiges Wunderkind, immer gut drauf, immer bescheiden. Seine magischen Finger öffneten die Tür für eine völlig neue Art von Gitarrenspiel. Die Momente, die wir miteinander geteilt haben, möchte ich niemals missen.«

Guns-N'-Roses-Gitarrist Slash postete auf Instagram ein Schwarz-Weiß-Foto von Eddie mit seiner selbst gebauten »Frankenstrat«-Gitarre und schrieb dazu »RIP #EddieVanHalen«.

»Ich habe gerade von Eddie Van Halen erfahren, und es geht mir schrecklich nah«, kondolierte Beach Boy Brian Wilson. »Eddie war ein fantastischer Gitarrist, und ich erinnere mich, wie groß Van Halen waren, ganz besonders hier in L. A. Ich wünsche Eddies Familie und seinen Freunden Liebe und Barmherzigkeit.«

»Ich kann über Eds musikalisches Genie wahrscheinlich nicht so versiert sprechen, wie es in den letzten vierundzwanzig Stunden schon andere getan haben«, sagte Irving Azoff, »aber als Mensch hat Ed wirklich geglänzt, ganz besonders, als er lernen musste, sich mit dem zu arrangieren, was das Menschsein ausmacht. Er war ein großartiger Vater. Die Welt hat ihn stets als dieses bombastische, unglaubliche, impulsive Megatalent vor Augen – aber wenn man ihn persönlich kannte, dann wusste man, dass er vor allem ein großes Herz hatte.«

Da Tony Iommi in den letzten Jahren selbst gegen den Krebs angekämpft hatte, war sein Tribut an seinen alten Kumpel umso ergreifender: »Als ich die Nachricht vom Tod meines lieben Freundes Eddie Van Halen hörte, war ich am Boden zerstört«, schrieb der Gitarrist von Black Sabbath. »Bis zum Ende kämpfte er einen langen und harten Kampf gegen den Krebs. Eddie war ein ganz besonderer Mensch, ein wirklich großartiger Freund. Ruhe in Frieden, mein lieber Freund, bis wir uns wiedersehen.«

David Lee Roth reagierte auf die Nachricht, indem er auf seinen Social-Media-Kanälen eine Schwarz-Weiß-Aufnahme des Fotografen Robert Yager postete. Das Bild zeigte ihn Hand in Hand mit Eddie und war im Backstagebereich der Bobcats Arena in North Carolinas Hauptstadt Charlotte entstanden, kurz vor der ersten Comeback-Show von Van Halen am 27. September 2007. Roths Bildunterschrift lautete: »Was für eine lange, großartige Reise das war …«

Eddie war, wie bald darauf bekannt wurde, im Providence St. John's Health Center in Santa Monica im Beisein seiner

Familie verstorben. Seine vom Los Angeles Department of Public Health ausgestellte Sterbeurkunde nannte als unmittelbare Todesursache einen Schlaganfall, der auf eine Reihe von Ursachen zurückzuführen war, darunter eine Lungenentzündung, die Knochenmarkserkrankung Myelodysplastisches Syndrom sowie Lungen- und Hautkrebs.

»Ende 2017 hatte man bei ihm Lungenkrebs im vierten Stadium diagnostiziert, und die Ärzte sagten: ›Sie haben noch sechs Wochen‹«, verriet Wolfgang später im Gespräch mit Howard Stern. »Dann ging er nach Deutschland. Was auch immer die da drüben machen – es ist unglaublich. Denn ich hatte noch drei volle Jahre mit ihm.

Anfang 2019 wurde es richtig schlimm«, verriet Wolfgang. »Er hatte einen Motorradunfall. Und einen Hirntumor. Wir haben etwas unternommen: Er bekam diese verrückte Behandlung und war dann tatsächlich okay. Aber mit der Zeit kam immer mehr dazu. Der Scheiß hörte einfach nicht auf.«

Am 16. November veröffentlichte Wolfgang seinen eigenen emotionalen Tribut an seinen Vater: Das Video zu seiner Debütsingle »Distance« zeigte private Archivbilder seiner Eltern. Der Text des Songs, so erklärte er, sei der Versuch gewesen, »mir vorzustellen, wie mein Leben ohne ihn sein würde und wie sehr ich ihn vermissen würde. Ich hätte nie gedacht, dass ›Distance‹ der erste eigene Song sein würde, den die Leute von mir zu hören bekommen. Aber ich hätte auch nicht gedacht, dass mein Vater nicht mehr da sein würde, um die Veröffentlichung mit mir zu feiern. Der Song ist zwar unglaublich persönlich, aber ich glaube, ein schwerwiegender Verlust ist ein Gedanke, mit dem sich jeder identifizieren kann. Das hier ist für ihn. Ich liebe und vermisse dich, Pop.«

Als er mit Lou Brutus von *HardDrive Radio* über »Distance« sprach, verriet Wolfgang auch, dass Eddie den Song vor seinem Tod noch gehört hatte.

»Als ich ihn Dad zum ersten Mal vorspielte – vielleicht aus Stolz oder auch nur, weil ich seine Meinung hören wollte –, hat er geweint«, sagte Wolfgang. »Und ich glaube nicht, dass er sich dabei bewusst war, welche persönliche Bedeutung der Song für mich hatte. Er hat einfach verstanden, dass es dabei um Verlust ging.«

Dieser tief empfundene Verlust war in jedem der vielen Nachrufe zu spüren, die Eddies außergewöhnlichem Talent und seinem enormen Einfluss auf die Musikwelt Respekt zollten. Die *New York Times* würdigte den fünfundsechzigjährigen Musiker als »den einflussreichsten Gitarristen seiner Generation«. »Mr. Van Halen strukturierte seine Soli so, wie Macy's seine Feuerwerksshows am Unabhängigkeitstag choreografiert: Er schoss Klangraketen ab, die in einem Schauer aus Licht und Farbe zu explodieren schienen«, schrieb Jim Farber. »Seine Gitarren-Riffs, -Läufe und -Soli waren hyperaktiv und athletisch, fröhlich und verdreht, sie ließen tiefschürfendere oder dunklere Emotionen irrelevant erscheinen.«

»Als Jimi Hendrix 1970 starb, war da diese enorme Leere: Mit einem Mal fehlte etwas in der Musik«, schrieb Jas Obrecht, der erste Journalist, der ein ausführliches Interview mit Eddie geführt hatte. »In den Siebzigerjahren fragten wir uns alle, wer der neue Hendrix sein würde, der nächste Game-Changer. Eddie war derjenige.

Er war einer dieser transzendenten Menschen, die Musik genauso veränderten, wie Jimi es tat. Eddie Van Halen war vielleicht der empfindsamste Mann, den ich je getroffen habe, und seine Hände schienen direkt mit seinem Herzen und seiner Seele verwachsen zu sein. Die Musik floss einfach aus ihm heraus.«

In einem seiner letzten großen Interviews wurde Eddie gefragt, ob er aufstrebenden Gitarristen, die womöglich davon träumten, in seine Fußstapfen zu treten, etwas mit auf den Weg geben könnte. »Letztlich zählt allein, dass man mit Hingabe bei der Sache ist«, antwortete er. »Es gibt keine Regeln. Du hast zwölf verdammte Noten. Mach damit, was du willst.«

Mit zwölf Jahren bat Wolfgang Van Halen seinen Vater um eine eigene Gitarre. Als er am Weihnachtsmorgen des Jahres 2003 erwachte, entdeckte der Teenager, dass er eine Kramer 5150 mit einer gestreiften Custom-Lackierung geschenkt bekommen hatte, das gleiche Modell, das sein Vater im Video zu »Panama« gespielt hat. Im Gitarrenkoffer fand der Junge eine als *Playboy*-Cover gestaltete Weihnachtskarte mit einem blonden Playmate im Weihnachtsmannkostüm, das sich alles andere als zugeknöpft zeigte.

»Play, Boy – spiel Junge!«, erläuterte Wolfgang das Wortspiel gegenüber Classic Rock und offenbar freute er sich immer noch darüber, das Rätsel seines Vaters gelöst zu haben. »Er war echt Stolz auf diesen Witz.«

»Mein Dad war nicht der beste Lehrer«, erzählte er lachend. »Er sagte immer nur: ›Mach mal das hier …‹ Und darauf ich so: »Du spinnst ja! Ich kann das nicht! Du bist Eddie Van Halen! Wie zum Teufel soll ich das hinkriegen?«

Trotzdem lernte Wolfgang schnell. Bald beherrschte er nicht nur Gitarre, sondern auch Schlagzeug und Keyboard. Auf seinem Album *Mammoth WVH* – benannt nach der Teenager-Coverband seines Vaters – spielte er jedes einzelne Instrument und sang jede einzelne Note. Das am 11 Juni 2021 erschienene Solo-Debüt ist von Bands wie Foo Fighters, Alter Bridge, Jimmy Eat World und Muse inspiriert und ein vielversprechender Anwärter auf den Titel »bestes Modern-Rock-Album des Jahres«. Obwohl der dreißigjährige Musiker mit einer klaren persönlichen Handschrift überzeugt, gibt es dezente Verweise auf das musikalische Erbe seines Vaters, etwa der an »Sunday Afternoon in the Park« erinnernde Synthesizer im Opener »Mr. Ed« und das Gitarrensolo von »Mammoth«, das Wolfgang auf Eddies »Frankenstrat« einspielte.

»Das Erbe ist spürbar«, räumt Wolfgang ein. »Und irgendwie ist es eine beängstigende Verantwortung.«

Dabei gefiel Eddie Van Halen die Vorstellung, die Fackel an seinen Sohn weiterzureichen – und das schon lange vor seinem Tod.

»Warte, bis du sein Album hörst«, sagte er zu Denise Quan, als sie ihn für den »What It Means To Be American«-Talk interviewte, und deutete dabei auf seinen Sohn im Publikum. »Mich hat es umgehauen.«

»Welchen Ratschlag deines Vaters würdest du an Wolfgang weitergeben?«, fragte Quan den Gitarristen am Ende des Gesprächs.

Eddie plusterte die Wangen auf und dachte einen Moment nach. »Er sagte immer zu uns: Ihr könnt von jedem Menschen lernen, was ihr tun und was ihr besser lassen solltet«, antwortete er dann. »Und wenn ihr einen Fehler begeht, macht ihn am besten gleich nochmal. So denken die Leute, es wäre Absicht gewesen.«

Danksagung

Dieses Buch existiert nur dank der wertvollen Unterstützung, Beratung und Expertise von Sabrina Choo bei Jigsaw Complete, Anne Owen, Paul Baillie-Lane, Dan Papps und Hannah Marshall bei Faber, Daniel Oertel bei Ullstein, Nicki Kennedy und May Wall bei ILA, Ian Bahrami, Luke Bird, Matt Turner und meinem hochgeschätzten Agenten Matthew Hamilton bei der Agentur Hamilton (UK).

Mein Respekt und meine Dankbarkeit gelten Geezer Butler, Malcolm Dome, Elliott Gilbert, Scott Gorham, Lynore Grace, Lizzie Grey (R.I.P.), Sammy Hagar, Ross Halfin, der wunderbaren Catherine »English Cathy« Hutchin-Harris, Tony Iommi, Mark Kendall, Greg Magie, Brian May, Bob Nalbandian, Jas Obrecht, Ozzy Osbourne, Joe Perry, Michael Schenker, Gene Simmons, Paul Stanley, Liz Wiley, Nancy Wilson, Zakk Wylde und Neil Zlozower für Interviews und Einblicke.

Aufrichtig danken und teilweise auch aufrichtig entschuldigen möchte ich mich bei Sam Coare und allen bei Kerrang!, der brillanten Briony Edwards und allen bei Louder, Pat Gilbert, Mark Blake und Russell Moorcroft bei Planet Rock (R.I.P.), Siân Llewellyn und allen bei Classic Rock, Merlin Alderslade und allen bei Metal Hammer, Jenny Bulley und allen bei Mojo sowie meinen wortstarken Mitstreitern Ian Winwood, Dave Everly, Simon Young, James McNair, Paul »Gooner« Elliott und dem stets inspirierenden Phil Alexander.

Besonderer Dank gilt Angus Denvir, der mir 1981 Van Halen näherbrachte, und Angus Cargill, meinem großartigen Verleger bei Faber & Faber, für sein herausragendes Können, seinen unbezahlbaren Rat und seine grenzenlose Geduld. Das erste Manuskript dieses Buches sollte Faber & Faber ursprünglich am 31. März 2015 vorliegen. Tatsächlich wurde das letzte Kapitel erst am 1. April 2021 eingereicht. In den sechs Jahren dazwischen ist viel geschehen. Das für dieses Buch entscheidendste Ereignis war sicher der Tod von Edward Van Halen am 6. Oktober 2020. Mein Beileid gilt all jenen, die ihn über alles geliebt haben.

An Patricia und Joe Corrigan: Es tut mir leid, dass ich nicht dazu gekommen bin, mich zu verabschieden. Ruht zusammen in Frieden.

In grenzenloser Liebe für meine Familie – Hiroko, Yuki und Tyler –, die Brannigans und die Katos.

Bildnachweis

1. Catherine Hutchin-Harris
2. Catherine Hutchin-Harris
3. Catherine Hutchin-Harris
4. Fin Costello / Redferns / Via Getty Images
5. Lynn Goldsmith / Corbis Historical / Via Getty Images
6. Steve Schapiro / Corbis Premium Historical / Via Getty Images
7. Richard E. Aaron / Redferns / Via Getty Images
8. Ebet Roberts / Redferns / Via Getty Images
9. Paul Natkin / WireImage / Via Getty Images
10. John Atashian / Getty Images Entertainment / Via Getty Images
11. Ian Danter
12. Larry Marano / Getty Images Entertainment / Via Getty Images
13. Kevin Mazur / WireImage / Via Getty Images
14. Daniel Knighton / Getty Images Entertainment / Via Getty Images